「進学」の比較社会学

三つのタイ農村における「地域文化」との係わりで

尾中文哉 著

ハーベスト社

目次

第1章　序論 ……………………………………………………………… *1*
　第1節　問題提起 ………………………………………………………… *1*
　　第1項　「進学」というテーマ ……………………………………… *1*
　　第2項　「進学」の研究史 …………………………………………… *3*
　　第3項　従来の「文化的不平等」論の問題点 …………………… *12*
　　第4項　「地域」という視点 ………………………………………… *17*
　　第5項　「地域文化」という視点 …………………………………… *31*
　　第6項　本研究の焦点となる仮説 ………………………………… *42*
　第2節　研究の方法と対象 …………………………………………… *52*
　　第1項　「厚い比較」という方法 …………………………………… *52*
　　第2項　研究対象の設定 …………………………………………… *58*
　　第3項　研究対象の研究史的意義 ………………………………… *63*
　第3節　背景となる学校制度とその変遷過程 …………………… *78*
　　第1項　現在の学校体系 …………………………………………… *78*
　　第2項　「進学機会拡大策」の起源 ………………………………… *79*
　　第3項　「進学機会拡大策」の現在 ………………………………… *87*

第2章　北タイ・ナーン県H村の「地域文化」と「進学」 ……………… *103*
　第1節　はじめに ……………………………………………………… *103*
　　第1項　「もうひとつの発展」とは何か …………………………… *103*
　　第2項　H村の概要 ………………………………………………… *104*
　　第3項　調査の実施 ………………………………………………… *105*
　　第4項　H村における「地域文化」の概要 ………………………… *106*
　第2節　H村と「もうひとつの発展」の活動 ……………………… *108*
　　第1項　H村の略史 ………………………………………………… *108*
　　第2項　「進学」の状況 ……………………………………………… *112*
　　第3項　H村における「もうひとつの発展」の活動 ……………… *113*

iii

　　　　第4項　「もうひとつの発展」をささえる人的基盤……………… *118*
　　　　第5項　「もうひとつの発展」とH村学校……………………… *121*
　　　　第6項　「もうひとつの発展」と「ナーンを愛する会」……… *122*
　　　第3節　「進学」とH村における「もうひとつの発展」………… *124*
　　　　第1項　「もうひとつの発展」のネットワークと「進学」…… *124*
　　　　第2項　「村で暮らしたい」という価値観と「進学」………… *129*
　　第4節　小結…………………………………………………………… *134*
　　　　第1項　「地域文化」のネットワーク…………………………… *134*
　　　　第2項　「地域文化」と「進学」のかかわり…………………… *137*
　　　　第3項　二つの仮説についてのH村の結果……………………… *138*

第3章　東北タイ・コンケン県N村の「地域文化」と「進学」………… *145*
　　第1節　はじめに……………………………………………………… *145*
　　　　第1項　「モーラム」という芸能………………………………… *145*
　　　　第2項　N村の概要………………………………………………… *146*
　　　　第3項　インタヴュー調査の実施………………………………… *147*
　　　　第4項　N村における「地域文化」の概要……………………… *148*
　　第2節　N村と「モーラム」の変容………………………………… *151*
　　　　第1項　N村の略史………………………………………………… *151*
　　　　第2項　N村における「進学」の特徴…………………………… *153*
　　　　第3項　N村における「地域文化」の変容……………………… *155*
　　　　第4項　N村の「地域文化」をささえる人的基盤……………… *164*
　　　　第5項　N村の「地域文化」とN村学校………………………… *167*
　　　　第6項　N村の「地域文化」と国際NGO………………………… *170*
　　第3節　N村の「地域文化」と「進学」……………………………… *171*
　　　　第1項　N村の「地域文化」と親の「進学」意識……………… *171*
　　　　第2項　N村の「地域文化」と中高生の「進学」志向………… *177*
　　　　第3項　「将来つきたい職業」…………………………………… *180*
　　第4節　小結…………………………………………………………… *181*
　　　　第1項　「地域文化」のネットワーク…………………………… *181*

第2項　「地域文化」と「進学」のかかわり……………………… *184*
　　　第3項　二つの仮説についての結果………………………………… *185*

第4章　南部国境地帯・パタニ県A村の「地域文化」と「進学」……… *193*
　第1節　はじめに……………………………………………………………… *193*
　　　第1項　「ポノ」とは何か……………………………………………… *193*
　　　第2項　A村の概要……………………………………………………… *200*
　　　第3項　調査の実施……………………………………………………… *201*
　　　第4項　A村における「地域文化」の概要…………………………… *202*
　第2節　A村と「ポノ」A…………………………………………………… *204*
　　　第1項　A村略史………………………………………………………… *204*
　　　第2項　A村における「進学」の動向………………………………… *206*
　　　第3項　「ポノ」A……………………………………………………… *207*
　　　第4項　「ポノ」Aをささえる人的基盤……………………………… *220*
　　　第5項　「ポノ」AとA村学校、「ダッワー」……………………… *223*
　第3節　「ポノ」Aと「進学」……………………………………………… *225*
　　　第1項　「ポノ」Aを出た後の「進路」……………………………… *225*
　　　第2項　「スコラ」との違い…………………………………………… *227*
　第4節　小結…………………………………………………………………… *235*
　　　第1項　「地域文化」のネットワーク………………………………… *235*
　　　第2項　「地域文化」と「進学」のかかわり………………………… *237*
　　　第3項　二つの仮説についてのA村の結果…………………………… *238*

第5章　結論……………………………………………………………………… *255*
　第1節　「文化的不平等」論の二つの仮説について …………………… *256*
　　　第1項　「進学」は当事者にとってプラスの価値をもつか………… *256*
　　　第2項　「地域文化」は「進学」にマイナスに作用するか………… *257*
　　　第3項　「文化的不平等」論についていえること…………………… *258*
　第2節　代替的なパースペクティブ………………………………………… *260*
　　　第1項　タイ農村の「歴史性」についての見方……………………… *263*

v

第2項　「地元志向」/「都会志向」についての見方 ……………… ***265***
　　　第3項　「進学」/「非進学」についての見方 ……………………… ***266***
　　　第4項　「地元志向」的「進学」および日本との差異についての見方… ***268***
　第3節　得られた結果が示唆する検討課題 ……………………………… ***271***
　　　第1項　理論的な検討課題 ……………………………………… ***271***
　　　第2項　実践的な検討課題 ……………………………………… ***274***
　第4節　残された課題 ………………………………………………… ***276***

参考文献 ……………………………………………………………… ***281***

本研究における表記について ………………………………………… ***vii***

本研究における表記について

本研究における表記は次のようにする。西井（2001）、北原編（1987）、Madmarn (1990) などを参考とした。

タイ語

タイ語のローマ字表記は、原則として Phraya Anuman Rajadhon (1961) にもとづき西井（ibid.）が作成した次項のものを用いた。ただし、Chulalongkorn のように寛容化したものや原文でローマ字化されていたものは除く。声調記号は省略し、長短母音区別はしない。また、日本語のカタカナ表記への翻字は、以下のようにする。有気音と無気音は区別せず、a と oe は「ア」、u と u' は「ウ」、e と ae は「エ」、o と or は「オ」と表記する。語尾の n と ng は「ン」とする。

マレー語

ローマ字表記の場合（ルミ）の表記法は、Kamus Dewan (1989)（教育省国立言語・図書出版研究所）による。アラビア文字表記の場合（ジャーウィ）の表記法は、Kamus Jawi Ejaan Baru (1991) に従った日本語へのカタカナ表記の翻字は、基本的に e の強音は「エ」、弱音は「ウ」と表記する。

アラビア語

Madmarn (1990) の表記にならった。

通貨単位

1baht（バーツ）=100satang（サタン）
1バーツは、調査時期にあたる1996年5月1日現在で4.3円である。

面積単位

1rai（ライ）=1600平方メートル

タイ語のローマ字表記

子音	initial	final	母音	
ก	k	k	อะ อั อา	a
ขฃคฅฆ	kh	k	อำ	am
ง	ng	ng	อิ อี	i
จ	c	t	อึ อื	u'
ฉชฌ	ch	t	อุ อู	u
ญ	y	n	เอะ เอ็ เอ	e
ดฎฑ(when pronouce เ d)	d	t	แอะ แอ	ae
ตฏ	t	t	โอะ อ(-) โอ	o
ถฐทฑธฒ	th	t	เอาะ ออ	or
นณ	n	n	เออะ เอิ เออ- เอ้	oe
บ	b	p	เอียะ เอีย	ia
ป	p	p	เอือะ เอือ	u'a
ผพภ	ph	p	อัวะ อัว	ua
ฝฟ	f	p	ใอ ไอ อัย ไอย อาย	ai
ม	m	m	เอา อาว	ao
ย	y	-	อุย	ui
ร	r	n	โอย	oi
ลฬ	l	n	ออย	ori
ว	w	-	เอย	oei
ซศษสว ทร	s	t	เอือย	u'ai
หฮ	h	-	อวย	uai
			อิว	iu
			เอ็ว เอว	eo
			แอว	aeo
			เอียว	ieo
			ฤ(when pronounced ru')	ru'
			ฤ(when pronounced ri)	ri
			ฤ(when pronounced roe)	roe
			ฦ ฦๅ	lu'

viii

第 1 章　序論

第 1 節　問題提起

第 1 項　「進学」というテーマ

　現代日本に生きる人々にとって、「進学」は疑われることのない価値であり続けている。大学あるいはそれ以上にまで「進学」することは、有意義に人生を過ごすために必要不可欠な条件であるかのように思われてきたし、また現在でもそうである。

　のみならず、それと同じようなことは世界的に信じられ、これまでのほとんどの国々の教育政策の前提となってきた。つまり、「進学」が拡大すればするほど、社会はよくなっていく、という信念である。

　近代初期以来一般的になったこうした考え方は、1950年代から1960年代の間には、対極的な二つの立場の双方から異口同音に主張されていた。一方では「経済成長」を推し進めようとする立場である。国際的には「マンパワー」論や「人的資本」論など「成長」論の様々なバリエーションや、「西側」諸国の様々な教育開発政策であり、日本でいえば、例えば「人的能力開発政策」を求めた日経連[1]のような立場である。他方では、「平等」を求める立場である。国際的には「機会均等」論や「結果の平等」論など「平等」論の様々なバリエーションや、「東側」諸国の様々な教育平等化政策であり、日本でいえば例えば「高校全入」を求めた日教組[2]のような立場である。

　1960年に UNESCO[3] で採択された「カラチ・プラン」では1980年までの20年間に初等教育義務教育を実現することをうたっていたが、そこでの「初等教育」とは「7年制」であってやはり「進学」を含意するものであった。

　けれども、1970年代になると、こうした「進学」への関心は、「学歴病」論や「学歴社会」論と呼ばれる考え方によって痛烈に批判されるようになった。それは「進学」に熱中する「日本」人や「途上国」人を批判的にとらえ、

「進学」に潜む悪循環やディレンマの数々を明らかにしていた（例えば［Dore 1976］［天野 1977］）。

ところが、1990年代になると、再びかつての立場が力を取り戻してきた。「経済成長」派からは「学力低下」や「国際競争力」の主張が、「平等」派からは「階層格差」の主張が熱心に唱えられるようになり、いずれにせよ「進学」は重要だ、という考え方が再び支配的になってきたのである。「学歴病」論は、その「「ささやかな」提言」の実行不可能性（Walford 1998）や「国民国家という分析枠組み」（MacGrath 1998）や「官僚制論」への偏り（James 1998）を指摘され、「学歴社会」論は「学歴取得以前の不平等に眼を向けない平等主義」（苅谷 1995）を指摘され、どちらもいささか時代遅れなものと見なされるようになった。

それに先だって、1990年にタイのジョムティエンにおいて開かれた、UNESCO、UNDP[4]、UNICEF[3]、世界銀行[6]共催の「万人のための教育世界会議」では、「すべての人に基礎教育を（Basic Education for All）」世界宣言が出された。ここでは中等教育までの「進学」を達成することが普遍的な目標として設定されることとなり、したがって、可能であれば高等教育まで「進学」できるようにすることが求められるようになったのである。今日、「できるだけ高い進学」を達成することはあらゆる国にとって重要な課題となっているのである。

しかしながら、1970年代から80年代にかけて「学歴病」論や「学歴社会」論が指摘していた「進学」の問題は依然として存在しているのではないだろうか。「進学」の過剰は多くの「途上国」でみられるし、少子化の影響で「進学競争」が見えにくくなっている日本ですら、一部の領域では以前よりも強い「進学」主義が存在しているともいえる。

また、「経済成長」派とも「平等」派とも若干異なる立場としてあらわれてきた「環境」派にとっても、「進学」は微妙なものとしてあらわれている。この立場は、「環境教育」の必要は唱えるものの、「できるだけ高い進学」については懐疑的な傾向がある[7]。

そこで本研究では、「成長」論的にであれ「平等」論的にであれ「進学＝善」を自明の前提とする考え方を批判的にみる地点に立って、「進学」という事象

について考察を行ってみたい。ただし、こうした批判の立脚点として「学歴病」論や「学歴社会」論はもはや頼りにすることはできない。そうした位置を探すための作業として、まず最初に、「進学」に関する研究史をひもといてみることにしよう。

第2項 「進学」の研究史

　まず、「進学」に関する研究史を振り返ってみよう。このテーマについては、これまで膨大な研究が積み重ねられてきている。

　もっとも、「進学」という用語が日本の社会学に定着したのはそれほど古くない。「進学」が社会学辞典の見出し語にあらわれるようになったのは、「進学問題」を取り上げた1993年の森岡・塩原・本間編『新社会学辞典』がはじめてである。1958年の福武・日高・高橋編『社会学辞典』、1977年の濱嶋・竹内・石川編『社会学小辞典』、1984年の佐藤・北川編『現代社会学辞典』、1988年の見田・栗原・田中編『社会学事典』においては見出し語には取り上げられていない。もっとも、「教育社会学」の分野では1967年の日本教育社会学会編『新教育社会学辞典』で「進学問題」「進学率」が取り上げられ、1987年の日本教育社会学会編『新教育社会学辞典』では「進学率」が取り上げられている。

　それらにおける定義をみるならば、森岡・塩原・本間編『新社会学辞典』の「進学問題」では、「上級の学校に進むことを進学という」としている（竹内1993: 772）。1967年版『新教育社会学辞典』の「進学問題」の項では「自分の子どもを、社会的に評価の高い上級学校に進学させようとする親の願望が、社会的諸条件のよって屈折させられるところから起こる」（後藤1967: 599）とある。つまり、「上級の学校に進むこと」を「進学」という理解が「進学問題」の項では共通して示されている。この理解は、「進学率」の項における理解に連続している。1967年版『新教育社会学辞典』では「義務教育修了者のうち上級学校へ入学する者の比率を示すものである」（日本教育社会学会編1967: 601）とされており、1987年版『新教育社会学辞典』でも「義務教育修了後に、上級学校に進学する者の比率」とされている（岩木1987: 601）。したがって、「進学」とは「上級学校に進むこと」である、という理解が成立しているのであ

る。つまり、現在の教育は種々の学校の段階的編成（通常「学校体系」と呼ばれる）によりなされており、義務教育を終えた後においては、次の段階の学校に行くかどうか、あるいはどのような学校に行くかということが重要な選択となってくる。このことを社会学では「進学」と呼んでいるのである。

こうした意味での「進学」は、英語圏の社会学では「Educational Attainment」（通常「教育達成」と訳される）という用語で表現され、取り扱われている（例えば [Borgatta & Borgatta 1992: 2302], [Abercrombie et al 1994: 136-137]）。

こうした「進学」についての研究は、まず、1950年代後半から、「教育と発展」という視角においてはじまっている。つまり、発展を達成するには人々の教育が必要であり、そのためにはできるだけ「進学」を促したほうがよいという、「経済成長」論と結びついた「マンパワー」的な考え方である（例えば [Harbison et al 1964]）。その中で初等教育のドロップアウトの要因についての研究と平行して、「進学」を促す要因を探究する研究が開始された。

（「進学」を促す要因に関する研究）

まず、Sewell et al (1957) は、ウィスコンシン州の全高校から無作為抽出で選ばれた4,167人の非農家出身の高校3年生を対象とした調査データに基づき、教育達成要求および職業達成要求と、性別・知能指数・親の職業的威信の関連を調べた。それによると、教育達成要求および職業達成要求は、性別や知能指数をコントロールしたときにも、親の職業威信と有意に関連がある、という。

また、Krauss (1964) は、サンフランシスコで、労働者階級387人、中産階級267人の高校3年生を対象に選択肢式のアンケート調査を行い、労働者階級の進学意欲に次のものが影響することを明らかにした。すなわち、母親が教育の低い父親と結婚したかどうか、母親が現在ホワイトカラー職業についているかどうか、ホワイトカラー的職業に祖父がついていたか、大学進学経験のある家族や知人がいるか、父親が地位の高い職業に就いているかどうかなどといった家族関連の要因である。また、友人の大学進学意欲、課外活動、学校に中産階級出身者が多いかどうかなどの要因も影響している、と述べている。

第1章 序　論

　Elder (1965) は、家族構造と成績達成の関係について両親の支配力が成績にマイナスの影響を与えるとの研究をふまえて、約1,000名の18歳以上のアメリカ、イギリス、西ドイツ、イタリア、メキシコの学生を対象に面接調査を行った。それによると、この5つの国ではいずれも、両親の支配力が強い場合に中等学校に進学する割合が低いということが明らかになった。また、教育達成に関しては、出身地、宗教、社会階級が影響しているが、こうした要因を統制した後にも、やはり両親の支配力は有意であるとした。

　Duncan (1967) は、1962年に20歳から64歳までの成人男性を対象として行われたアメリカの全国サーベイ調査のデータを用いて、家族形態、世帯主の教育と職業、キョウダイの数が就学年数にどのような影響を及ぼすか調べた。それによると、以上4つの要因はいずれも独立して影響する、という。

　Sewell と Shah (1968a) は、ウィスコンシン州の全高校3年生から無作為抽出で選ばれた10,835人を対象とした1957年の調査を分析し、社会経済的地位、知能、両親の励ましが、大学進学について独立して影響する、また社会経済的地位の影響を知能と両親の励ましのみから説明することはできない、と主張した。ただし、以上の三者中では特に両親の励ましの影響がもっとも大きい、とした。

　Sewell と Shah (1968b) は、上記の調査および1964-65年の追跡調査にもとづいて、次のような結果を導いた。すなわち、男子学生の大学への進学に関して、父親の教育が母親の教育よりも若干強い影響を与える。ただし、女子学生の場合にはこの違いはみられず、母親の教育単独での影響力は、男子学生より女子学生において強い。また、両親とも高い教育をもっている場合のほうが、進学意欲をかきたてる傾向があるという。

　Kandel と Lesser (1969) は、アメリカ東部のいくつかの学校の高校生とその母親を対象にアンケート調査を行い、親と友人のどちらが大きな影響を与えるかについて分析を行った。それによると、教育目標に関しては友人よりもむしろ母親との一致が大きく、これは社会階級によっては違いがない、としている。しかし、友人との親密性が高まれば高まるほど友人との一致は大きくなるのに対し、親との親密性は一致度に影響しない、という。

(「教育機会の平等/不平等」研究)

　以上のような研究は、「教育機会の平等/不平等」の観点からの研究につながっていった。Floud, Halsey 他編 (1956) の論文集では、イギリス、フランス、アメリカそれぞれにおける階級格差の問題が指摘され、OECD の報告書 (OECD 1971) では、高等・中等教育機会の階級差を指摘しつつ、その解決策としてリカレント教育を提案する。また Jencks (1971) は遺伝的要因を認めながらも社会経済的条件の違いに基づく不平等の存在をつよく主張している。

　このように「経済成長」論から「平等」論へのゆるやかな移行がみられるわけであるが、その視角に関していえば、一貫して「社会経済的要因」を重視しているということができる。両親の収入や職業、教育経験、あるいはキョウダイとの関係など「家族」の社会経済的状況などが「進学」を決めていく、というタイプの命題をめぐって研究が積み重ねられ、その結果に基づいて「機会の平等/不平等」という観点がクローズアップされるようになってきたのである[8]。

　こうした流れの中で Coleman (1966) は、「社会経済的要因」にもとづく「機会の不平等」論を検証する大規模な調査を行っている。すなわち、アメリカ全国の 4000 余りの小学校と中学校を対象にした調査で、6つの「人種」及び「エスニックグループ」(「黒人」、「プエルトリコ人」、「アメリカインディアン」、「メキシカンアメリカン」、「オリエンタルアメリカン」、「白人」) の間に存在する教育機会の不平等の程度と源泉について明らかにしようとした。そのなかで、同一地域のマイノリティと「白人」、特に「黒人」と「白人」が異なる学校に通っており、それぞれの学校の持つ資源には違いがあるが、その違いは意外に小さい、という主張をした。通う学校に分離があり、教師の資質に差があることについては指摘したものの、学校資源の違いによる成績達成の差という形での「機会の不平等」は明らかにならなかったとした。Coleman が、「学校」や「家族」の社会経済的背景という要因をコントロールした上で強調するのは、「友人 (peer)」という要因である。そこで、結論的には、成績の低い学校への物的援助を行うのではなく、社会経済的ラインと交差するような仕方で学校統合を行うことでマイノリティの成績を向上させよう、という提言を行

っている。この調査は、「社会経済的要因」よりも「文化的要因」が注目されるようになるきっかけのひとつといえる。

　こうした「機会の不平等」研究は、1970年代後半以降、意味作用という視点を強調するようになる。もちろん、「社会経済的要因」説においても、両親の教育経験や「勇気づけ」、年上キョウダイの「進学」経験、「友人」の「進学」計画といった要因は意味作用という視点からもとらえることができるものであったが、それらはあくまでパーソナルなレベルでの相互作用にとどまっていたといってよい。しかし、1970年代以降になるとそうした意味作用は「文化」と呼べるほどにまで強固な構造をもっているものとして取り扱われるようになる。

（「文化的再生産」の研究）
　それはまず第一に、「文化的再生産」の研究である。フランスについてのBourdieu (1964; 1979) やBourdieuとPasseron (1970) の議論[9]が、他の地域についても実証研究されるようになったのである。この理論はもともとは「学校という場所が上・中流階級の文化と関連しているために、労働者階級の子どもは「進学」しづらく、結果として階級が再生産される」というように、「階級」という概念と強く関わって提示されていた。アメリカの場合には必ずしもそうではないが、やはり「文化資本」としてコンサートや美術館や文化講座へ通うことや「教養ある自己」というイメージなどといった項目を取り上げ、それらが社会経済的地位と「進学」上の達成の媒介項となっていることを示すのである。

　DiMaggio (1982) は、1960年に行われた「能力プロジェクト」におけるアンケート調査のデータの中から音楽、詩、美術、文学などについての興味、情報収集、知識、参加といった指標を用いて「文化資本」を測定し、それらが学校での成績に結びついていることを明らかにした。そこでは、Bourdieuらとの想定とは異なり、両親の教育と文化資本の関係は強くなく、そのことがアメリカ社会の特性ではないかとも述べている。ただし、女子学生の場合には父親の教育と文化資本の関連が顕著にみとめられるという。

　DiMaggioとMohr (1985) は、同じく1960年の「能力プロジェクト」の調査

データおよび11年後に行われた追跡調査の結果を用いて、文化的な興味と活動が、学生の将来にどのような影響を及ぼしているか分析した。すると、大学進学、大学卒業、大学院進学、配偶者選択について、性別を問わず有意な関連性がみられた、という。

Farkas et al (1990) は、文化的資源および教師-生徒間相互作用と学校成績の関連性についてのモデルをたて、ウィスコンシンの州都南西部学区の第7学年と第8学年の生徒と教師を対象に調査を行った。すると、性、エスニシティ、貧しさいずれの格差に関しても顕著な関連性がみられ、学生の学習態度、基礎能力とコースワーク修了の判断に関しては特に強い関連がみとめられた、という。

Aschaffenburg と Maas (1997) は、1982年、1985年、1992年に行われた、芸術参加に関するサーベイデータを用いて、文化的なキャリアと教育上のキャリアの関係について分析を行った。それによると、親の文化資本や文化的活動は、たしかに学校での成功に影響する。ただし教育上のキャリアがすすむほど、文化的要因の影響は小さくなっていくこと、学校内の文化活動よりも学校外の文化活動のほうが強い影響力をもつこと、などが明らかになった。

(「トラッキング」など「学校内の過程」に注目する研究)
第二に、学校内の過程に注目するタイプである。ひとつに「トラッキング」研究がある。つまり、「進学コース」/「就職コース」あるいは能力別といったコース (track) 分けが、その建て前上の機会平等性とはことなって「エスニックグループ」間あるいは「階級」間の不平等をうみだすように作用している、というのである。

まず、Rosenbaum (1976) は、ボストンのある高校の成績簿のデータおよび無作為抽出された3年生に対する面接調査を用いて、「トラッキング」の効果を明らかにした。それによると、その高校の「カレッジ上級」「カレッジ下級」「ビジネス」「一般上級」「一般下級」などという「トラック」は、「独立した選択」による「開かれた」ものであり「自由に変更できる」ものとされながら、学年があがるにつれ差が拡大して大学への進学状況の違いにもつながる

ことを統計的に明らかにし、これがさらに「社会的不平等」につながる、と指摘した。

Shavit (1984) は、イスラエルの中等教育に存在するカリキュラム・トラッキングについて、1,215人のユダヤ系イスラエル人男性についてのアンケート調査のデータを用いて「エスニシティ」の視点から分析した。それによるとセファルディーム（スペイン系ユダヤ人）は、職業トラックに入る可能性が高くアシュケナジーム（ドイツ系ユダヤ人）はアカデミックなトラックに入る可能性が高いが、トラッキングはこうしたエスニック間の不平等を強める効果をもつ、という。

Gamoran と Mare (1989) は、ハイスクール2年生を対象とした1980年と1982年の全国調査データを用い、「ジェンダー」や「人種」や社会経済的地位によってトラッキングの効果がどのようにあるのかを分析した。それによると、社会経済的地位に関してはトラックによって達成の不平等が強化されるが、「人種」と「ジェンダー」に関しては、むしろトラックの存在によってもともとの不利がうち消される、という結果を報告している。

Gamoran (1992) は、トラッキングの効果が学校間でどのような違いがあるのかについて、上と同じ全国調査データを利用して分析を行った。それによると、公立学校よりもカトリックの学校のほうが、トラック間の格差が小さく、特に数学についてそういえる。また全体としての成績もよい、ということが明らかになった。

いまひとつに、カウンセラーとの相互作用が「進学」を決定していくという Cicourel と Kitsuse (1963, 1977) の議論がある。Cicourel と Kitsuse は、大都市近郊の大規模高校で自由回答式の質問票を用いたインタヴューにより調査を行った。それによると、アメリカの教育移動は Turner によって、イギリスの「庇護移動」とは異なる「競争移動」であると特徴づけられてきたが、実際には学校教職員によるテストの点数や評点平均の解釈、生徒のもつ「問題」についての定義と処遇、成績不振生徒の大学入学促進のための活動などによってつくり出されており、ある種の組織的な「庇護性」をもっている、という。すなわち例えば、中流・上流階層の生徒が成績不振であった場合には、カウンセラーによって「問題」が指摘され対処がなされるのに対して、

下層階級の生徒の場合には、とびきり頭が良くない限りは、無視される可能性がある。これは、イギリスの場合に「階級」が直接的に作用するのとは異なり、「人種」、「宗派」、「居住地」などの種々の区別が、カウンセリングというプロセスを通して影響するというものである。この研究は、イギリスとアメリカの新しい対比を行ったと同時に、「社会的現実の常識的解釈」という現象学的社会学の理論枠組みを応用した実証的な「進学」研究の道を切り開いたものと位置づけられるのが通例である。

また例えば Collins (1976) は、「身分文化」に着目し、ある学校は、特定の「身分文化」を教える場所（例えば私立進学準備学校はエリート文化を、公立ハイスクールやカトリック系学校は非エリート文化など）であり、ある特定の文化をもつ者を入学させる、と論じている[10]。

（「カルチュラル・スタディーズ」と「多文化主義」）

第三に、「文化」のもたらす権力関係や多様性に注目する立場として「カルチュラル・スタディーズ」および「多文化主義」的な一連の研究がある。

本稿では「カルチュラル・スタディーズ」という語で、Hoggart の『読み書き能力の効用』と Williams の『文化と社会 1870-1950』に始まる研究の流れ (Turner 1996: 22) を指しておく。ここでの主要な研究対象は「大衆文化」であったが、「進学」に関わる論点もいくつか提示されている。まず Hoggart (1958) は、20世紀初頭から半ばにかけての「大衆文化」の果たした役割について論じる中で「奨学生制度」が知的な子どもを選び出してしまうことによって「労働者階級」を弱める機能を果たした、と論じている (ibid.: 262-263)。また、Willis (1977) は、労働者階級の対抗的な若者文化が、結果的に階級構造を再生産してしまうことを明らかにした。

「多文化主義」的な研究の分野では、「文化」の多様性およびそれをめぐる抗争が「進学」にも関わる状況について、数々の研究が行われている。例えば2000年以降では、村田編 (2001)[11] が、タイ、インドネシア、マレーシア、シンガポール、ベトナム、ミャンマー、スリ・ランカなど東南アジアの国々を取り上げている。これらが国民統合を行ううえで、社会の民族的・言語的・宗教的多元性という現実に直面して様々な対立や機会不平等の問題をか

かえたが、それぞれの地域に特有の多文化主義的政策を採用し乗り越えてきたことを詳細にまとめている。

「文化的再生産」にせよ「トラッキング」にせよ「カルチュラル・スタディーズ」にせよ「多文化主義」にせよ、「社会経済的要因」よりは「文化的要因」に注目することが特徴となってきている。従来から取り上げられていた「階級」も、「文化的」実体としてとらえなおされ、それ以外にも「エスニシティ」や「人種」、あるいは「ジェンダー」といった変数が、「文化的」に重要なものとして浮かび上がり、「不平等」を維持し再生する構造としてクローズアップされてくることになるのである。そこで、これらの論を「文化的不平等」論としてまとめておくことができる。すなわち、「経済成長」論から「平等」論へという流れの中で、「平等」論の主張の仕方が「社会経済的不平等」論から「文化的不平等」論へと移行していくのである。これが「進学」についての1970年代以降の動向である、ということができる。

したがって、「文化」に注目することは、今やごくあたりまえのことになりつつある。日本でも、竹内 (1995) は、Clark (1960) [12] などによりながら、「進学」に対する「文化」の影響を「加熱」・「冷却」・「再加熱」・「縮小」という図式で捉えようとしている。つまり、「立身出世」のように「進学」に向かって「加熱」する文化もあれば、「篤農青年論」のように「冷却」する文化もある、といったようにである。

あるいは、「ジェンダー」をめぐる「文化的再生産」も注目されている。例えば中西 (1996) は、学校で伝達される性役割規範の違いが、進路展望を規定してしまう、という現象を明らかにした。

このように、「社会経済的要因」説をより洗練する形で登場した「文化的不平等」論は、前者だけでは捉え切れない現象を捉える方法を提供してきた。しかし、本研究の目的は、先進国で洗練されてきた「文化的不平等」論をタイにあてはめようとすることではない。むしろ、タイという事例の研究を通して、これまでの「進学」の「文化的不平等」論に批判的検討を加えることが、より重要な目的である。それは、従来の「文化的不平等」論に、次のような問題点を感じるからである。

第3項　従来の「文化的不平等」論の問題点
（「国民国家」という前提）

　以上の「進学」についての「文化的不平等」論の問題点の第一は、そこに潜んでいる隠れた「国民国家」的前提である。この指摘は筋違いなものに思われるかもしれない。「文化的不平等」論は、「エスニシティ」的・「人種」的・「階級」的・「ジェンダー」的マイノリティに対する差別を明らかにし、「国民国家」を相対化する立場をとっているように見えるし、しばしばそれに対して厳しい批判を浴びせているからである。しかし、よく注意してみればわかるように、そこで扱われる「文化」は常に、ある「国民国家」を範囲として広がるものを想定している。「トラッキング」の「不平等」[13]、Collins の「身分文化」[14]、「文化的再生産」の「階級文化」[15]、Hoggart の「大衆文化」[16]、Willis の「対抗文化」[17]、村田の「多文化」[18] はいずれもアメリカ、フランス、イギリス、タイなどの「国民国家」を前提として主題化されており、いわばその「国民」内部でありうべからざる「不平等」が存在する、ということで問題化されているのである。それは、若干視角の異なる竹内の「加熱」「冷却」論でも同様である[19]。

　このためこれらの研究は、大概ある特定の地域を対象に調査していながら、その結果を、何のことわりもなく「日本」や「タイ」や「アメリカ」や「フランス」にまで一般化してしまう傾向がある。そこに欠けているのは次のような認識である。

> それにおとらず重要だったことは、このヒエラルキーの地理であった。標準化された小学校は植民地全域の村々と小さな町々に分散し、中学校、高校は大きな町と州都に、そしてさらに高等教育機関（教育ピラミッドの頂点）は植民地の首都バタヴィアと、その南西100マイルの涼しいプリアンガンの校地にオランダ人が気付いた都市バンドゥンとに設立された。こうして20世紀の植民地学校制度は、すでに長期にわたって存在していた役人の旅と並行する巡礼の旅を生み出した (Anderson 1991: 197)。

　周知のように Anderson は、こうした「教育の巡礼」（すなわち「進学」）を「国

第1章 序　論

民国家」を創出する制度のひとつして位置づけるわけだが、このように「国民国家」以前に遡る視点は、これまでの「文化的不平等」論には十分存在していなかった。「進学」における「文化的不平等」を論ずる社会学者や教育社会学者にとって、何らかの意味での「国民国家」が、常に議論の前提なのである。そのことはおそらく、「進学」のシステムを設置し整備し改編していく主体が「国民国家」である、という事情と深く関わっている。

　しかし、本研究で行いたいのは、Andersonの指摘を繰り返すことではない。むしろ「進学」という現象を「国民国家」とは異なる前提のもとに捉えることである。

（「学校」という前提）
　従来の「文化的不平等」論の第二の問題点は、現在の「文化的不平等」論が、常に「学校」というものを前提としている、ということである。「文化的再生産」論や「カルチュラル・スタディーズ」や「トラッキング」や「多文化社会」論等などは、「学校」という場所にはり巡らされている様々な文化的な網の目に焦点をあて、それがいかに「労働者階級」や「マイノリティ」に対して不公平な影響力を及ぼしているかを明らかにし、時にはやんわりと皮肉っぽく、時には激しく、現在の「学校」というものを批判する。しかし、その論じ方は、「バイアスのない」、あるいは「多文化的」な学校をつくるべきだ、というものであって、「学校」そのものから外へ出ようとはしないのである。
　例えば、トラッキング論は、菊地（1986）によれば、「ある選抜基準に基づいて生徒集団を比較的永続的な同質集団へと再編成する実践形態」であり、「生徒集団」すなわち「学校」の内部であることが前提されている。トラッキング論を創始したRosenbaumの場合にもそうである。彼の出発点は、学校間の格差を示すことが十分にできなかったColemanとJencksの研究を受けて、「学校内 within school」に着目したところだったからである。その視線は、一貫して「学校」の内部での「トラック」の効果に注がれている。中西（1998）の場合には、「学校間あるいは学校内には、学力水準に基づいて形成される一種の『層（トラック）』が存在する」と「学校間」にも注意を促す。ただそこで中西が論ずるのは、高校を経て大学へ「進学」する中でトラッキング

システムが存在しているということであり、高校-大学を連続した体系と考えるならば、やはり「学校」システムの内部での分化に注目しているといえる。

　Collins (1977) が「身分文化」は、学校で教えられる文化が、「WASP的」「カトリック的」などの階級文化と結びついていることを問題にしている。後者はたしかに「学校外」の文化であるわけだが、実際になされる分析は、「学校」の中で何が教えられるか、ということである。

　Bourdieu と Passeron (1964, 1970) の「文化的再生産」も、Collins と同じく、支配階級の文化と学校で教えられる文化が結びついていることや、特定の「階級」の出身者が学校や大学の中で成功しがちであることを論ずるのであるが、その場合の視線はつねに「学校」(大学を含む) に向けられている。もちろん、『ディスタンクシオン』(Bourdieu 1979) では、主たる話題は「階級」と「趣味」との関係に向けられているが、「農業従事者」「生産労働者」「商工業経営者」「事務労働者」「一般管理職」「自由業」「上級管理職」などといったその「階級」の区分は、あまりにもしばしば「初等教育修了」「中等教育修了」「高等教育修了」「免状なし・CEP」「CAP」「BEPC」「バカロレア」「高等教育中退」「学士号」「教授資格」「グランゼコール卒」などといった「学校」システムの中でのランク付けと関連づけられる。

　「カルチュラル・スタディーズ」に関していえば、「奨学生制度」による「労働者階級」の弱体化を指摘する Hoggart (1958) の場合にも「グラマースクール」の教育に注目しているし、対抗文化を通した労働者階級の再生産を論ずる Willis (1977) の場合にも、主たる視線は、やはり「セカンダリー・モダンスクール」という「学校」の内部での生徒の文化や教師とのコミュニケーションに向けられている。職場でのインタヴューもなされているが、それはあくまでも卒業生の追跡調査として、卒業生の目からみた「職場」が描かれているのみである。

　村田編 (2001) では、東南アジア各国の「多文化」の状況が論じられるわけだが、そこでの主たる関心は、「国民教育」「学校教育」の内部で「多文化」性がどのように取り扱われているか、である。もちろん、最初の章では3節にわたり「民族・言語・宗教の多元性」「政治的多元性」「多文化社会とナショナ

リズム」など「学校」外の文化が論じられ、各国を論じた節のはじめにもそうした論述がなされているが、それはあくまで統計資料や歴史に依拠した概括的で俯瞰的な記述にとどめている。真に詳しく生き生きした記述がなされるのは、あくまで「学校」あるいは政府の学校教育政策についてなのである。

　Illich (1970) の「脱学校論」ですら同様である。スローガンが与える印象とは異なりその主張は、同書の解説者が述べるように単に「制度の根本的な再編成」(ibid.: 221) をもとめているに過ぎない。後の講演では自ら、それは単に「学校の非公立化」を求めるものだった、と述べている (Illich 1991)。のみならず、その講演をも含めて、「学校」に対する批判を繰り返し浴びせながら、「学校」の「外」については、「ヴァナキュラー」「オーラル」などの言葉で抽象化的にかつ理想化された仕方で論じるにとどまり、具体的に取り上げつつ「学校」に対する代案を提示することはしていない。

　Anderson (1991)、吉野 (1997, 1999) をはじめとして多くの論者が、「国民」の醸成にとって「学校」が大きな役割を果たしていると指摘している。「国民国家」という前提を疑うところから出発する本研究にとって、「学校」という制度を議論の前提とすることは困難である。

（「われわれ / よそもの」図式）
　従来の「文化的不平等」論の第三の問題点は、「文化」の取り扱い方についてである。「カルチュラル・スタディーズ」は（「文化的再生産」論もそうであるが）、「文化」というものをアイデンティティと差異の政治学、として取り上げる傾向が強い。「労働者階級」を研究の焦点とする Hoggart (1958) や Willis (1977) の場合に「われら」と「やつら」という図式が前提されているのはいうまでもないが、いわゆる「ポストコロニアル」論などに関しても同様であり、次のような指摘がなされている。

　　カルチュラル・スタディーズを、とりわけいわゆるポストコロニアル理論
　　と批判的「人種」理論の影響の結果として、アイデンティティと差異の理
　　論と政治に等しいものとして取り扱おうという顕著な傾向がある。私はカ
　　ルチュラルスタディーズにおける、あるいは現代の政治的闘争のための、

そうした仕事の重要性を否定するつもりはない。しかし、私はその理論的土台と政治的帰結のいくつかを疑問に付したいと思うのである (Grossberg 1996: 151)。

また、大澤は、北田との対談の中で次のように問題提起している。

アイデンティティ・ポリティクスは、一つのポリティカルな社会空間のなかで、生態学的にいえばニッチというか、ポジションを獲得することの要求だったと思うんです。自分の座席がないということへのプロテスト。マイノリティの人たちにも座席を与えましょう、というわけです。これは本来要求されていたラディカルでトータルな革命ではない。資本主義に対するオルタナティブを提示するものではないわけです。むしろ、逆に政治の基本的な枠組みを補強するものになっている。(中略) そのアカデミックな世界での対応物は、カルチュラル・スタディーズ…というかたちで今日、定着しています (大澤・北田 2001: 51)。

すなわち、しばしば展開されるのは、社会の中で一部の人々がある差異をもったものとして描き出され差別される、またそれに対抗してそれを自分たちのアイデンティティとして採用する、そしてその差別についての反対闘争を展開する、というタイプの論である。そこでは、かつては「階級」論、近年では例えば、「反人種主義」論、「ポストコロニアル」論などがそうであるように、「われわれ／よそもの」図式がその基本となっている。こうした立場は、学問的に実り豊かなものをもたらしてきたばかりでなく、実際の社会をより開かれたものにする上で大きな貢献をしてきたといえる。しかし、「われわれ／よそもの」図式は、「文化」の扱い方として、決して唯一の捉え方ではない。「文化」とは、個体としての「われ」を同定したうえで「味方」(われわれ) と「敵」(よそもの) の区別をするものとだけ捉える必要はない。

また例えば、村田の「多文化社会」という考え方の中で意識されている「文化」は、主に「民族」「言語」「宗教」である。これはいずれも個人的なアイデンティティを同定した上で区別を生み出すものという性格をもっているし、

特に教育制度の中での取り扱われ方が主として論じられるために、よりそうした性格が強められている。これは「文化」の捉え方としてあまりにも限定され過ぎている。これらが「文化」の中で重要な要素であることはいうまでもないが、「われわれ」と「よそもの」を区別する概念のみをとりあげる結果となっている。

(政策論的・統計的分析)

　第四の問題点は、データ収集方法に関するものである。Willis などいくつかの研究を例外として、これらの研究は、主として「政策論的分析」および「統計的分析」という仕方で問題を取り扱ってきた。ひとつに、「進学」という現象は、政策により大きく左右されるために、国や自治体の施策ないしその変更(いわゆる「教育改革」)の記述が重要とされている。いまひとつに、「進学」は、社会事象としては珍しく、比較的容易に計量的にデータが得られる領域であることから、「社会経済的要因」説においても「文化的要因」説においても、統計的に考察することが通例であった。しかし、「進学」をする当事者が思い悩んでいることを参与観察的に深く追求することは少なかったし、さらにそこで得られるデータと、国や自治体の施策や統計的なデータとを十分につなげる研究となると、ほとんどなかったといってよい。

　この「政策論的・統計的分析」という傾向は、実は、さきの「『学校』という前提」とむすびついている。なぜなら、この「学校」という場所は、国立・公立・私立の別を問わずなんらかの経済的援助や技術的指導を国や自治体から受けている「政策」的な場所であり、大量の生徒を性別・年齢別(場合によっては成績別)に分類し完璧な名簿まで準備している場所であって、統計的調査にとってきわめて好都合な場所となっているからである。

　以上のような四つの問題点を回避する方法として、本研究では、「地域」という視点、および後にのべる「厚い比較」という方法を採用する。

第4項　「地域」という視点

　本研究では「地域」という視点を採用するが、それがどのような由来をもつ視点なのか、またどのような意味で以上の四つの問題点に対応することに

なるのか、簡単に論じておこう。

　「地域」という変数は、「進学」に関しては十分取り扱われてこなかったものである。「社会経済的要因」説の時代には、「家族」や「友人」といった要因を明らかにするなかで全く扱われないか (Sewell et al 1957; Krauss 1964; Sewell & Shah 1968a, b; Kandel & Lesser 1969) または扱われても統制変数として取り上げられるのみであった (Elder 1965; Coleman 1966; Duncan 1967)。「文化的要因」説の時代には、独立変数の一つとして取り上げた初期の研究 (Bourdieu et al 1964, 1970 ; Bourdieu 1979) を除き、統制変数としてすら十分に取り上げられなくなっていく (Hoggart 1957; Cicourel & Kitsuse 1963, 1977; Collins 1976; Rosenbaum 1976; Willis 1977; DiMaggio 1982; Shavit 1984; DiMaggio & Mohr 1985; Gamoran & Mare 1989; Farkas et al 1990; Gamoran 1992; Aschaffenburg & Maas 1997)。つまり、「階級」・「エスニシティ」・「人種」・「ジェンダー」といった変数が焦点化をする中で、「地域」という変数は忘れられてきたのである。

　ただ、日本では2000年代になって、本項で後に触れる吉川（2001）が、「トラッキング」論との関わりで「ローカル・トラック」という概念を提示して「地域」の重要性に注目した研究を行っている。イギリスではDeacon (2004) が、「文化的再生産」論との関わりで「地域」を取り上げた研究を行っている[20]。つまり、「文化的要因」説の文脈の中で「地域」という変数が注目を集めつつあるのである。

　しかし、こうした形での「地域」への着目は、タイでは既に1970年代末からなされていた。それは、本章第2節第2項で触れるように「文化的」マイノリティの「進学」問題が「地域」の問題として表れてきやすい事情があったからである。

　こうした「地域」という視点は、日本の「進学」研究の中では十分取り扱われてこなかったものの、「地域社会学」という分野では膨大な研究が行われてきている。ここでは、その流れを大まかに俯瞰してみよう。

（「地域社会学」における「地域」）
　「地域社会学」は一般に、「都市」と「農村」との区分が意義を失う中で登場してきたとされている（例えば［地域社会学会編 2000: 56］）。その草創期以来、

「構造分析」と「コミュニティ」論という二本の柱があり (ibid.: 12)、近年になって「新都市社会学」が新たな方向性を与えた (ibid.: 13) とされている。

まず「構造分析」であるが、その原型である福武（1954, 1976）においては「村落社会」を対象とし、「親分子分制」や「本家支配」や「小作争議」等の「農民の形成している集団や社会」を焦点とした「村落構造」の分析が行われていた。その流れを引き継いだ蓮見音彦らにおいては、「地方自治体」の「行財政の社会過程分析」が焦点となり、「自治体」の「社会的編成」や「住民運動」の主体性が論じられることとなった（蓮見編1983、蓮見・似田貝・矢澤編1990、似田貝・蓮見編1993）[21]。この流れが「地方自治体」やその「社会的編成」を論ずる場合には、次のような理論的背景がある。すなわち、「地域社会」は、「前近代社会」においては「小宇宙としての共同体」すなわち「Gemeinschaft」であり（蓮見1991: 18）、「近代社会」においては、典型的には「産業都市」であるような「多分に独立性の強い小都市」であり (ibid.: 21)、「現代社会」においては「国家・地方自治体等の政府による地域管理の場」(ibid.: 27) である、というようなマルクス主義的歴史把握である。これは、「村落構造」について「経済構造」や「歴史的段階」を重視する福武の「構造分析」に、もともと含まれていたものである[22]。

次に、「コミュニティ」論的な意味での「地域」である。この場合にはアメリカの「コミュニティ」研究、特に MacIver の「コミュニティ」の定義が重要とされている。周知のように MacIver (1917) は、「地域性 locality」と「コミュニティ感情 community sentiment」によって定義した。そのために、日本では「community」という言葉に当初「地域社会」という訳語があてられたが、現在では「コミュニティ」とカタカナ表記されるのが通例となっている（例えば［園田1978］［地域社会学会編 2000: 26-27］）。この「コミュニティ」という語には実に多様な定義がなされて今日にいたっている（森岡 2002: 276-281）が、この場合の「地域」は、「感情」という情緒的な面を強調するのが特徴である。また、1990年代以降の「パーソナル・ネットワーク」論（例えば［大谷1995］、［松本1995］、［森岡 2002］）は、この「コミュニティ」論の流れから生まれてきたものである（地域社会学会編 2000: 26–27）。

最後に、「新都市社会学」的な意味での「地域」である。以上のような「構

造分析」または「コミュニティ」論をふまえながらあらわれた「新都市社会学」は、「構造分析」同様マルクス主義的な枠組みを採用しつつ、「都市化」「国際化」「情報化」の進展をふまえて「世界都市論」「エスニシティ研究」「外国人との共生」「新しい社会運動」「NPO, NGO」などといった主題を取り扱うようになった（地域社会学会編 2000: 13）。その中で「地域」は、「場所」や「空間」としてとらえなおされるようになってきた（地域社会学会編 ibid.: 39, 106–107）。

　また、「地域社会学」の中にあって、本研究の主題と直接的にかかわると考えられるのは「地域社会と教育」研究の流れである（例えば［矢野 1981］［岡崎 1991］［住田 2001］）。この場合には、先の「地域社会学」の中では特に「コミュニティ」論との関係が強い。というのも、この研究の流れが Olsen (1947) らアメリカの「コミュニティと教育」研究と関連して出てきたからである。例えば、矢野（1981）は、「教育社会学」についての再検討をふまえ、「家族」や「学校」とは並ぶ社会化の担い手として「地域」を位置づけ (ibid.: 81–102) た上で、アメリカの「教育の地域社会研究 community approach to education」を出発点として (ibid.: 106–110)、「地域教育社会学」を提唱した (ibid.: 1–4)。そして「地域教育力」の三層構造として、「社会規範」（地域に通用する共通ルール）と「生活体験」（身近な生活圏で行う体験）と「地域集団」（地域の子ども会や育成会、サークルなど）の三つを指摘した (ibid.: 134–136)。そして実際に大分県「雉谷」、佐賀県「名尾」、福岡県「岡垣町」などでの調査をふまえて、「教育分業化の歪み」を明らかにしつつ「新しい地域教育システム」の確立を提案している (ibid.: 224–239)。

　また住田（2001）は、子どもの発達への社会学的アプローチについてシンボリック相互作用論を用い、「ソーシャライザー」と「ソーシャライジー」の相互作用として定式化しなおす (ibid.: 3–34)。その上で、まず、子どもの「仲間関係」「遊び」、に関するアンケート調査や統計データを用いて、それらが子どもの社会化に及ぼす影響について論じた (ibid.: 35–144)。次に、母親の近隣関係や就業形態に関するアンケート調査と統計データを用いてそれらと子どもの遊びの関連について論ずる (ibid.: 145–242)、最後に、子ども会育成会とPTA組織と学区再編成について事例研究とアンケート調査を用いて論ずる (ibid.: 275–370)。ここでは MacIver の「コミュニティ」概念は登場していな

いものの、一貫して「近隣」や「地域社会」というものがある一体性をもったものでありそうであるべきもの、として論じられている。従ってやはり「コミュニティ」的なインプリケーションをもって「地域」という語が用いられているということができる[23]。

しかし、こうした「地域社会と教育」研究は、既に紹介した「進学」研究とあまり接点を持っていない。というのも、矢野が指摘しているように、「教育の地域社会的研究」は、戦前の「郷土教育」の時期や戦後の「生活中心のコミュニティ・スクール」の時期には盛んだったものの、高度成長に「進学準備教育の教育が小中高の学校教育を支配する」とともに衰退してしまったからである。「進学」研究は、まさにその時期に盛んになってきた研究テーマである (ibid.: 111–113)。

以上のような「地域社会学」的諸研究の中に存在していた「地域」という観点を、「進学」研究の中に位置づけようとすることは、きわめて重要な作業と考えられる。なぜなら、この「地域」という視点は、以下のような意味で、「文化的不平等」論の問題点を軽減できる可能性をもつ、と考えられるからである。

(四つの問題点への対策としての「地域」)
第一の問題点に関しては、「国民国家」の境界設定をずらす効果を指摘できる。「国民国家」は、Andersonの指摘をまつまでもなく「地理的範囲」(「領土」)をもつものであるが、性格の異なる「地理的範囲」に注意を促す「地域」という概念は、その前提を変更するのによい手段となるはずだからである。

もちろん、これまでも「地域」と「進学」の関係に照準する研究は行われてきたが、このような意図をもって行われてきた研究は少ないと思われる。例えば、天野編 (1991) は、兵庫県篠山町にある「篠山鳳鳴義塾」「篠山高等女学校」「篠山高校」「篠山農業高校」などを対象として、学校資料およびインタヴュー調査に基づいて「学歴主義」の成立過程を描いている。この場合は主として「学校」に焦点があり、インタヴューにおいても「地域」よりも「旧士族」「農家」「商家」といった「階層」に関心が向けられている。最終的な目的は、「地域」よりもむしろ、以上を通して「日本の学歴主義化」を描くことである[24]。

「地域社会学」の諸研究の成果は、これらとは逆に、「地域」という概念を通して「国民国家」という前提を回避させてくれる可能性を示している。例えば、「地域文化」や「地方文化」という概念を用いた研究は、「東京一極集中」「都会文化」「中央」に対する厳しい批判を含んでいることが多く（例えば、[井上 1984; 細辻 1998]）、これらは「国民国家」に対する批判とみることもできるからである。また例えば「構造分析」系の「地域社会学」研究の採用する「国家・地方自治体等の政府による地域管理」という観点も、「国民国家」に対する批判を深層にもっているとみることができる（例えば、[蓮見 1991: 25]）。

　また、「ローカル・トラック」という概念を提示し、綿密な調査を用いてその重要性を論じた吉川（2001）の場合も、「日本」とは異なる境界設定に注目している。吉川の最初の問題提起は、「大衆教育社会日本」というもので、やはり「日本」に照準しているかのようにみえるが、後の論述の中で明らかになるように、真の焦点は「地方県」である。

　吉川は、1992年に調査した島根県仁多郡横田高校の「国公立大学進学クラス」の在籍者について、1998年にもビデオカメラを用いたインタヴューとアンケート調査を実施した。それによって35人の若者の18歳から26歳に至る大学受験や学生生活や就職・進学のライフヒストリーが明らかになる。それについて吉川は、関西や首都圏に進学し定着する「都市定住型」(11人)、県内の高等教育機関に進学し県内で就職する「県内周流型」(11人)、関西や首都圏に進学するが就職などで県内に戻った「Jターン型」(8人)、都会に進学するが仁多郡に戻る「Uターン型」(5人) の4つのタイプの地域移動を析出する (ibid.: 74-76)。その中で吉川が特に注目するのは2つの力学である。ひとつは「県内周流の力学」で、それは次のように表現される。

　　こうして、この地方県では、県内出身者が地元 (国公立) 大学・短大に進学
　　していくというメインストリームが、実体を伴ったイメージとして存在す
　　ることになる。都道府県という行政単位の成立と、公教育の学制の成立は
　　ほぼ同時期であり、双方ともに100年の不動の歴史をもつ (ibid.: 207)。

　もうひとつは「都市流出層を引き戻す力」であり、それは次のように表現

第1章 序　論

される。

　こうして県外の大学への流出進学者たちは、ある者は高校のときからの自分のライフコース・イメージに従って、またある者は都会から押し返され、あるいは大きな学資を負担してくれた親との約束をまもるために、あるいは自分の中の望郷の念や跡取り意識に引き戻されて、自分が正当に「嫡出」した地方県に戻ってくる (ibid.: 218–219)。

　ここから吉川は「ローカル・トラック」という概念を提示していくことになる。こうした論点は、これまで殆ど主張されることはなかった。
　以上の諸研究が示すように、「地域」に照準することは、第一の問題点をクリアする方法に十分なりうると考えられる。
　第二の問題点、すなわち「学校という前提」に関していえば、「地域」という視点が「学校」という境界設定を越えさせてくれる効果に期待できる。そのことについては、まず、「地域」が「進学」に影響する見逃せない要因であることを指摘できる。「進学」率は都会と農村で異なることはよく知られているが、例えば Elder (1967) が主たる論点とはずれたところで示しているように、小都市（5千人以下）・中都市（5千〜10万人）・大都市（10万人以上）と分けたとき常に大都市になればなるほど中等学校進学率が上がるわけではなく、国によっては中都市で最も高い場合がある。Elder はまた、アメリカでいえば東部・中部・南部・西部の間に、西ドイツのシュレスヴィヒ＝ホルシュタインとノルトライン＝ヴェストファーレンとヘッセンとバヴァリアの間で中等学校進学率に格差があるというデータも提示している。あるいは、先に触れた Aschaffenburg と Maas (1997) の研究が示すように、学校内の文化活動より、音楽や美術やダンスを習いに行くといった「地域」での文化活動が「進学」志向に関連するという事実もある。そうしたことだけからしても、「地域」と「進学」の間には複雑なむすびつきがあり、「学校」とは異なる広がりとして、「進学」を規定している、と考えることができる。
　これについては、「地域社会と教育」研究の諸成果を参照することもできる。これらは、「学校」だけではなく「地域社会」もまた「教育」というプロセ

スにおいて重要な役割を果たすことを指摘してきた (Olsen 1945; 矢野 1981; 岡崎 1991; 住田 2001)。こうした知見は、「進学」に関する研究においても、「地域」という視点が「学校」の「外」に注目する際の有効な方法論となることを予想させてくれる。

　第三の問題点、すなわち「われわれ／よそもの」図式に関しては、「地域」という視点のもつ理論的含意を指摘することができる。「地域」というのはたしかに、「地域対立」のような現象にもみられるように、「われわれ／よそもの」図式にとらわれている場合が少なくない。しかし、「地域」という漢語を注意深く解読するならば、異なるイメージを抱くことができる。「地域」という言葉の中の「域」という語は、「一定の区域」を意味するものであって、「われわれ／よそもの」図式につながりやすい側面をもっている。しかし、「地」という語は、「土」（つち）という字母と「也」（のびひろがる意）という字母の組み合わせ（[小川他編 1968: 211]）であり、「われわれ／よそもの」という境界設定を越え出ていく可能性を示している。

　また例えば、「地域社会学」の「コミュニティ」論の流れの中で出てきた「パーソナル・ネットワーク」論は、「われわれ／よそもの」図式を越え出るもの、と考えることもできる。なぜなら「ネットワーク」という考え方は、「われわれ／よそもの」という想定を必ずしも含まないからである。「ネットワーク」について、森岡（1993: 644）は、『新社会学辞典』の「社会的ネットワーク」の項で「最広義には、社会システムを構成する諸要素間の関係を指示する概念である。ただし研究の現状における対象は、これら諸関係のうち、諸個人、集合体、機関がつくりあう関係にほぼ限られ、しかも分析的には、諸個人間の関係に重点を置くことが多い。その意味で分析概念としての社会的ネットワークは、最狭義には個人が他者ととり結ぶ関係性の総体」と規定しており、「集団を形成せず、個人中心的、選択的であるような関係の分析に適している」と述べている。この森岡の最狭義の定義にもとづいて考えられた「ネットワーク」においては、「われわれ」と「よそもの」の境界はきわめて不明確とならざるをえない。なぜなら、それぞれの「個人が他者ととり結ぶ関係性」によって「われわれ」が明確に画定されるためには、よほど強い条件が必要だからである。例えば、10人の中で3人だけの「われわれ」が成

立するのは、その3人が3人とも、その3人としか関係を持たず、残りの7人が7人とも、残りの7人としか関係を持たない場合となる。すべての個人と関係をとり結ぶ可能性が等しく関係が相互に影響し合わないと仮定した場合、その確率は非常に小さく、全体数である10人の数が多くなればなるほどさらに小さくなっていく。つまり、「個人が他者ととり結ぶ関係性」を基本として考えた場合、「われわれ」の外側の「他者」と関係性をとり結んでしまう可能性のほうが視野に入ってきて、「われわれ」という境界の画定は事実上無意味になってきてしまうのである。

有賀喜左衛門や鈴木栄太郎、ラドクリフ=ブラウンから「パーソナル・コミュニティ・ネットワーク」論に至るまで「ネットワーク」論の詳細なサーベイを行った大谷 (1995: 18-37) は、社会学において「集団パースペクティブ」から「ネットワーク・パースペクティブ」への転換があると述べている (ibid.: 15)。つまり、「ネットワーク」という視点は、「社会」をばらばらな個人に還元しない考え方をうちだそうとするときに従来用いられてきた「集団」というパラダイム、すなわち、複数の個人を一体のまとまりと考えるパラダイムとは異なるパラダイムとして注目されている面があるのである。「われわれ/よそもの」図式は、後者のような「集団」パラダイムを前提にしたものである。

もちろん、現在では「ネットワーク」という用語は「情報」や「メディア」や「インターネット」などに関して日常的に用いられるものとなっているが、こうした「われわれ/よそもの」図式にとらわれない「ネットワーク」という視点を社会学においていちはやく提示してきたのは、まさしく「地域」に着目する流れだったのである。

この点については、後期 Husserl[25] の草稿（[Husserl 1940, 1968]）における「Erde」（通常は「大地」と訳される。英語の「earth」に相当する語。）[26] に関する議論を参考にすることもできる。Husserl は「Erde」を「ひとつの物体」(Husserl 1940: 269, 1968: 308) とみる「近代人」の見方に対して「Erde はまさしくそれ自身地盤であって物体ではないのである」(Husserl 1940: 276, 1968: 313 [原文を確認した上で訳文は邦訳にしたがったが、Erde のみ原語で表記した。以下同様。]) という。つまり、Husserl にとって、「Erde」とは「物体」ではなく、あらゆる意

識の「地盤」なのである。つまり、少なくとも後期 Husserl の現象学においては、

> <u>根源的な意味で構成されることができる</u>のは、諸物体からなる周囲空間をもつ「この」Erde の地盤のみである（Husserl 1940: 282-3 ［新田他訳318頁、強調は引用者］）。

ということになる。すなわち、人間の意識のなかでこの「Erde の地盤」はきわめて重要なものだ、ということになる。しかも、

> どんな民族にしても、またその歴史にしても、そしてどんな超民族（超国家）にしても、それぞれ究極的にはもとより「Erde」を故郷としており、あらゆる発展、あらゆる相対的歴史はその限りで、それらをエピソードとして含む唯一の原歴史をもっている（Husserl 1940: 284 ［新田他訳319頁］）。

という。ここからすれば、この「Erde」の上に住む限りで、「民族」であれ「国家」であれ「地域」であれどんな人々の集まりも「われわれ」だけの特権性を主張することは不可能であり、あらゆる「われわれ／よそもの」図式は根源的には無意味だ、という考え方になる。

そういう観点からいえば、吉川（2001）の場合も、十分とはいえない。なぜなら吉川も、やはり「地方県」対「大都市」という「われわれ／よそもの」図式を基調としているからである。それどころか、吉川の論は、厳密にいえば「第一の問題点」に指摘したような「国民国家」という前提を別の形で取り入れているとみることすらできる。つまり、「双方ともに100年の不動の歴史をもつ」あるいは「嫡出」という表現にもみられるように、これは、「日本」と相関的に成立した「地方県」（あるいはそれ以前からある「藩」）というある種の「国民国家」のためにたてられた論であるという性格を色濃くもっている。そうした意識は、同書の結び近くにある次の引用にも明らかである。

> 島根県の若年層の教育は、先に例示した斐伊川の流れと同じように、その

大きな力学に従いつつ、慎重に流量調整をしていかなければならない。地方県のローカル・トラックを、図8-1〜図8-4の段階的なモデルのうちのどれに導いていくかを、地方行政と教育機関が百年の大計として主体的に決めていくことは、重要なことのように思われる (ibid.: 235-236)。

　これは、特に県庁や県教委に向けた実践的な示唆になっているわけだが、その基礎となっているのは、「地方県」を一つの「国民国家」とみる眼差しであるともいえる。
　したがって、「地域」という視点は、細心の注意を払って用いられるならば、またそのときにのみ、通常の理解とは異なって「われわれ」/「よそもの」図式を越えた視野をひらいてくれる可能性をもっている。
　第四の問題点、すなわち「政策論的・統計的方法」に関して言えば、「地域」という視点のもつ実践的な効用を指摘することができる。すなわちある特定の「地域」に注目することによって、そこでのインテンシブなフィールドワークが可能となり、制度に関する資料や統計的データを利用しつつも、それにはとどまらないより多様なデータを自ら収集した上で論ずることが可能となるからである。
　「国民国家」を明示的または暗黙の前提とした研究は、それをまんべんなくカバーするような膨大な統計データを集めるか、さもなければ代表性を説明し易い事例を選択する必要があるため、どうしてもデータの密度や多様性に限界が生ずることになる。それに対し、「地域」に対象を限定すれば、様々なデータ収集方法を採用することができ、事象の奥深くにまで入っていくことが可能となる。
　このことは、「地域社会学」的諸研究の分厚い蓄積によって示されている。これらの研究は「政策論的・統計的方法」にとどまらず、インタヴューや聞き取り、歴史資料の探索と解読、フィールドノーツなど多様なデータ収集方法にもとづく数え切れない貴重な研究を産み出してきた。

（「地域」という視点のもつ他のメリット——自然環境や間身体性への視野）
　「地域」という視点は、「文化的不平等」論の四つの問題点についての一定

の対応策になる以外に、次のような価値をももつと考えられる。

　ひとつに、山や川や谷や森といった自然環境への視野も含んでいる、という点である。すでに述べたように、「地域」という視点は「地」という部分を含むことによって、「Erde（大地）」という視野につながるが、そのことは、とりもなおさずその上にある自然環境を含まざるを得なくさせる。このことは、「持続可能な発展」という観点にとっても都合のよいものである。このことは、現在の「環境社会学」の一部が、たしかに「地域社会学」から発展してきたことによっても裏付けられる（例えば、[鳥越 1985; 1997]）。

　いまひとつに、知的な営みとして捉えられがちな「進学」というテーマにおいて、「地域」という言葉は物質性への視点を含んでおり、身体的な領域に注意を向けてくれる、ということがある。「身体 Leib」は、Husserl では後期になって重要化する観点だが、「地域」と「身体」の関連性をより明確に描いているのは、特に後期 Husserl に依拠しながら思想を展開した Merleau-Ponty であろう。この「身体」という観点と、後期 Husserl のもうひとつの重要な観点である「間主観性 Intersubjektivität」との交差点上に編み出された Merleau-Ponty の「間身体性 intercorporeité」という概念が、そのことをよく示している。たとえば『見えるものと見えないもの』では次のように述べている。

　　ところで、すぐ気づかれるように、この領域は限りない広がりをもっている。もしわれわれが、肉というのは究極の概念であって、二つの実体の結合や合成ではなく、それだけで考えられうるようなものだということを示すことができるならば、そして見えるものの自己自身への関係というものがあって、それが私を貫き、私を見る者として構成しているのだとすれば、私がそれを作っているのだとすれば、むしろそれが私を作っているところのこの循環、見えるものの見えるものへの巻きつきは、私の身体と同様に、私以外の他人の身体をも貫き、活性化しうることになるし、またもし私が、いかにして私の中にこの伝播の波が生まれ、いかにしてあそこにある見えるものが同時にわたしの風景でもあるのかを理解できたとすれば、ましてや私は、見えるものが他のところでもそれ自身の上に閉じられ、

そして私の風景以外の他の風景も存在するのだということが理解されるであろう。もし見えるものがその断片の一つに絡めとられているとすれば、籠絡の原理が獲得されたことになり、他のナルシスたち、つまりは「間身体性」(intercorporeité) のために開かれていることになる (Merleau-Ponty 1964: 195 [原書183頁、強調は引用者])。

このあと有名な左手と右手の「触れる／触れられる」の箇所になるのであるが、上の引用が示すのは、「間身体性」というものが、単に私の身体と他の身体たちの「間 inter-」あるいは「見える／見られる」の相互性だけではなく、その周囲に覚知される「風景 paysage」とも関連付いている、ということである。ということは、私の身体と他の身体たちを取り囲む土地や木々や流れる水や青い空といったものも、「見えるものの見えるものへの巻きつき」に参加しているのであって、「地域」について考察することは、「身体」に定位した社会学的考察にとっても重要なものと考えることができる。同書では次のようにも述べている。

見えるものと触れられるものとの転換可能性によってわれわれに開かれているのは、まだ無形 (incorporel) のものではないとしても、少なくとも間身体的な存在であり、見えるものと触れられるものの推定的領域、私が実際に触れたり見たりしている物よりも広い広がりをもった領域なのである (ibid.: 198 [原書185頁、強調は引用者])。

この箇所が示すように、「間身体的な存在 un être intercorporel」とは、一定の広がりをもった「領域 (domaine)」として考えられている[27]。
「地域」という視点は、こうした「一定の広がりをもった領域」を取り上げる方法にもなると考えられる。

(本研究で採用する「地域」の定義)
ところで、「地域」に注目するといっても、その方向性は大きく二つに分けられる。ひとつは、いわゆる「地域統合」におけるように、範囲を「国民国

家」よりも広く取る方向があるが、いまひとつに、「地域通貨」「地域史」においてそうであるように「国民国家」よりも小さくとる、という方向性もある。

　本項前半で「地域社会学」に言及したことから既に明らかなように、本研究が採用するのは後者である。つまり、「国民国家」よりも小さな範囲での「地域」に着目しよう、という方向である。そこで「地域」という用語の定義としても、似田貝が『新社会学辞典』で提示した次のものを採用しておく。それによると「地域」とは、

　　政治、経済、社会、文化等の諸過程、諸契機に基づいて相対的に自立した
　　一定の空間的領域をさす（似田貝 1993: 982）

　この定義の中で「政治、経済、社会、文化等の諸過程、諸契機」というところには「構造分析」的な含意が込められていると考えられる。なぜなら、既に述べたように「構造分析」は、経済や政治という視点あるいはその歴史性を強調するところに特徴があるからである。また、「相対的に自立した」というところには「コミュニティ」論的含意を読みとることもできる。なぜなら、「コミュニティ」は、「地域性」と同時に「コミュニティ感情」によって特徴づけられるものとされ、「自立性」を重視しているからである。似田貝は上記の定義に続けて「上記した諸機能が相互に重なり相対的統一性をもつ場合、言い換えれば一定の共通性をもつ部分社会となっているときそれを地域社会（コミュニティ）ということもできる」とも述べている (loc. cit.)。さらに、「空間的領域」というところには「新都市社会学」的含意が込められていると考えられる。すなわち、既に述べたように「地域」を「空間」としてとらえなおすことが、「新都市社会学」の理論的主張のひとつだからである。したがって、上記の定義は、現在の「地域社会学」の諸潮流をふまえたものとなっているといえる。

　本研究は、こうした「地域」の一例としてタイの村 (muban) を取り上げる。なぜなら、これは行政上の区画の最小単位であって、それを「空間的領域」とするさまざまな施策が行われると同時に自主的な行事（種々の会議、宗教行事など）も行われており、「相対的な自立性」をもっているからである。

第1章　序　論

　本研究では、こうした形で「地域」に焦点をあわせるとはいえ、「家族」や「友人」あるいは「階級」・「ジェンダー」・「人種」・「エスニシティ」など「社会経済的要因」説や「文化的要因」説が注目してきた他の境界についても、十分注意を払うこととしよう。そうすることによってはじめて、これまでの研究をふまえつつ、新しい観点を提示することができるはずである。
　また、本研究の分析概念としての「地域」はカギカッコ付きで表記し、一般名詞としての"地域"は、カギカッコなしで表記することとしよう。

第5項　「地域文化」という視点
　このように「地域」という視点を導入することによって本研究で行いたいのは、「文化的不平等」論への具体的な批判である。そのためにはまず、「地域」と「文化」という両概念を結びつけた「地域文化」という概念を定義することからはじめねばならない。

（本研究で採用する「文化」の定義）
　まず、「文化」についての定義であるが、吉田禎吾（1987: 666–667）は、四つの定義を紹介している。それらを、訳に多少不適切な面があるので原文に基づき提示すれば以下の通りである。
　第一は、E. B. Tylor に代表される包括的な定義で、「文化」とは

that complex whole which includes knowledge, belief, art, morals, law, custom, and any other capabilities and habits acquired by man as a member of society（知識、信仰、芸術、道徳、法、習慣、そして人間が社会の成員として獲得された他の能力や習性の数々を含むあの複雑な全体）(Tylor 1958: 1 [訳は筆者])

とみるようなものである。
　第二は B. J. Meggers に代表される「自然環境に対する適応体系」という定義で、

> Man is an animal and, like all other animals, must maintain an adaptive relationship with his surroundings in order to survive. Although he achieves this adaptation principally through the medium of culture, the process is guided by the same rules of natural selection that govern biological adaptation（人間も他の動物と同様に周囲の環境との適応関係を保つ必要があり、人間は文化を媒介としてこの適応をとっていく。そしてこの過程は、生物学的適応を支配する自然淘汰と同じ規則に導かれている (Meggers 1971: 4 [訳は筆者])．

とみるものである。特に技術、経済、生産に結びついた社会組織に関心をもつ。

　第三は、R. M. Keesing に代表される「観念体系」とみる定義で、「文化」とは、

> We will use "culture" to refer to systems of shared ideas, to the conceptual designs, the shared systems of meaning, that underlie the ways in which a people live（われわれが「文化」という用語を使うのは、人間が生活する様式の基礎となるような、共有された諸観念の諸体系、様々な概念や意味の諸体系についてである）(Keesing 1976: 139 [訳は筆者])．

と考える。

　第四は、Schneider や Geertz に代表される「象徴体系」とみる定義である。「文化」とは、

> an historically transmitted pattern of meanings embodied in symbols（さまざまな象徴に体現され歴史的に伝えられる意味のひとつのパターン）(Geertz 1973: 89 [訳は筆者])

であって、「symbol system（象徴体系）」(ibid.: 216) であるとみる見方である。ここで「象徴 symbol」という用語は、

used for any object, act, event, quality, or relation which serves as a vehicle for a conception—the conception is the symbol's meaning（概念の乗り物として働くどんな物体や行為や出来事や性質や関係についても用いられる──概念とはその象徴の意味なのであるが──）(ibid.: 91 [訳は筆者]).

とされている。
　そしてこのような「文化」の定義は、次のように Weber への参照を前提としている。

The concept of culture I espouse, and whose utility the essays below attempt to demonstrate, is essentially a semiotic one. Believing, with Max Weber, that man is an animal suspended in webs of significance he himself has spun, I take culture to be those webs（私が信奉する文化の概念──後述する論文はその例を示そうとするものである──は本質的に記号論的なものである。マックス・ウェーバーとともに、人間は自分自身がはりめぐらした意味の網の中にかかっている動物であると私は信じ、文化をこの網として捉える）(ibid.: 5 [訳は筆者]).

　実際に、先の Geertz の「象徴」概念は、Weber の「担い手 Träger」概念に直接つながっている。たとえば、Weber の次のような箇所である。

Für die verstehende Deutung des Handelns durch die Soziologie sind dagegen diese Gebilde lediglich Abläufe und Zusammenhänge spezifischen Handelns e i n z e l n e r Menschen, da diese allein für uns verständliche Träger von sinnhaft orientiertem Handeln sind（社会学による行為の理解的解釈からみれば、上のような形象は、個々の人間たちの営む特殊な行為の諸過程および諸関連にほかならない。なぜなら、個々の人間たちだけが、意味ある志向をもった行為の、理解可能な担い手であるから。）(Weber 1956: 6 [訳は筆者]).

つまり、解釈という局面で考えれば、Weberにおける「個々の人間たち einzelne Menschen」の「行為 Hendeln」は、「意味 Sinn」の「担い手 Träger」なのである。これは明らかに、「概念の乗り物 a vehicle for a conception」という先の「象徴」の定義の原基の一つと考えられる。

以上の吉田の紹介は1980年代までの「文化」の定義のまとめとなっているが、1990年代以降のものに言及するとすれば、「カルチュラル・スタディーズ」のそれがあろう。ここでは、

> What we wear, hear, watch, and eat; how we see ourselves in relation to others; the function of activities such as cooking or shopping; all of these have attracted the interest of cultural studies（わたしたちが着るもの、聞くもの、見るもの、食べるもの、わたしたちが他人との関係の中でいかにして自分を見るか。料理や買い物などの日常行動の機能。これらすべてがカルチュラル・スタディーズの関心事なのだ。）(Turner 1996: 2［訳は溝上他訳11頁］).

と主張されている。また、

> Popular culture is a site where the construction of everyday life may be examined. The point of doing this is not only academic —that is, as an attempt to underground a process or practice—it is also political, to examine the power relations that constitute this form of everyday life and thus to reveal the configuration of interests its construction serves（大衆文化とは、日常生活の構築のプロセスが分析される場である。その分析の目的は、たんにプロセスや実践を理解するアカデミックな試みではなく、日常生活の形態を構築する権力関係を分析し、その構築の利害関係の輪郭をあきらかにする政治的な試みである。）(ibid.: 6［訳は溝上他訳16頁］).

とも述べられている。この定義の特徴は、一つ目に「日常生活 everyday life」

という用語で限定しつつ、その中での包括性を主張する点、二つ目に、「行動 activity」に注目する点（これは第四の定義の「象徴」という考え方に近い）、三つ目に、「構築 construction」という概念を重視する点、四つ目に、「権力関係 power relation」を重視する点、五つ目に、「体系 system」という考え方を用いない点である。

　この五つ目の特徴は特に重要と考えられる。第二、第三、第四の定義ではいずれも「文化」というものを何らかの「体系」としてみようとしていたが、この定義においては、「他人」あるいは「関係」という用語が示すように、複数性が特徴となっている。これは実際の場面を記述する際の現実的かつ適切な方針を示していると考えられる。「対話と多声性のパラダイム」の登場を指摘する Clifford (1998: 24)、「多様な意味づけの抗争の場」として「文化」をみるべきとする吉見・佐藤 (2007: 16-17) の立場も同様の方針にしたがっている。

　ただし、この定義は、「構築 construction」「権力 power」といった論争的な用語を用いているし、「日常生活 everyday life」という限定を付していることで「非日常」のものが焦点からはずされてしまうという問題がある。そのため、これら避ける方法として、本研究では、Geertz そして Weber に由来する第四の定義を最後の定義により修正した次のようなものを本研究における「文化」の定義として採用しておきたい。すなわち、「文化」とは、「物体や行為や出来事や性質や関係についての、歴史的に伝えられる意味の諸パターン」（以下カッコ付きで「意味の諸パターン」と表記する）であるとしておこう。こうすることで、第一、第二の定義にみられる過度の包括性を回避することができ、第三の定義の抽象性を和らげることができ、第二、第三、第四の定義の体系性要求を退けることができるため、調査がしやすく、かつ複数性や歴史性を射程においた研究が可能になると考えられるからである。

（本研究における「地域文化」の定義）
　次に「地域文化」という概念の定義を行うことにしよう。「地域文化」という概念は、「地域社会」という概念に比べると、まだ十分考え抜かれているとはいえない。「地方文化」という概念との区別も不明確なままにとどまっている。

「地域文化」という言葉は、今日では外国についてのいわゆる「地域研究」の研究対象を指し示すときにしばしば用いられる用語でもあるが、ここでは、先ほど提示したような「地域」について論ずるための概念としての「地域文化」を取り上げたい。

　「地域社会学」においては、有末賢が次のように「地域文化」を定義している。「地域文化あるいは地方文化 (local culture) は、本来、気候・風土・地形・方言など一定の地域範囲内において共通してみられる文化であり、中核となっているのは民族文化 (folk culture) と呼ばれる伝統文化であるということができる」(地域社会学会編 2000: 236)。また続けて「都市化」によって「いわゆるマス・コミュニケーションを背景とした大衆文化 (mass culture/popular culture) の影響によって画一化や均質化、流行現象の波を被っている」(loc. cit.) とも述べている。

　それに先だって井上俊は、「地域文化とは、簡単にいえば、地域社会ないし地域共同体 (local community) を担い手とする文化にほかならない。しかし反面、そういっただけでは片の付かない問題もたくさんある。かつての伝統的な地域共同体を想定するなら話は別だが、今日の地域社会の現実はもはやそのようなものではない」(井上編 1984: 5) としている。

　井上の定義は、明らかに「コミュニティ」論を基礎とした「地域文化」の定義である。有末の定義も、「コミュニティ」という概念こそ登場しないものの、「共通性」や「民族文化」や「伝統文化」を強調しているところからは、やはり「コミュニティ」を想定したものという性格が強い。したがって、「地域文化」の有末や井上の定義は、先に挙げた「地域」の定義とは整合しない面がある。なぜなら先ほどの定義は「地域」を単なる「空間的領域」とみなすものだからである。

　そこで、「地域」および「文化」に関する先の定義を前提としつつ、本研究での「地域文化」の定義を行っておくことにしよう。その際、循環定義に陥らないよう、「地域」に関する定義から「諸過程、諸契機」のひとつとしての「文化」をあらかじめ削っておく必要がある。それにもとづくならば、定義は次のようになる。

第 1 章 序　論

「地域文化」とは、政治、経済、社会等の諸過程、諸契機に基づき相対的に自立した一定の空間的領域内に形成、維持、変容される「意味の諸パターン」

ここでの「意味の諸パターン」は、単にある「空間的領域内」で「形成、維持、変容される」ものであり、その空間的領域の全体を覆っている必要は必ずしもないようなものである。したがってその空間的領域内で「形成、維持、変容され」ていればよいものであり、その外部で「形成、維持、変容」がなされていてもよいことになる。この定義であれば、これまでの「地域文化」の定義のように、必ずしもその「地域」の「共通性」や「コミュニティ」を担うものとする必要がなくなり、都市化した状況においても適用可能なものとなる。この定義であれば、これまでの「地域文化」の定義のように、必ずしもその「地域」の「共通性」や「コミュニティ」を担うものとする必要がなくなり、都市化した状況においても適用可能なものとなる。

もちろん、「空間的領域内で形成、維持、変容される」といっても、ごく局所的に、かつ周囲とは全く相互作用がなく「存在する」とすれば、「地域文化」と呼ぶことは疑問に思われるかもしれないが、「政治、経済、社会等の諸過程、諸契機に基づき相対的に自立した一定の空間的領域」において「周囲と全く相互作用がない」ということは通常ありえないとすれば、この定義で問題はないと考えられる。

このように定義することで、「地域文化」もまた、何か単一のものの表現であるとする必要はなくなり、多様性をもつものとして論じうることになる。ある「地域文化」の中に複数の意味のパターンが含まれていることは前提となっているし、場合によっては外からやってきていることもありうる。もちろん、例えばある文化が「ラオ文化だ」「マレームスリム文化だ」というように単一の「エスニシティ」の視点から説明されることは生じるだろう。しかしその文化活動には実は様々なものが混ざっているし、「ラオ人」「マレームスリム」などと呼ばれている人々の間でも共通性があるという仮定はしづらいのが通例である。

次に「地方文化」との差異についても検討してみよう。細辻（1998）は、「首

都である東京圏以外を『地方』とよぶ場合 (A)、「三大都市圏以外をすべて『地方』とする場合 (B)、「国勢調査の郡部、すなわち町村レベルの行政体のみを『地方』と呼ぶ」場合 (C)、「広域行政圏として、北海道、東北……九州と区画される『地方』」を考える場合 (D) (ibid.: 3-4) の四つを区別した上で、「地方文化」に関して「生活の流儀、歴史、伝統、習慣、言語、味覚、祭り、自然環境などが総合的に醸し出す、他の地方には模倣できないもの」という酒井哲の定義を挙げている (ibid.: 13)。

「地域」に関する先の定義を提示した似田貝は、「地方」に関しては、「かなり広い地域が社会的、文化的に個性をもって現れる場合、こうした地域を地方（リージョン）と呼ぶ」としているが、これは酒井・細辻の「地方文化」の定義とつながりやすいものである。ここでは「地域」と「地方」の違いは、「広さ」と「社会的、文化的個性」での判別可能性とされている。このうち「広さ」で判別することはうなずけるが、「社会的、文化的個性」をもって判別することには疑問がある。なぜなら、英語の province や region はいずれも軍事的、政治的含意をもつものであるし、日本についても細辻の四つの場合分けのうち少なくとも三つ (A「首都以外」C「町村レベル」D「広域行政圏」) はもっぱら行政的、政治的な区分だからである。また、「地方」という用語の特徴を示すのは、「中央」と対語になりやすいことであるともいえる。つまり、「地方 province, region」というのは、「国家」という集権的な枠組みを考えたときに、ある仕方で「周辺的」とみなされるものを区分しようとする枠組みなのである。それに対し「地域 local, area」は、単に「場所 locus」あるいは「広場 area」という意味であって「国家」とは必ずしも関係がない概念である。したがって、本研究では、「地域」と「地方」の差異に関しては、後者は前者の下位概念であるという違い、後者は前者の中でも比較的広めのものを指すことが多いという違い、また後者は前者の中で特に「国家」との関わりで設定される区分についてのものであるという違いを指摘しておくことにしよう。

すなわち、本研究では、「地方文化」とは、特に「国家」とかかわって設定された広めの区域に関して考えられた「地域文化」のことである、と考えることにする。

教育と社会の関係に関して「地域文化」という概念を使いながら考えるこ

第 1 章　序　　論

とは、これまではもっぱら「社会教育」という分野でしか行われてこなかったように思われる。そうした研究としては、例えば佐藤 (1986)、北田・朝田 (1990) などがある。佐藤 (1986) は、「地域学習」というものを、それぞれの地域にある文化遺産を継承し、文化を創造するものとして位置づけている。そこで引用されるのは、例えば次のような文章である。

　ヒヒーンと鳴く馬は駄馬だ。/ ひょろひょろ馬の痩（や）せ馬だ。/ 北の馬はそんないくじない泣き方はしない。北の馬は、イホホーンと吠（ほ）えるんだ。/ 針金みでえなタテガミなびかせで、鼻先むぐれさせで、千里の山野サイホホーンと吠えるんだ。

　ここで佐藤は教科書で教えられる「ヒヒーン」という表記と、「イホホーン」という岩手式の表記を対比させながら、「学校」とは異なる学習のあり方を提起している。

　北田・朝田 (1990) は、「地域文化」を、ルポルタージュ、自分史、読書サークル、演劇、体づくりといった芸術文化活動としてとらえ、その重要性を訴えている。また、北田他編 (1998) は、多摩の俳諧や自由民権運動や近代文芸運動、浦和市における生活記録運動や「手作り絵本の会」、富士見市における農民詩人渋谷定輔などの活動を比較しつつ報告している。ここには、言語的領域から身体的領域にわたる「地域文化」活動の、豊かな実践が記録されている。

　最後に、前項で触れた「ネットワーク」の取り上げ方について述べておきたい。本研究では「地域文化」を焦点とするなかで、これに関連する「ネットワーク」も取り上げるのが適切と考えられる。というのも、既に採用した「文化」の定義が、「地域文化」をささえるものの分析を必要としているからである。そのために、「ネットワーク」を、次のような仕方で取り上げることとしたい。

　「ネットワーク」という用語については、既に森岡の「個人が他者ととり結ぶ関係性の総体」という定義を紹介したが、この定義は、(1)「個人が…とり結ぶ」という要素、(2)「他者と」という要素、(3)「関係性」という要素、(4) そ

の「総体」という要素からなっている。第一に、「他者」や「関係性」を重視しながら、それについて「個人が…とり結ぶ」という個人の能動性をポイントとしている点、第二に、「個人」を起点としながらも、「関係性」の「総体」というある種の集合性を含んでいる点が特徴である。ここで「関係性」の「総体」という場合の「総体」という言葉については、ある特定の「個人」が「他者ととり結ぶ関係性」の「すべて」という解釈と、複数の「個人」が「他者ととり結ぶ関係性」の「すべて」という解釈の二つがありうる。森岡の場合「この狭義のネットワークは実証レベルにおいて、特定の個人 (ego) を中心として広がるネットを対象とするので、個人ネットワーク (personal network) とも呼ばれている」と述べており前者の解釈に近いと思われるが、ここでは「村」を取り上げることにしているため、後者の解釈を採用するのが妥当である。また、定義中使われている「関係性」という用語は、同項目の記述をみると「関係」の「性質」という意味でも「関係しているという性質」でもなく、単に「関係」という意味で使われており、用語としては「関係」のほうが適切と考えられる。そこでこの用語を修正し、かつ複数の個人を焦点とする意味での「個人が他者ととり結ぶ関係の総体」というものを、本研究での「ネットワーク」の定義として採用したい。

　こうした意味でのネットワークの分析においては、通常「グラフ理論」が活用されている。「グラフ」とは、「点の集合 $V=\{v_1, v_2, \cdots, v_n\}$ とその二つの要素を結ぶ線の集合 $E=\{e_1, e_2, \cdots e_m\}$ の対のことであると定義される」（井上1993: 336）。すなわち、「個人」あるいは「他者」は「点」であり、「関係」は「線」であるととらえて、「点」と「線」の連鎖として表現する方式である。

　ネットワークを分析する上でこの方式はこれまで十分に成果をあげてきているが、「地域文化」に着目しようとする本研究では、これをふまえながら、「個人」やその集合だけでなく「文化」をも「結節」と見なす次のような仕方で、記述を行いたい。

　まず最初に、「地域文化」の諸要素を一つ一つ区別してその内容を記述するとともに、それらにかかわる個人間の「関係」を、親族関係図をもとにしてていねいに描き出す。それは、個人間の関係を、その対立／融和といった性質も含めて描写することを意味するが、そのために、歴史的な経緯も含めて

調べる必要がある。

　その上で、次のような仕方で「地域文化」の諸要素とそれらにかかわるネットワークの「粗視図」を描く。

(1)「地域文化」の諸要素は、「粗視図」においては、球形で表現する。「地域文化」の強さは球形の半径によって表現する。「地域文化」の諸要素間の関係は、「線」（細い円柱）で表現する。

(2)それにかかわる諸個人は、その球形をささえる諸個人間に広がるネットワークとして表現する。「地域文化」の諸要素と諸「個人」の関係は、「粗視図」においては、「線」（細い円柱）で表現する。

(3)諸個人間に広がるネットワークは、同一の平面上に置かれた図形の連鎖によって表現する。

(4)諸個人間に広がるネットワークに関し、特に関係の密接な諸個人をひとまとまりとして考える。「粗視図」においては、これらのまとまりおよび個人は、それぞれ円錐（多人数の場合）または円柱（少人数または一人の場合）で表現する。まとまりの人数は円錐または円柱の半径によって表現する。複数のまとまり間の関係は、「線」（細い円柱）で表現する。

(5)「学校」は、文化的な要素と諸個人のまとまりが制度的に統合されているものとみて角柱で表現し、かつ諸個人間に広がるネットワークと同一の平面上に置かれたものとして表現する。

　すなわち、この「粗視図」の重要なポイントは、ひとつに、「地域文化」の諸要素、諸個人とそのまとまりを、それぞれ大きさと形を持った図形として表現し、それらを「結節 node」とするネットワーク図により「地域文化」とネットワークの実態を合わせて表現しようとすることであり、いまひとつに、「地域文化」の諸要素を、諸個人のネットワークにより「ささえられる」ものとして表現することで、このネットワーク図に一定の力学的な意味合いを持たせようとすることである。

　ここで、諸個人やその集合だけでなく「地域文化」の諸要素も「結節」として取り扱い、しかもそれが諸個人やその集合により「ささえられる」ものであると考えることが、通常のネットワーク論と非常に異なる点である。しかしこのことは、本研究の「文化」の定義が要請しているものである。なぜな

ら、この定義は、「物体や行為や出来事や性質や関係」が「意味の諸パターン」を「担う」ものであるとする考え方に基づいているからである。

　本研究で用いるグラフ理論の用語のいくつかをあらかじめ紹介しておく。一つ目に、「次数 degree」とはある「点」に接続する「線」の数を指す (安田 2001: 39)。二つ目に、「クリーク」とは、ネットワーク内で特に密に結びついた部分を指す (増田・今野 2005: 36)。三つ目に、「連結グラフ connected graph」とは、任意の二つの結節間に少なくとも一つの歩道 (連なっている「点」と「線」の並び) が存在するグラフを指す (井上 1993: 336)。四つ目に、グラフにおいて、ある点が存在しなくなってしまうと、そのグラフが複数のサブグラフに分断されてしまい、サブグラフからサブグラフへ関係が連結しなくなってしまうような、きわめて重要な位置に存在する点を、「切断点 cut point」と呼ぶ (安田 2001: 85)。五つ目に、「密度 density」とは、ネットワークの密接さを示す指標であり、理論的に存在可能な「線」の数で実際に存在する「線」の数を除して計算される (ibid.: 39)。

　本研究で「地域文化」を論ずる際には、以上のような仕方でそのネットワークも含めて取り上げる。

第6項　本研究の焦点となる仮説
　このように「地域文化」を定義した上で、本研究の具体的課題を設定することとしよう。それは、「文化的不平等」論に広く内包される、二つの仮説である。

　(焦点となる第一の仮説：「進学」は当事者にプラスの価値をもつ)
　一番目は、「『進学』は当事者にとってプラスの価値をもつ」という仮説である。すなわち、「進学」という出来事は、その当事者にとって望ましいこととしてとらえられる、という「文化的不平等」論の想定である。つまり、「進学すること」は、当事者自身によって主観的に肯定的にとらえられていることが多いし、たとえそうでなかったとしても客観的にみて当事者にとって望ましいことだ、という考え方である。

　これは、「文化的不平等」論が主題的に提示している命題ではなく、いわば

第1章　序　論

その論理的な前提となっているものである。この前提にもとづいてはじめて、「進学」の起こり方について偏りがあってはならない、「不平等」があってはならない、という論理が導かれる。しかし、ていねいに考えるならば、この想定は「前提」としてしまえるようなものではなく、その都度検証されなければならない「仮説」のはずである。この仮説は、本章第1節で述べたような、現在の社会で広く信じられている「進学＝善」という考え方の基礎にあるものだが、「文化的不平等」論もそれに依拠しているということである。

　一つ目に、「文化的再生産」論についていえば、Bourdieu らは、『再生産』を論ずるなかで、次のような考え方をしている。

　　社会的出自・性別、ないし修学経歴のある特徴のような基準で学生人口を分類して得られるカテゴリーは、すでにそれ以前の就学の過程で不均等に選別させているものであるが、このことはよく無視されてしまう（Bourdieu et al 1970: 104［原書90頁］）。

　この文は、表面的には、比率の差の存在を指摘しているだけのようにも読めるのであるが、Bourdieu らは、「再生産」を批判する文脈でこのように述べており、内容的には、「選別」の「不均等」は存在するべきではない、と述べていることになる。しかも、「社会的出自・性別、ないし就学経歴のある特徴」というように様々なカテゴリー分けについて述べていることを考えると、この文には、「進学」は当事者にとって望ましいものである、という暗黙の想定が含まれているとみることができる。

　こうした想定は、Bourdieu らの「自己排除」という考え方にもよくあらわれている。

　　民衆階級出身の生徒が中等教育進学をあきらめることによって「排除される」チャンスは、進学後に排除されるチャンスより、ましてや、試験の失敗への明示的制裁により排除されるチャンスよりも大きい。そのうえ、進級のさいに排除されない者でも、その課程の上級へと進むチャンスのもっとも少ないコース（学校または科）にはいってしまうより大きな可能性があ

る。このため、試験がかれらを排除するようにみえるときでも、それはたいていの場合もっぱら、延期された選別としての二流のコースへの放逐である、将来に予想されるこの別種の自己排除を是認しているにすぎない (ibid.: 177–178 [原書186–187頁])。

つまり、「試験」に不合格となる場合でなくとも、「中等教育進学」の「あきらめ」や「上級へと進むチャンスのもっとも少ないコース」の選択により一定の結果が引き起こされるのであるが、それをBourdieuは「自己排除 auto-élimination」と、否定的に、しかも「自らの意思によって自らを排除する」という意味をもつ言葉によって表現している。すなわち、「進学しない」ないし「進学しやすいコースを選ばない」ことは、きわめて否定的に捉えられているのである。「「進学」は当事者にとってプラスの価値をもつ」という想定はここにも明瞭にあらわれている。

二つ目に、「トラッキング」論など学校内での過程に注目する流れの場合にも明瞭である。こちらは主としてアメリカを舞台として展開された論議であるが、例えばRosenbaumはアメリカのハイスクールにある「トラック」制が「生徒の機会を定義し制限する」(Rosenbaum 1976: 14) 効果をもち、その結果「能力」や「努力」よりも生徒の進学を左右してしまうことを論ずる中で、自分の発見したものを「トーナメント選抜 tournament selection」と名付けて次のようにいう。

> When you win, you win only the right to go on to the next round, when you lose, you lose forever（もしあなたが勝てば次の回に進む権利を得ることができ、負ければ永久に負け。）(ibid.: 40 [訳は筆者]).

つまり、より上の「トラック」に入り大学に入学する可能性を高めることは「勝つ win」ことであり、より下の「トラック」に入ることは「負ける lose」ことである。このように、「進学」ということを「勝利」と結びつける直接的な表現を行うことで、「進学」というものが当事者にとってプラスであることを前提として概念構成を行っている。

第1章 序　論

　三つ目に、「カルチュラル・スタディーズ」・「多文化主義」の場合には、例えば「労働者階級」の「若者」に着目するWillisにおいては次の通りである。

> In this way real scope is offered to individuals to find their various satisfactions in work even if they are at the 'bottom' of the academic gradient. After all, 'One man's poison is another man's meat'（たとえ成績の序列では「底」に位置しても、なお労働において満足を見出しうる多様な選択肢が存在することを理解させねばならない。昔からよくいうではないか、「たで食う虫も好きずき」と。）(Willis 1977: 89 [訳は熊沢・山田訳221頁])．

　この場合も、「労働（work）」の世界に入ることが、「bottom（底）」と関連づけられることにより、「進学」の世界は「top（上）」と位置づけられることになる。「One man's poison is another man's meat」という諺もここでは「進学」のみを「meat」とする見方を帯びてしまっているわけだが、Willis自身の見解がそれと大きく異なっているとは思われない。
　エスニシティの違いに着目する「多文化主義」であれば、次のようにいう。

> 多民族教育・多文化教育は少数民族以外にもその対象を拡大しつつあるけれども、元来は少数民族の子どもの問題から出発したものである。それは端的に言って、少数民族の子ども達の学業不振の問題であった（江渕 1985: 21）。

　この「学業不振」という表現が示すように、学校での成績や「進学」における「少数民族」の「不振」が問題の出発点とされている。この「不振」という言葉は、「進学」がプラスであることを前提としてのみ採用されうるものである。
　また、「『進学』は当事者にとってプラスの価値をもつ」という場合の「進学」は、ひとつに「中学から高校への入学」「高校から大学への入学」といった教育段階間の「進学」を意味するが、いまひとつに、「よい大学」といった教育段階内の序列をも含んだ「進学」であることが多い。例えばBourdieuら

は次のようにいう。

> それは大学世界のあらゆるヒエラルヒーとそれらの継ぎ合わせを組織することができ、もろもろの社会的相違を、学校的な卓越化として構成することで、聖別できるのである。「論文に秀でた者」と「フランス語に秀でた者」の対置、これはグランド・ゼコール（高等師範学校、理工科学校、国立行政学院）出の総合専門家と、二流の学校出の専門家、すなわち大ブルジョアジーと小ブルジョアジー、「要職」組と「下積み」組を対置させる、おなじ分割原理を現実化したものの一つにすぎない (Bourdieu et al 1970: 219 [原書240頁])。

すなわち、普通の「大学」を出たか、それとも有名な「グランド・ゼコール」を出たかという学校差が重要な意味をもつものとして捉えられている。しかも、ここで「グランド・ゼコール」として具体名を挙げられている「高等師範学校、理工科学校、国立行政学院」は全国に設置された300余りの「グランド・ゼコール」のうち当時主としてパリにあったものばかりであって[28]、ここでの「進学」は「都会への進学」を意味することになっている。

「トラッキング」論の Rosenbaum も、卒業後の進路について「college」と「four-year college」を区別して分析している (Rosenbaum 1976: 25)。この場合にはボストンなので「都会への」ということは問題にならないのであるが、アメリカ中西部の総合制高校を対象とした Cicourel & Kitsuse であれば、

> 理論的に意味のある高校最上級生の進路分布をだすためには、全体を大学進学と非進学とに大雑把に二分しただけではだめである。競争率と合格基準の最も高い大学から、どんな高校生でも受け入れるような大学までの、いずれに入学したかという点から生徒の分布をみるということにも注意を向けるべきである (Cicourel & Kitsuse 1963: 6 [原書7頁])。

と述べた上で、この「競争率と合格基準の最も高い大学」の中身について、

第 1 章　序　論

レークショア高校の進学担当教員は、東部のいわゆる「名門」の大学を含むいろいろな大学の代表者と接触をもっている）(ibid.: 47 [原書26頁])

と述べている。すなわち、CicourelとKitsuseの場合にも「競争率と合格基準の最も高い大学」への「進学」は、東部大都市圏への「進学」を含意している。Bourdieuらの場合はフランス、CicourelとKitsuseの場合はアメリカと異なる対象をおいているのであるが、いずれの場合も「都会／地方」という軸を含んだ「進学」が意識されている。

すなわち、「「進学」は当事者にとってプラスの価値をもつ」という場合の「進学」は、第一義的には学校段階間の「進学」なのであるが、二義的には「都会への進学」が含意されていることが多いのである。

こうした「「進学」は当事者にとってプラスの価値をもつ」という仮説は、先に述べた「四つの問題点」の中でいえば、ひとつに「学校」という前提に関わっているとみることができる。なぜなら、「進学」は通常数多くの「学校」を系統的段階的に組み合わせた「学校体系」の中で考えられているものだからである。

いまひとつに「国民国家」という前提に関わっているとみることもできる。なぜなら、この「学校体系」は、「国民国家」が整備しているものだという面があるし、実際にも「名門大学」を擁する「都会」は、「国民国家」の首都ないしその近郊にあることが多いからである。

いずれにしても、「「進学」は、当事者にとってプラスの価値をもつ」というのは、「文化的不平等」論の暗黙の、または明示的な基礎となっている仮説である。

（焦点となる二番目の仮説：「地域文化」は「進学」にマイナスである）

二番目は、「『地域文化』は『進学』に対してマイナスの作用を及ぼす」という仮説である。つまり、「国民文化」と区別される「地域文化」があった場合、それは「進学」にとって阻害要因として働く、という仮説である。これも、「文化的不平等」論が主題的に提示しようとする命題そのものではなく、提示される命題に伴う命題であることが多い。しかしこれも、独立して検証し

47

うる「仮説」のはずである。

　この仮説は、一番目の仮説とは異なり、「文化的不平等」論が固有にもっている特徴と考えられる。まずそれは「文化」というファクターに注目する議論であって、かつそれを「不平等」というネガティブな判断と結びつけようとする。そのため「文化差」が見出される場合には、それを否定的な視角でとらえる立論をする傾向があると考えられるのである。

　一つ目に、「文化的再生産」論であれば、Bourdieu らは「再生産」を論ずる中で、次のような議論を行っている。まず、全国の大学生を対象に行った言語テストの成績を「階級」及び「出身地」とクロスさせた次のような調査結果を示す (Bourdieu et al 1970: 94 [訳は宮島訳107頁])。それは、パリの「民衆階級 Classes populaires」出身学生の試験の成績が「地方 Province」の「上層階級 Classes supérieures」出身学生の成績よりもよいという、おそらく Bourdieu らにしてみれば意外な結果であった (表1-1)。

表1-1　Bourdieu らによる言語テスト成績の階級別・地域別集計

		%	12未満	12以上
パリ	民衆階級		9	91
	中産階級		31	69
	上層階級		35	65
地方	民衆階級		54	46
	中産階級		60	40
	上層階級		41	59
全フランス	民衆階級		46	54
	中産階級		55	45
	上層階級		42.5	57.5

［出典］(Bourdieu et al 1970: 95) より筆者作成。

　これについて Bourdieu らは、「言語資本 Capital linguistique」と「選抜程度 Degré de sélection」という二つの概念を用い次のような仕方で「説明」を行っている (ibid.: 107 [原書95頁])。すなわち、パリの「民衆階級」の「言語資本」は少ないが、「選抜程度」(大学への進学率に表されるという) が高いので、「言

語能力 Compétence linguistique」は平均より高くなる。「地方」の「上層階級」は、「言語資本」は多いが「選抜程度」が低いので、「言語能力」が平均前後にとどまる、という「説明」である（表1–2）。

表1–2　上の結果を説明するために Bourdieu らが提示した枠組み

		言語資本	選抜程度	言語能力
民衆階級	パリ	−	＋＋	→ ＋
	地方	− −	＋	→ −
中産階級	パリ	−	＋	→ 0
	地方	− −	0	→ − −
上層階級	パリ	＋＋	− −	→ 0
	地方	＋	−	→ 0

［出典］（Bourdieu et al 1970: 94）より筆者作成。

　この「説明」において、「言語資本」の「＋＋」「＋」「−」「−−」といった判断は、実際に何かを測定したわけではなく単に Bourdieu らの想定に過ぎないのであるが、ここにおいて、どの「階級」においても「パリ」よりも「地方」において「言語資本」が少ない、とされている。つまり、「国民文化 Capital nationale」に合致しない「地域文化」は「進学」にとってマイナスの作用をおよぼす、とあらかじめ想定されているのである。この「言語資本」という用語は、『遺産相続者たち』(Bourdieu et al 1964) においては「言語的有利さ advantages linguistiques」(ibid.: 153 ［原書178頁］) と表現されており、後には「文化資本 Capital culturel」という概念に発展していくものであるが、ここにはたしかに、「地域文化」が「進学」にとってマイナスの作用をするというイメージが存在していると指摘できる。

　二つ目に、「トラッキング」論や学校内の過程に着目する流れでは、Rosenbaum は次のような論じ方をしている。Rosenbaum は、ボストンのある高校における「トラック制」が特に「下のトラック」に振り分けられた生徒に不利な影響を及ぼすことを明らかにしているのであるが、そのときその「トラック制」は一貫して「Grayton track system」と呼ばれている。「Grayton」について、Rosenbaum は次のように説明している。

A town, which I shall call Grayton, was selected from the Boston metropolitan area. Like many of the residential communities in Boston, Grayton's population is about 100, 000 and predominantly white, working class, first- or second-generation Irish and Italian（ひとつの町がボストン大都市圏から選ばれた。本書ではこれを Grayton と呼ぶことにしよう。ボストンの他のコミュニティと同様に、Grayton の人口は約10万人で、大多数が白人で、労働者階級で、アイルランド系とイタリア系の一世または二世である）(Rosenbaum 1976: 23 [訳は筆者]).

ここからわかるように、「トラック制」に付加されているのは「Grayton」という町の名前である。しかも「predominantly white, working class, first- or second-generation Irish and Italian」という住民の特徴は、この研究の理論的意味を大きく決めているもである。これは学校内に存在する制度であるものの、「相対的に自立した一定の空間的領域内にで形成、維持、変容される意味の諸パターン」という意味で「地域文化」とみることができるものであり、それが「進学」へのマイナス要因として分析されている研究なのである。

三つ目に「カルチュラル・スタディーズ」・「多文化主義」についていえば、まず Willis (1977) の研究は、そこで描かれている「おちこぼれ」の文化は、「地域文化」ととらえられるものである。なぜなら、対象校は次のように記述されているから。

この学校が、両大戦間の公営住宅地という、ハマータウンのなかでもまさに典型的な労働者街のただなかに位置し、その街区から生徒を迎え入れている事実、これが調査の舞台をここに定めたおもな理由である (Willis 1977: 22 [原書4頁])。

すなわち、論じられているのは、まさしくこの「労働者街」の「地域文化」であり、それが「労働者階級」の「若者」を「進学」に向かわせない効果をもつ、という研究になっているのである。

第1章 序　論

「多文化主義」の場合には、次のような主張がなされる。

　ここで彼は、"multicultural education"における"culture"の具体例として、女性文化、黒人文化、アミッシュ文化、南部白人文化、アパラチア白人文化などを挙げ、そして「このように概念化される多文化教育は、偏見、差別、アイデンティティ葛藤、疎外のような観念が文化集団を多様化させる共通の根になっているという仮定の上に成り立っている」と述べている（江淵 1985: 19）。

　すなわち、具体例のうち後の3つのように、「一定の空間的領域」と結びついた「地域文化」も含む概念として「多文化主義」は考えられている。「アミッシュ文化」はペンシルバニア州やオハイオ州の一部にある古い技術しか使わない文化であり、「南部白人文化」は南部諸州にあるジャズなどの特有の文化であり、「アパラチア白人文化」は、アパラチア山脈付近に分布するカントリー音楽など特有の文化であり、「黒人文化」ですらも、居住地域が偏っている点に注目すれば「地域文化」と見なすことができる部分をもっている。そして、「多文化主義」の場合、それらが何らかの仕方で「学業不振」(ibid.: 21)につながり、「進学」を阻止してしまう効果をもつ、という議論を展開することになる。

　以上のように、「文化的不平等」論には、多くの場合「「地域文化」は「進学」に対してマイナスの作用をする」という仮説を伴っている、ということができる。

　この仮説は、「文化的不平等」論の問題点の中でいえば、特に「国民国家」という前提に深くかかわっていると考えられる。なぜなら、「地域文化」は、「国民国家」の中で異質なものとして存在していることが多く、そうした存在は、「国民国家」の中では「問題」として捉えられがちだからである。そのためこの仮説は、第一の仮説の付随仮説「「都会への進学」は、当事者にとってプラスである」とつながっている部分がある。なぜなら、「都会」から離れた「地方」のほうが「国民文化」と異質な「地域文化」をもっていることが多いからである。

以上の二つの仮説は、「文化的不平等」論の構成にとってきわめて重要なものである。まず一つ目の想定がないとすると、「文化的不平等」論がそもそも成り立たなくなる。なぜなら、この論は、「進学」の「不平等」性を批判するのであるが、「進学」というのが論じられている当事者にとってよいものであるという前提がないと、そもそも「批判」にならなくなってしまうからである。

　二つ目の仮説も同様である。「文化的不平等」論は、「階級」や「ジェンダー」や「エスニシティ」などについて生ずる「文化的」な「不平等」を主題とするのであるが、上でみたように、そのことを論ずるなかで、実際にはある特有な「地域文化」の否定的作用に注目していることが多いからである。

　したがって、上記の二つの仮説について検討作業をおこなったならば、「文化的不平等」論の全部とはいえないまでも、かなり重要な部分について検討作業を行ったことになると考えられる。そこで本研究では、「文化的不平等」論を検討するにあたって、以上の二つの仮説にしぼって検討作業を行いたい。

　一つ目に、「『進学』は、当事者にとってプラスの価値をもつ」という仮説である。また、この仮説にはしばしば「『都会への進学』は当事者にとってプラスである」という仮説も付随している。

　二つ目に、「『地域文化』は『進学』に対してマイナスの作用をおよぼす」という仮説である。

　この二つの仮説は、多くの権利向上運動を生み出してきたものであり、社会を改革していく肯定的側面をもつものである。しかしながら、本章の冒頭で述べたように、本研究は、これらについていまいちど検討しなおしてみるべきであるという認識にたっている。

　本研究では、この二つの仮説の妥当性について、次のような方法で検討してみたい。

第2節　研究の方法と対象

第1項　「厚い比較」という方法

　こうした問題意識を追求するために、本研究では「厚い比較」というもの

を採用する。その方法とは、長期滞在調査をいくつかの地点について行いエスノグラフィ的記述を行うと同時に、それらを比較しながら考察を行うことで、一定の一般性をもつ結論を導こう、というものである。この方法は、第一に、それぞれの地点で起こっている出来事とその意味について詳しく知ることを可能にしてくれる、第二に、複数の地点を比較することで出来事の起こり方の特徴をつかまえやすくしてくれる、第三に、複数の地点を比較することにより出来事の背景にある意味体系の特徴も浮き彫りにしてくれる、第四に、複数の地点について行っていることで、限定された範囲でとはいえ、一つの地点だけよりも一般的な考察を行うことを可能にしてくれる、などいくつかのメリットをもつと考えられる。

「長期滞在調査」という方法は、「地域」という視点をとる本研究の行き方からしても自然なものである。なぜなら、それによって、アンケート調査やインタヴュー調査では得られない「地域」についての情報を手にすることができるからである。調査者と被調査者が共住共食することの心理的なメリットも大きい。

こうした方法を採用する第一の理由は、いうまでもなく、先に第四の問題点として述べたように、「文化的不平等」論では「政策論的方法」と「統計的方法」が優越し過ぎているということにある。第二の理由は、しかし同時に、その対極的な方法であるエスノグラフィの限界を意識しているからでもある。たしかにエスノグラフィは「政策論的方法」・「統計的方法」に対置されることが多いが、そこで得られた結果は、必ずしもそれらに対質するというものではなく、全く別の観点からの記述という価値をもつことが多い。「厚い比較」は、エスノグラフィ的方法のメリットを生かしながら、比較という方法を加味することで、「政策論的方法」・「統計的方法」にある程度伍していけるだけの広がりをもった結論を得ようとするものである。

本研究と類似の問題意識を出発点としている Glazer と Strauss の「grounded theory」の場合にも、データに基づきながら「理論」を生み出す際に「比較」という手続きが重要なものであるとされている (Glazer & Strauss 1967: 168–227)。本研究は、Glazer と Strauss の提示する「grounded theory」の手順をそのまま採用しているわけではないが、比較を通して一般性のある

命題を導いていこうという方針については、共有しているということができる。

ここで「厚い」という形容詞を使っているのは、周知のようにGeertz (1973) がエスノグラフィに基づいた研究のことを指して「厚い記述 thick discription」呼んだことに基づいている。実際に、これまで「厚い比較」を実践してきたのは、やはり社会学者よりも人類学者であるといえよう。例えば、Mead (1949) は、サモア族、マヌス族、アラペシ族、ムンドグモ族、チャンブリ族、イアトムル族、バリ族のそれぞれについて行ってきた長期の定着調査をまとめつつ、その比較からかなり普遍的な考察を行うことに成功している。

そうした研究は「文化」だけではなく、「政治」、「経済」、「親族組織」など社会構造の様々な側面について行われてきたが、「教育」という側面については十分行われてきたとは言えない。

「教育」については「比較教育学」と呼ばれる分野が存在しているが、そこでは大きく二つの対照的な研究が行われている。ひとつのタイプの研究は、数多くの国を取り上げて政策的または統計的に「国際比較」するような、いわば「広く薄い」研究であり、いまひとつのタイプの研究は、特定地域の政策や実態を徹底的に調べる「地域研究」に自己限定して比較はおこなわない、いわば「厚く狭い」研究である[29]。地域の向き合い方としては後者のスタンスで、かつ複数地域を取り上げて比較しようとするのが「厚い比較」の趣旨なのであるが、「比較教育学」という分野ではこうした研究は十分に行われているとはいえない。

近年の研究でその方針に近いのは、分野としては「教育社会学」に属する志水（2002）の『学校文化の比較社会学』である。日本とイギリスの学校でのフィールドワークに基づいたこの研究は十分に価値のある研究であるが、ここで採用されている方法論も厳密にいえば「厚い比較」ではない。なぜなら、この研究でなされているのは、日本の中学校についてのエスノグラフィ的記述とRosenbaum・苅谷の「トーナメント型選抜」仮説・LeTendreの「指導」概念に基づき「逆トーナメント型指導」仮説の提示を行い、続いてイギリスのコンプリヘンシブスクールとの比較や歴史的な変化の記述により、最初の

第 1 章　序　　論

仮説を補っていく、ということだからである。志水は、「研究の方法」を述べる箇所でも、「『解釈的アプローチ』と『比較』」という表現をしている。つまり、「解釈的アプローチ」と「比較」という二つの方法は結びついたものとしてとらえられてはいない。すなわち日本の中学校から仮説を提示している第2章が「解釈的アプローチ」であり、イギリスの事例を提示する第3章は「比較」である、というように、独立したものとしてとらえられているのである。こうした分離が生じていることの背景には、志水が「わが国の中学校のエスノグラフィを作成したい、と1980年代半ばに筆者が思い立った」(ibid.: 312)ことを出発点として研究を開始したという事情、また、日本の中学校を終えた段階でまとまった研究（志水・徳田編1991）として発表した後にイギリスのフィールドワークを行い別の研究（志水1994）として発表した、という事情もかかわっているだろう。

　出来事の起こり方や意味体系の違いを浮き彫りにする「厚い比較」のメリットを生かすためには、エスノグラフィ的記述のつきあわせから仮説を提示する、というプロセスを経る必要がある。

　「厚い比較」という方法を採用する理由の第三は、「比較社会学」という分野への貢献を行いたい、ということにある。もともと「比較社会学」という分野は、日本においては真木 (1981) の『時間の比較社会学』を契機として注目されるようになった分野であり、これをモデルとするものが重要な系列をなしている（櫟島1987; 1991, 大澤1990–92, 中筋由紀子1997; 2006, 若林2000など）。これらの場合には、「原始共同体」から「近代社会」または「現代社会」に至る様々なタイプの社会を俯瞰するような、いわば「広い比較」を方法論としていた。それらは、「現代社会」における「時間」、「神」、「死」、「社会」、「都市」といった観念の自明性を相対化していく上で大きな役割を果たしてきたといえる。しかし、その方法論については疑問も提示されるようになってきている。

　佐藤 (2001) は『歴史社会学の作法』において、真木 (1981) の「比較社会学」の構想について、「『近代世界の自己解放』を課題とする知の実践」を「人類学的素材のうえに立」って行うものとして位置づけながら (ibid.: 4)、「『比較社会学』と『社会史』が素材にした知識の供給源であった人類学・民俗学の実践

は、1980年代になって、自己／他者の境界線の政治作用をめぐる、徹底的な問い直しを経験せざるをえなかった」(ibid.: 12-13) と述べている。同書で主題となっているのは、「社会史」および「歴史社会学」の方法論であるが、「比較社会学」についても「他者とどう向かいあうか」(loc. cit.) という問いが切実なものとなることを示唆している。「厚い比較」が大切にしたいと思うことは、まさしく「研究対象」と名指されてしまう「他者」との関わりの誠実さであり、佐藤の方法論的問題提起と近い位置に立っている。「比較」という方法は、空間的あるいは時間的に離れた複数の人々を「研究対象」としなければならないのでこれがおろそかになりがちであるが、ここでは複数の「長期滞在調査」[30] によってそれを確保しようとする。

また、真木 (1981) に直接言及することなく「比較社会学」と銘打つ研究も数多くあらわれている (松本 1993、北原 1996、瀬地山 1996、中村・藤田・有田 2002、志水 2002 など)。これらは、歴史的方法や地域研究やアンケート調査など様々なバックグラウンドをもつが、おおむね、社会学の方法論をふまえた国際比較研究という共通点をもつ。この場合、真木を出発点とする系列と異なり「近代社会」や「現代社会」でなく「日本」をターゲットとし、他の国と比較することにより「日本」で自明とされていることの相対化を行うことにかなりの程度成功してきた。最初の系列が通時的な「広い比較」に特徴があるとすれば、こちらは共時的な「広い比較」に特徴があるということができる。しかし、これらについても、やはり「他者とどう向かい合うか」という問題は残されていると考えられる。なぜなら、これらの場合には、「国」を単位とすることが「広い比較」を可能にする強力な道具立てになっているのだが、しかし逆にそのことが、「他者」に対するまなざしをある仕方で単純化してしまう危険性をもはらんでいるからである。

とはいえ、「厚い比較」が「広い比較」にとってかわるものだとまで主張しているわけではない。「厚み」を追求することによって、当然のことながら「広さ」が犠牲になるからである。「厚い比較」が占めようとするのはあくまで次のような位置である。ひとつに、「広い比較」とは異なる方法により同様の目的を達成するもの、という位置である。なぜなら、複数の事例を深く掘り下げたときにみえてくるものをつきあわせながらより普遍的な仕組みに到

達しようとするこの方法は、「現代社会」や「日本」において通用する「自明さ」をはがしていく方法としても、有効と考えられるからである。いまひとつに、より効果的な「広い比較」を行うための準備段階という位置である。「厚い比較」は、「他者」との関わりを大切にすることで、「広い比較」を行う研究者自身があらかじめ前提している考え方を問い直すことから出発できるからである。「厚い比較」をふまえて行われる「広い比較」は、より普遍的な基盤をもったものになると考えられる。「厚い比較」は、こうした仕方で「比較社会学」という分野に厚みを付け加えようとするものでもある。

　「厚い比較」の具体的方法としてここで採用するのは、複数の「地域」（本研究では「村」）で長期滞在調査を行い、それを比較する、という方法である。単身で村人の家に住み込み、生活をともにし、できるかぎりその土地の言葉を使って話すなかで、参与観察的にその村の人間関係や起こっている出来事、そしてそれらについてなされている意味づけについて知る。そうした経験知識を、単にその「地域」についてのものとしてだけ記述するのではなく、他の「村」との比較を行うことによって、より一般的な知識へと高めていこうというものである。また、可能な場合には、参与観察に加え、自由回答式の調査票を用いたインタヴューを行うことによって、接する機会の少ない村人からも情報を集めることとする。インタヴューの内容は、年齢、出生から現在までの居場所、現在の仕事・収入・財産所有、子ども期に経験した教育・仕事・遊び・宗教行事といった個人に関すること、両親との関係・配偶者との関係・キョウダイ関係・子どもの状況といった家族関係、子どもの「進学」状況と「進学」についての考え方、などである。

　ここで、「自由回答式質問票」を使って集められたデータについて、質的な分析を加えることはもちろんであるが、同時に、注意深い仕方で量的な分析をも加えることにする。こうしたフィールドワーク的な研究を行う場合に「量的分析」の位置づけについては必ずしもまだ定説が存在しない。GlazerとStraussの『The Discovery of Grounded Theory : Strategies for Qualitative Research』においては、質的データと量的データの両方が「柔軟に活用」される (Glazer & Strauss 1965: 229–300) ことになっているが、木下 (1999) は、Glazer & Strauss (1967) を継承しつつも、「理論」を重視するGlazerと「質的

研究」を重視するStraussの立場の違いに注目する (ibid.: 60-68)。そして「質的研究法のなかにあって、グラウンデッド・セオリー・アプローチは技法面の具体化を特徴とするもの」(ibid.: 73) と「グラウンデッド・セオリー」を「質的分析」の中に位置づけようとすることになる。

たしかに、「データの切片化は必要ない」(ibid.: 225) という「修正版グラウンデッド・セオリー・アプローチ」の提案を行う木下にとって、量的分析を行わないという方針は自然なものであるように思われる。しかし、データから理論を生み出すという「grounded theory」の本筋からいえば、量的データや量的方法を排除する根拠はあまりない。そこで、本研究では、「自由回答式質問票」の中の質的データについても、量的分析を加えていきたい。

すなわち、参与観察と質問票によるインタヴューを混用した複数のインテンシブな調査とその地域間比較によって、「厚さ」と、若干の「広さ」を兼ね備えた研究を行おうとするのが、ここでの意図である。

第2項　研究対象の設定

次に、こうした方法論にもとづき扱うべき対象を定めていこう。本研究は、以上のような課題を追求するための研究対象として、既述のようにタイの「村muban」を選択する。そのことについてより具体的に述べておこう。

（なぜタイなのか）

その理由は、第一に、「地域文化」が生き生きと存在している、ということによる。タイは、一見「国民」を重視する地域のようにみられがちであるが、実際には種々の「地域文化」の強い場所である。1930年代頃には、国民の服装に至るまで指示する「国家信条ratthaniyom」を発布したり、国王が華僑を「東洋のユダヤ人」と呼ぶなど「国民」の同質化に熱心であったが、1960年代以降は、徐々に政策を転換し、様々な種類の文化を保護する姿勢に変わってきた。そのため、「地域文化」の社会的影響力をみるためには、好適な国なのである。

第二に、現地調査が比較的やりやすい、ということがある。「厚い比較」の場合には集中的な現地調査が必要となるが、国家の受入機関や現地の人々が

第1章　序　論

柔軟に対応してくれるようでなければならない。その面でタイは望ましいといえる。もちろん、例えば紛争の起きているような地域ではそれが難しいわけだが、タイは（ミャンマー国境、カンボジア国境、マレーシア国境などを除き）そういう場所が少なく、比較的現地に入りやすかった。

（なぜ農村か）
　「地域文化」、あるいは「地域文化」と「進学」というテーマは、都市部でも農村部でも研究しうるが、本研究では、農村部を考察の対象とする。
　第一の理由は、前節第4項で述べたように、「国民国家」という前提を回避する方法としての「小さな地域」は、できるだけ中心から遠く離れた場所に位置しており、同時に「県」のような準「国民国家」でもないことが必要だからである。もちろん、国によっては、都会の一角よりもむしろ農村のほうが「国民国家」に近い場合もあるだろうが、少なくともタイにはそれはあてはまらない。
　第二の理由は、「地域文化」をみやすい場所、ということである。既に述べたように都市部においても「地域文化」は主題としうるし、興味深いテーマとなりうる。しかし、タイの地方都市についていえば、首都圏からの影響が強く、バンコクに拠点のある企業やマス・メディアや政府機関などによる「形成、維持、変容」の作用が大きいため、「地域文化」を取り扱いづらい面があるのである。もちろん、そうした影響は、農村にもみられるものであるが都市部よりも小さく、その地域における「形成、維持、変容」の作用を見聞きしやすい状況にあるため、相対的には「地域文化」を調べやすい傾向があるといえる。
　第三の理由は、調査のやりやすさ、である。都市部の場合、領域が広く人口が多くなるばかりでなく、隣同士の交流が必ずしも盛んではないので、一つの世帯に詳しくなることはできても、まとまった数の世帯の間に存在する関係やその歴史的変化などが調査しづらい。逆に農村の場合には、ある世帯に長期滞在していれば、その村全体に存在がしれわたり、他の世帯に訪ねて行ったときにも調査がしやすいのである。また何人かの村の知識人にたずねることによって、村全体の歴史的推移についても概略を知ることができる。

もちろん、「地域」間の比較を完成させるためには、都市の研究も欠かすことはできないが、とりあえず本研究では、農村の定着調査に基づいて、「進学」と「地域文化」との関わりを調べることにしよう。
　第四の理由は、タイ農村のネットワーク的性格である。次項で述べるように、従来の研究が明らかにしてきたところでは、タイ農村のひとつの特徴は、「二者関係」のネットワーク、である。つまり、日本農村やベトナム農村と比べたときタイ農村は共同体的性格が弱く、「二者関係」のネットワークである度合いが強い、とされているのである。このためタイの農村部は、「われわれ／よそもの」図式の批判を行おうとする本研究の立場にとって興味深いフィールドであり、「ネットワーク」という分析があてはまりやすい社会であると考えることができる。

　（対象とする「地域」）
　既に述べた方針に従い、本研究では、次の3つの「地域」についての集中的調査に基づき、「厚い比較」を実施する。
　まずナーン県のH村である。H村の最寄りの町はナーン市（人口約2.2万）で、約19km離れている。バンコク（人口約562万）まではおよそ700kmである（人口データは1990年。以下同様）。この村では「もうひとつの発展」と呼ばれる「持続可能な発展」的な運動が盛んであり、それが「進学」にどのように影響しているかが焦点となる。
　次にコンケン県のN村である。N村の最寄りの町はポン市（人口約1.4万人）およびバーンパイ市（人口約3.5万）で、約40km離れている。バンコクまではおよそ400km離れている。この村では「持続可能な発展」的な運動よりもむしろ「モーラム」が盛んであり、これと「進学」との関係が焦点となる。
　最後にパタニ[31]県のA村である。A村の最寄りの町はパタニ市（人口約4.0万人）で、約27km離れている。バンコクまではおよそ1100km離れている。この村には「持続可能な発展」的な運動は全くなく「ポノ」と呼ばれるイスラム教育機関が有名であり、これと「進学」への影響が焦点となる。
　この三つの「地域」は「エスニシティ」という視点からして、タイという「国民国家」の中で同様の位置を占めている。まず第一に、これらの「地域」

は、タイ標準語とは異なる「地方語」を話し、異なる習慣に従う人々の広がりに属している。第二に、それらの人々は、それぞれアユタヤ時代はシャム王国からかなり独立した王朝に帰属していたがバンコク朝になって完全にタイ人の支配下に置かれるようになった、ということである。

具体的に述べよう。ナーン県H村は、「エスニシティ」としては「北タイ人（コン・ムアン）」などと呼ばれる人々の広がりに属している。北タイ語（「カム・ムアン」）は、タイ・ラオ系の言語であるが、どちらかといえば、ラオ語に近い。北タイ文字もあり、構造としてはタイ文字と同様だが、形はビルマ文字にも似ている。この人々は現在チェンマイの町中でもみかけることがあるものである。これはタイの行政区分にいう

図1-1　北部上部、東北部、南部国境地帯の位置

「北部 phak nu'a」とは一致せず、一般にはその北側半分の「北部上部 phak nu'a tonbon」8県[33]に主に広がっている。この一帯から現在のミャンマー北部にかけては、かつてチェンマイを中心とするラーンナー朝（1262–1558年、1774–1939年）として独立していた。独立が途切れている期間服属していたのも、アユタヤ朝ではなくミャンマーのタウングー朝である。

次に、コンケン県N村は、「エスニシティ」としては「ラオ人」「イサーン人」などと呼ばれる人々の広がりに属している。言語はタイ・ラオ語系のラオ語であり、現在のラオスで話されている言語とも非常に近い。現在は仏教絡みで使われるのみだが、ラオ文字もあり、タイ文字よりは、現在のラオス文字、北タイ文字に似ている。この人々は行政区分でいう「東北部 phak thawan ok chiang nu'a」[33] に多く住んでいるが、しかしやはり若干ずれがある[34]。この あたりから現在のラオスにかけては、かつてメコン河両岸に広がるランサーン朝（1354年頃～1893年）が成立していた。

　三つめに、パタニ県A村は、「ナユ」「マラユー」などと呼ばれる人々の広がりに属している。これらの人々は、行政区分でいう「南部国境地帯 chai daen phak tai」[35]に多いが、それを超えて「南部」の広い範囲に分布している。言語は、マレー語系のパタニ・マレー語であり、マレーシアのマレー語と基本的には同じだが発音や語彙が若干異なり、マレーシア北部で話されているマレー語と近い。文字はアラビア文字を用いたジャーウィ文字がある。この一帯から現在のマレーシア北部にかけては、朝貢しながらも独立性の強いパタニ王国（14C～1890年）が成立していた。

　そして、三つの村は、これらの「エスニシティ」や歴史性、そしてタイの近代化との距離の取り方についても共通する部分がある。H村のあるナーン県は、近代化の進むチェンマイ市・チェンラーイ市・ランプーン市・ランパーン市などと異なり、「北部上部」の中でも特に「北タイ文化」を「残して」いる地域とされている。N村のあるコンケン県南部は、「東北部」の近代化の中心であるコンケン市とナコンラーチャシーマー市の間にありながら、東北タイの伝統文化が残っている地域とされている。A村のあるパタニ県は、かつてのパタニ王国の中心であったこともあり、南部国境地帯近代化の中心ヤラー県と異なって最も厳格なイスラム地域とされている。

　しかし、くり返しになるが、「北部」からナーン県H村、「東北部」からコンケン県N村、「南部国境地帯」からパタニ県A村を選ぶからといって、それぞれの村で観察された事実が、「北部」や「東北部」や「南部国境地帯」を代表していると主張したいのではない。一つの「地方」内部でも他の県、他の郡では全く異なる現象が見られる可能性が高い。扱われる「地域」の単位は、やはり「村」なのである。

（取り上げる「地域文化」の三領域）
　この三つの村においては、「地域文化」の重点が異なるが、共通の枠組みで扱うために、それぞれの重点を生かしつつ、「芸能」「宗教」「開発」という3つ

の領域を、いずれの村についても取り上げることにする。

　「芸能」は、狭くは音楽や舞踊や文芸を中心とする領域であり、「地域文化」の華々しい一部分を占めている。次に「宗教」は、狭い意味では、信仰に直接関わる「教え」やその実践を指しており、その重要性は場所によって異なるが、「地域文化」の基礎的な部分をしめていることが多い。最後に「開発」は、社会経済的な向上を目指す実践を指しており、一見「地域文化」と間接的にしか関わらないようにもみえるが、実際には、「向上」に関する特定の理念や目的をかかげる点で「物体や行為や出来事や性質や関係についての、歴史的に伝えられる意味の諸パターン」であり、かつ一定の「地域」にそれを普及しつつ実施していく点で「一定の空間的領域内で形成、維持、変容される意味の諸パターン」であって、やはり「地域文化」の一部分を占めているといえる。

　この三つのものは、互いに重なり合う領域をもちながらも、しばしば対立をはらんでいる。例えば、「芸能」は「欲望の肯定」に向かうことが多いのに対し、「宗教」は、「欲望の否定」に向かうことが多い。「開発」は、「世俗的達成」を考慮せざるを得ず、「宗教」の側からは距離を置きたがる、といった具合である。こうした葛藤をもちながら、この三つの領域は、それぞれの社会で独特な結びつき方をしている。本研究では、この相互関係を描くことも課題となる。

第3項　研究対象の研究史的意義

　以上のような対象設定になったことの背景には、蓄積の多いタイ農村研究の流れ、およびタイ農村に関する進学研究の流れがある。ここでは、それを簡単に紹介しておくことにしよう。

（タイ農村研究の流れ）

　アメリカや日本の研究者によるタイ農村研究は、Embreeの「ルースな社会」(Sharp et al 1953)、水野（1981）の「屋敷地共住集団」や「二者関係の集積」などの仮説について、実態調査を用いて批判したり修正したりするなかで膨大な研究が積み重ねられてきた。それらの仮説は全て、タイの農村を日本

（あるいはベトナム）の農村と比較したとき、タイの農村においてより個人の自由度が大きいという主張（「ルースな社会」）、またそのために集団よりネットワーク（「二者関係」）や家の隣接（「屋敷地共住集団」）が重要だという主張をしていた。それらについては様々な批判が提示されたが、一定の範囲についてはあてはまるとするのが通説となっている（北原 1996）。本論で村の人間関係を分析する際にも活用することにする。

タイ人による研究においては、1970年代に Cit=Phumisak がサクディ＝ナー制論によって収奪の歴史を明らかにしたが、1980年代後半からは逆に農村の主体性や地域文化の独自性・重要性を主張するようになった。収奪というよりも、自給自足的で独立性の強い農村が存在したことを明らかにしようとしている（Chatthip 1984; Chatthip & Phomphilai 1994）。例えば、Chatthip (1984) は次のように述べる。

> 闘争が起こったことは、村人たちが国家や資本主義が偽物で異物であると感じたことを物語っている。喜んで参加したのではない。彼らの組織は村落であった。村落の外部から村人たちの意識を支配しようとする動きは十分でなくそこにギャップがあった。村落の独立意識、少数民族共同体の意識配膳としてタイの農村部に存続した。意識の面においても、国家や資本主義と戦った。しかし、村人たちは古いやり方で戦ったのである。なるようになるというやり方で戦った。自己の改良はせず、技術生産力も改良しなかった (ibid.: 102)[36]。

彼は、各「地方」別に村落文化を詳細に調べた書物でも次のように述べている。

> 田舎に一般に見られる暗闇のただ中に、ところどころかすかに明るい光が見える。そうしたコミュニティ (chumchon) では、農業を維持することができているのである。そうした現象についての真実を詳しく調べたいという興味と熱意をもち、村を維持し力を与えている文化の研究プロジェクトを実行することになった (Chatthip & Phomphilai 1994: 4)。

第1章　序　論

　また、NGO など開発担当者や一部の知識人 (Prawet 1990a, b) も、都市への流入やスラム化を憂慮し農村開発を行おうとする立場から、あるいは森林伐採を憂慮し環境保護を行おうとする立場から、農村の重要性を主張するようになった。例えば Prawet は、『仏教と社会』の中で、売春産業、教育荒廃、犯罪増加、環境汚染などタイ社会の問題を論じた後いくつかの解決策を提示しているが、官僚制度の改革につづく策としては、次のようなものを挙げている。

　行政権力をできるかぎり分散してコミュニティ (chumchon) や機関に付与すること。／釈尊の時代から、西洋の大国の侵略のために、権力の集中が行われてきており、1932年の改革でよりその傾向が強まった (Prawet 1988: 192)。

　こうした動きは日本でも、野中耕一や鈴木規之らによって、仏法に拠りながら農村開発を進める「開発僧」などを焦点としながら「もうひとつの発展（ガーンパッタナー・ターンルアク／オルターナティヴ・ディベロップメント）」(鈴木 1993)[37] として紹介されてきた。例えば、鈴木は次のように書く。

　世界システムへの包摂、換言すれば資本主義の浸透によって生じた商品化がもたらした現金収入が人々の欲望をかきたて、上からの農外就労への依存による不平等化を進行させる中で、消費主義、地域文化の衰退、環境問題を発生させながら農業を衰退させ、農村を崩壊させていく。この傾向を止めるには人々の欲望を抑える、すなわち欲望の発生のもととなる商品化を抑える方向での人々の参加と自助努力以外にはない。これをささえるものは農業であり、また精神的支柱としての仏教である。
　このように規定すると、オルターナティブな発展の眼目は商品化への対抗であり、そのためには一人ひとりの欲望からの解放すなわちプッタタート（タイの高僧：引用者注）の強調した心の発展がもっとも重要となってくるのである (ibid.: 178)。

65

つまり、Chatthip 同様農村の主体性を復活させることを展望しつつ、その精神的支柱として仏教の重要性を訴えている。したがって、非仏教的な NGO は次のように批判されることになる。

　トゥンヤーウにおけるオルターナティブな発展の実践的試みから明らかになったのは、「参加」と「自助努力」という方策だけでは商品化に対抗することはできないということである。オルターナティブな発展に必要なものは、プッタタートが強調した心の発展であり、そのためには、欲望を抑えるという内面からの変革が、商品化への対抗条件となるのである (ibid.: 210)。

　農村開発の新しい傾向について仏教的側面を強調するこうした主張は、西川・野田編 (2001) によっても展開されている[38]。
　Chatthip、Prawet、鈴木らによる以上のような主張について北原 (1995) は、実証性が薄いとし、彼の実態調査によれば、タイ農村は主体性をもつほど強固ではなく、「村落（ムーバーン）自体の閉鎖的独立性がもともと弱いこともあって、村落は急速に市場経済と国家行政に統合されてきている。急速に市場経済と国家行政に統合されてきている」(ibid.: 14)、とする。Chatthip の著書については「一見実証的なスタイルをとるこの本の理論的枠組みは、マルクスの『共同体』概念そのものであって、タイ農村の現実には妥当しない」(ibid.: 31) という。Prawet の「仏教農業」についても、「商品経済＝物質文化＝近代社会、というように、眼前のタイ資本主義の欠陥を近代社会そのものの欠陥と短絡してとらえ」(ibid.: 88) ている、という。鈴木の紹介についても「私の東南アジア農業の展望は、実はきわめて悲観的であり、……共同体復興運動を支持する鈴木規之氏らの楽観的な展望とは対照的である」(ibid.: 58) と延べる。そうした北原が重視するのはむしろ「民主主義、市民社会の価値理念を尊重するようなリベラルで多元的な共同体論」(ibid.: 200) である。
　それとは別に、東北部・北部・中部の数多くの農村で「開発と住民組織」という観点から調査を行った重富 (1996) は、外部の大資本や国家権力の影

響を強調する論を「政治経済論」と呼び、その意義を認めながらも、次のようにいう。

> 政治経済論者の理解する経済や国家のインパクトとは、外部者によって農村住民の大部分が生産資源へのコントロールを奪われる過程であった。このように状況を理解すると、外部環境のもたらす分解作用を重視する結果になり、住民が協同組織を形成する条件を論理のなかに組み込むことができなくなる (ibid.: 27)。

　重富は、鈴木や西川・野田のように仏教を強調する論には触れていないが、Chatthipのように村落文化を強調する論者については「コミュニティ文化論」と呼び、その意義をみとめている。ただ、それが住民組織化に作用する仕方を十分に明らかにしていないこと、外部要因が住民組織化に与えるプラスの影響をとらえていないことについて批判している。重富の主張は、いわばこの「政治経済論」と「コミュニティ文化論」を統合したところに「参加型開発」の住民組織論をたてることができる、という指摘にあり、最後の結論は、次のように結ばれている。

> 本書でみてきたことは、そのような状況の中で、人々の行為を組織に導くための制度変革が進行している、という事実であった。それはコミュニティ文化論者がいうような、古き良き時代の文化の復活ではなく、私経済的利益に導かれた農村の人々が、それゆえにこそ新たな協同性の文化をつくろうとする営みである (ibid.: 317)。

　この結論は、先に触れた「二者関係の集積」よりも「コミュニティ」という組織が重要性をもち、かつその重要性が高まりつつある、という見方にもとづくものである (ibid.: 310)。
　「開発」をめぐるこうした論争の中で桜井 (1995a, b) は、「発展」や「開発」をひとつの「言説」としてみる観点を提示している。これは「NGO村落開発理論家の共同体論の言説」を対象化しようとする北原 (1996) にもみられるも

のであるが、それをさらに大きく展開したものといえる。櫻井はいう。

> タイ政府、出先機関としての県・郡の役人が郡長・村長の口（マイクロフォン）を通して語る「開発の言説」は、村人の世界観に未開−近代・発展の二項対立の軸を加え、開発されるべき自己を自画像として焼き付ける。(中略) 仏教に依った統治（国民国家）の理念、開発による社会発展の言説は、村落の社会的意味空間をも支配下に収めつつある (櫻井 1995b: 327)。

櫻井も、北原同様、NGO 的なものに否定的な見方をしている。

> 以上のような開発の言説に対して、NGO 主体の「草の根」的開発がオルターナティブになるという主張もまた問題をはらんでいる。実際、地元有力者の利益誘導やプロジェクトの商売としてのうまみが「草の根」のシンボル以上に農民の「参加」と「自助努力」を引き出すことが多い (櫻井 1995a: 44)。

以上のように、これまでのタイ農村研究の流れの中で、ひとつには、「二者関係の集積」という理解がどの程度あるいはどのように有効なのかという論争、「もうひとつの発展」や「参加型開発」などといった新しい開発・発展の運動はどのようなものであり、これからどのように推移していくのか、という論争がある。

これらの論争の中であらわれてきたのが、第一に、「共同体」と「市民社会」どちらの観点を採用するのか、第二に「二者関係」と「コミュニティ」どちらのモデルを採用するか、第三に農村開発の中で仏教の役割をどのようにとらえるか、という対立である。これらが、最終的には「もうひとつの発展」「参加型開発」のような運動をどう評価するか、についての違いとなって出てきている。

第一の対立点についていえば、北原の批判が重要である。北原が批判しているように、タイ人のものにせよ外国人のものにせよ、タイ農村を扱った研究には、「共同体主義」を映し出しているものが少なくない。それは古

第1章　序　　論

くからのマルクス主義的社会認識を読み込んだものもあれば、ポストモダニズム的論調を反映したものもある (北原 1995)。それは「コミュニティ文化 community culture 論」と呼ばれることもある (重富 1996: 27)。その観点とは異なり、ここでいう「地域文化 local culture」は、単にある「地域」に存在している文化というだけの意味であり、そこに「古き良き共同体文化」という理念を読み込まないものである。「農村」を取り扱っているからといって、「農村共同体」を理想とするような含意もない。

ただ同時に、北原が立脚する「市民社会」論と同じ立場を採用しているわけでもない。氏の「共同体文化」論の批判にはうなずける点が多いが、それに対するに「市民社会」をもってくるのでは、彼自身の批判する「共同体／市民社会」という二元図式を援用してしまっていることになる。もちろん、「市民」という概念をもってくることにも十分根拠はある。すなわち、「『市民社会』的成熟を欠く現実の後発資本主義社会」のイメージで「近代社会」全体の批判をしたりするのは、たしかに短絡的だからである。

しかし問題点の一つは、「市民」という言葉が、その具体的なイメージとしては必ず都市民、特に都市中間層的なものを連想させてしまうことである。そうした視点から「農村」を捉えていくと、どうしても都市的な視点が優越してしまうということになる。例えば、近郊農村から都会への「出稼ぎ」や、都会を地盤とする開発 NGO が主たる分析の対象となったりしてしまい、農民の生活をつぶさにみるような研究にはなりにくい。何か「都会」を中心としてみることが当然であるかのような議論になってきがちなのである[39]。うがったみかたではあるが、北原の論法を応用すれば、「市民社会」論というのもやはり都市中間層の「新しい権力」を隠しもった「言説」である可能性を捨て切れないのである。

問題点のもう一つは、「教育」のイメージに関わる。「市民」という概念は、最初から問題にしている「進学機会拡大策」の基本に存在している面がある。すなわち、少なくとも高等学校卒業ぐらいまでの「進学機会」を保障して「教養ある市民」をつくることでよりよい社会ができる、という考え方がそこにはある。本研究が行おうとしているのは、そうした考え方を必ずしも前提することのない立場である。「農村共同体」主義にたたないのと同様に都市中心

主義や「教養ある市民」という前提にたたないような議論を行うために、この「地域文化」という視点は採用されている。

　第二の対立点については、重富による「二者関係」論の批判が重要であった。というのも、水野 (1980) 以来タイ農村の人間関係は「二者関係」すなわち「自分を中心として放射状に広がる二人関係」として記述されてきたからである。つまり、一定数の人々が排他的な集団をつくるような構造ではなく、境界の不明確な複数の関係がいくつも重なりあっているような構造だからである。それは「パトロン・クライエント関係」(Akin 1969; 1979) のような要素も含むし、水野 (ibid.) 以来繰り返し論じられてきた「屋敷地共住集団」の要素も含んでいる。ちなみに「屋敷地共住集団」とは、「親世帯と既婚子ども世帯が同一屋敷地に住み、完全な土地相続が終わるまでの間、農地を共同耕作するか、農業経営上の相互扶助を行った家族構造を指す」(北原 1999: 107)。

　それに対して、既に述べたように重富 (1996) は、「二者関係」的なネットワークだけではタイ農村の人間関係を説明できず、「コミュニティ」という社会組織に注目すべきであると主張した。こうした傾向は北部や東北部の自生村では特に顕著であるという (ibid.: 130)。

　こうした指摘は、「二者関係」論が主流のタイ農村研究においては、かなりインパクトをもっていた。しかし、既に第1節第4項で触れた「コミュニティ」論系「地域社会学」の流れの中では、むしろ「ネットワーク」という視点のほうがより新鮮なものとしてとらえられている面がある。この観点からは、「コミュニティ」よりもむしろ「二者関係」的ネットワークに注目することのほうがより重要な意味をもつと考えられる。重富のように「コミュニティ」の存在を強調するとしても、それが「二者関係」的ネットワークとどのように結びついているのか、ということを描くことのほうがむしろと考えられる。重富は、

> 二者関係のネットワークの中に、信仰によって結合された単位としての地縁的コミュニティを認めて、伝統的社会構造を描き直すべきであろう。世俗的な再生産活動は二者間関係をたどり、再生産が世俗を超えたことがら

第 1 章 序　論

と関わるときにはコミュニティに依拠することで、人々の再生産は確保されていたのである (ibid.: 310–311)。

というように「ネットワーク＝世俗／コミュニティ＝非世俗」という二分法を提示しているのだが、「ネットワーク」と「コミュニティ」の関連性については、描かれないままなのである。そこで本研究では、重富の指摘をふまえながらも、「二者関係」によって構成される「ネットワーク」にも着目し、それが「コミュニティ」との関連で果たす役割についても注意深くみていきたい。

既に述べたように本研究で採用する「ネットワーク」の定義は、「個人が他者ととり結ぶ関係の総体」であるが、こうした個人中心的な社会のあり方は、ちょうど水野 (1960: 192) の描く「タイ農村の社会関係」と一致するものでもある。

第三の点については、鈴木 (1993) の指摘が出発点となっている。すなわち、もっぱら世俗的な側面を中心として描かれてきたタイ農村研究に対し、「仏教」という要素の重要性を指摘したことで、タイ農村がより立体的に描かれるようになってきたといえる。しかしながら、既に述べたように、これについては、北原 (1995) の批判がある。また、「仏教」の強調が一定のバイアスをもっているとみる、他の根拠もある。ひとつに、タイ地域研究という分野における Tambiah や石井米雄や青木保以来の「仏教」の重要性、ひとつに、1980 年代以降のタイ都市社会における「仏教」復興運動ともいえるブーム、ひとつに、特に 1990 年代以降の日本社会におけるある種の「仏教」ブーム、こうしたものが背景となって、タイ農村における「仏教」の役割の過度の強調にむすびついた可能性があるからである。したがって、本研究では、「地域文化」を分析上の焦点として設定することで、「仏教」もその一部として含み込みつつ、かつそれがどの程度重要性を果たしているのか相対化しながら論じる、という方法を採用することにする。

本稿はあくまで「進学」についての研究であり、必ずしもこれらの論争点に直接向けられたものではないが、「地域文化」という視点をとったときに、これらの点にどのような回答が出せるのかについて、注意深く検討していく

ことにしたい。

（タイ農村に関する進学研究）

タイ農村に関する進学研究は、1970年代からタイ人研究者などの手によって盛んになってきた。その中心は、教員養成系のシーナカリンウィロート大学であった。初期には、もっぱらバンコクやチェンマイなど大学に近い都市部で行われていたが、後に、農村地域も含む広い地域で行われるようになっていく。研究の主題は、「進学」するかしないかの決定およびそれに影響する要因である。

まず、Sangat (1970) が、小学校前期課程（4年）から小学校後期課程（3年）に進学できなくさせる要因について、アンケート調査を用いて論じた。そこでは、年齢が既に高い、留年を重ねている、父親の教育が低い、農民である、教科書がないなどの要因が指摘されている。

Prasit (1970) は、南部の中学校3年生と5年生を対象にアンケート調査を行い、教員養成に進むかどうかについて分析している。そこでの問題意識は、経済発展のためには教育が重要であり、したがってまた教員を生産することが重要だから、というものである。

Somphong (1970) は、北部スコータイ県の中学3年生と保護者についてアンケート調査を行い、普通系への進学傾向が強く、そこから大学の教員養成過程に進む傾向があることを明らかにした。進学の動機としては、財産形成や自分の知性を生かす、というものがあること、進学については友達や教師よりも両親の方が影響力があること、男子の方が職業を選ぶ傾向があることなどを明らかにした。両親の収入はあまり関係ないが、農民の子や成績の悪い子は職業系を選ぶ傾向があること、両親は普通科を望む傾向があること、などを明らかにしている。

Chuphensi (1971) は、農村部の生徒が進学するか働くかという選択に影響する要因をアンケートによって調べた。家族の経済状態、両親の教育や教育に関する態度、情報の取得度、父親の職業、家族の大きさ、父親の移住経験、ピーを信じる度合い、居住している村の辺境度などが影響している、という。

Ratri (1972) は、中部ラヨーン県の中学3年生を対象にアンケート調査を行

い、職業系に進むか普通系に進むかについて分析を行った。そこでの問題意識は、経済発展にとって技術者が必要なので、職業系に進む人材を確保する必要がある、という「マンパワー」的なものである。結果としては普通系よりも職業系に行きたい学生が多い、大学までの進学意欲を持つ学生が多い、問題は経済的なことである、特に教員になりたい学生が多い、男子学生は普通科を選びがちである、両親の収入職業は普通科/職業科の選択には影響しないが、進学するかしないかには影響する、両親は殆ど進学支持だといったことである。進学の目的についても、財産形成、職業への関心が重要であることが明らかにされた。

Carun (1978) は、北部の小学校後期課程の生徒が、中学校に進学するかどうかに影響する要因を、成績、家族、学校種別などについて分析している。そこでの問題関心は、「平等な教育 kan suksa thao thiam kan」や「教育の民主制 prachathipatai nai kan suksa」というものである。

Udom (1978) は、東北部（コンケン県、ロイエット県、チャヤプーム県）の小学7年生の中学進学に影響する要因を分析している。ここではむしろ、同じ小学校でも監督官庁や規模や教師の資質によって学校格差が存在することが注目されている。つまり、「地方中学校発展プロジェクト」「統合型学校プロジェクト」「辺境学校改編プロジェクト」それぞれに属する公立学校か、または「私立学校」による違いである。それによると、学校種別により都市/農村、両親の収入・職業、キョウダイの数なども違ってくる、という。特に「地方中学校発展プロジェクト」の学校では両親の収入が高く、バンコクへの進学を目的とする学生が多い、ということが明らかにされる。そこでの問題意識は、「教育機会の平等 khwam samoephak nai okat haeng kan suksa」というものである[40]。

Thiamcan (1980) は、北部の三つの県（ピサヌローク県、ウトラディット県、カンペンペット県）の小学校6年生の進学に影響する要因をアンケート調査にもとづいて分析した。そこでは、父親の職業・教育・収入、母親の教育・職業、生徒自身の教育に関する要求、父親の教育への熱心さ、年上のキョウダイが中学にいるか、キョウダイの中での順位などが関連することが明らかにされている。

こうした個人の研究に刺激され、タイの政府機関も機会の拡大および均等化という関心から同様の調査を大規模に行うようになった。

　教育省は、小学6年生の卒業後中学1年生に進学しない場合の要因について全国規模でアンケート調査を行い、結果を発表した。そこでは、成績とならんで、両親の教育・収入・職業や教育への関心、キョウダイの数が影響することを明らかにした (Palat krasuwang suksathikan 1984)。国民教育評議会は、「機会の平等 khwam samoephak khong okat thang kan suksa」という観点から、中学進学機会に関する全国調査を行った。それによると、教育の機会平等の度合いが最も高いのが東北部、次いで南部、最も格差が激しいのが中部、という意外な結果が出たという (Samnak ngan khana kammakan kan suksa haeng chat 1977)。同じく国民教育評議会のBunmaとSirinphonは、小学校後期課程への進学機会について調査を行い、機会の多い県（5県）、機会が中ぐらいの県（40県）、機会が少ない県（25県）に分類を行い、職業や収入といった家族の特性、未来志向や教師への態度といった子どもの特性などの要因を指摘した (Bunma et al 1982)。

　この頃の研究は、1960年代〜70年代アメリカの「進学」研究と同様のものであった。すなわち「家族」の「社会経済的」状況、すなわち両親の収入・教育・職業、あるいは年上のキョウダイの影響、両親の関心などを重視するタイプの研究である。

　ただし、年代が下るにつれ、次第に「文化的要因」にも関心が向けられるようになっていった。

　例えば、Phon (1978) は、南部国境地帯ヤラー県小学7年生のムスリムを対象としてアンケート調査を行った。それによると、非進学に関して、成績など個人的理由はあまり重要ではないが、家族の収入や教育の低さやキョウダイの数の多さは重要であるという従来の知見を確認しながら、最も重要な要因は、宗教や習俗に忠実であるかどうか、すなわちムスリムとしての自覚が重要であるとしている。次いで交通の不便さや進学したときの住まいの欠如が二番目に重要であるとも指摘している。また、進学した後に仏教徒の学生とつきあっていくために言語や生活習慣などの面で暮らし方を変えなければならないことも大きな問題だという。その他、女性よりも男性が、村出

身者より町出身者のほうが、自営業者よりも雇用者の子どものほうが進学しやすいことなどが指摘されている。

またNongnat (1983) は、南部国境地帯パタニ県で小学6年生を対象として、層化無作為抽出によるアンケート調査を行い、仏教徒とムスリムの間で進学/非進学の傾向に違いがあることを明らかにした。それによると、進学するムスリムは、職業や個人的希望よりも社会的名誉を重んじており、仏教徒の場合には反対に、職業や個人的希望のほうが優越しているという。ここでは、両親の教育・職業や成績などは、統制変数として扱われている。

Phonnipha (1987) は、南部国境地帯ソンクラー県サダオ郡の農村部で、非進学に影響する要因をアンケート調査によって調べた。ただし、「学校外教育」における進学の問題である。そこでは、従来の家族的要因とならんで、性別（女性のほうが熱心）という要因が指摘されている。

Phanthanaphong (1992) は、北部メーホンソン県の山地民生徒の中学1年生250人を対象にアンケート調査を行い、家族の経済状態、両親の結婚状態、両親の教育への関心、不得意科目、将来志望学歴など、「家族」の「社会経済的」属性と個人的属性といった従来の要因を指摘しつつも、「宗教」の違いにも有意な差があるとしている。

タイ人研究者による以上の農村進学研究の中で、比較的早い時期から「北部」「東北部」「南部」といった特定の「地域」が調査の焦点とされる傾向があった。ただし、初期においてはそれはあくまで全国レベルの見方に到達するためのサンプルという位置づけで扱われていた。しかし、後に「文化的要因」が注目されるようになると、「地域」が新たな意味をもつことになった。というのも、「文化的」マイノリティは、タイの場合、東北部（「ラオ人」）、北部上部（「北タイ人」）、南部国境地帯（「マレー人」）、北部中部国境地帯（「山地民」）など特定の「地域」に集中して住んでいるため、「進学」問題が「地域」問題として表れてくる傾向が顕著だったからである。

タイ人による農村進学研究は、1990年代に向かうにつれ、教育省の教育機会拡大策が軌道に乗り始めたせいか、少なくなってきた。研究の内容としても、「文化的要因」を深めていくという方向にすすむことはなかった[41]。それよりはむしろ、従来の「家族」の「社会経済的要因」を強調するものが再生産

される傾向にある[42]。そのひとつの原因は、実際にこれらの要因が重要だということであろうが、もうひとつの原因は、これらの農村進学研究が、主としてアンケート調査という方法を採用していることと関係があると考えられる。なぜなら、アンケート調査においては、家族状況、収入、職業など調査しやすい項目がどうしてもクローズアップされてしまう傾向があるからである。

日本人研究者も、既に1970年代にタイの農村教育に目を向けていた。中部タイの一つの行政村で2ヶ月余りの滞在調査を行った権藤・安藤 (1973a, b)[43] や、全国の四つの村で無作為抽出のアンケート調査を行った村田 (1978)[44] などがそれである。この時代の研究の主な焦点は小学校への「就学」に関する価値観や実態であった。「進学」は、村田 (ibid.) や権藤 (1976)[45] においてそうであるように、就職も含む将来の進路について考察の中で取り上げられる話題のひとつにすぎなかった。

1990年代になって、「進学機会拡大策」が農村地帯も含め大規模に実施されるようになり、日本人研究者も「進学」を中心的なテーマとして取り上げ始めた (森下 1998, 1999a, b; 箕浦・野津 1998, 1999)。

この中で、森下 (1999b) は、北部ピサヌローク県の小学校17校を対象としたアンケート調査に基づき、次のような指摘をしている。すなわち、1990年以降の中学進学率上昇は、農村児童にとっては、単に教育機会拡充学校を経て職業学校に進む機会を増大させただけであり、普通教育局中等学校から高等教育に進んでいく都市児童の不平等はなくなっていない、という指摘である。森下は、進学機会拡大というテーマに関して、政策的な観点からも研究を行っているが、そこでもやはり、「学校の中での序列化が階級関係を再生産する」という仮説を提示している (森下 1998)[46]。森下の場合、教育機会の「不平等」が基本的な問題意識となっており、「文化」という視点が十分に存在していない。そのことのひとつの原因は、何よりも、森下の調査が短期間のアンケート調査と補足的なインタヴューのみによっている[47] ところにあると考えられる。

箕浦・野津 (1998) は、東北部ヤソトン県ナヴィアン行政区での聞き取り調査から、中学進学率の上昇は、産業化による職業構造の変化よりも、「中

第 1 章 序　論

学校は誰もがいくところ」という進学意識の生成による、と指摘した。この意識の背景には政治経済的要因としては(1)政府の教育機会拡充策、(2)出稼ぎの増加、(3)企業の雇用方針があったとし、「社会システム」にかかわる要因として(1)政府キャンペーン、(2)中等教育機関のアクセスの容易化、(3)海外からの教育援助、「伝統構造」にかかわる要因として(1)同質的社会構造、(2)学校と村民の密接な関係、(3)男女差のない社会構造、(4)放任的子育て観などの要因を挙げている。

　この結果は、包括的で詳細なものである。「中学校は誰でも行くところという進学意識の形成」の重要性や、そこに作用する政治経済的要因や社会システム的要因の描写はかなりの妥当性をもつと考えられる。しかし、「文化的」要因の取り扱いについては、不満が残る。なぜなら「文化」は「伝統構造」の一部として固定的な面が強調され、動態的なありかたをとらえきれていないからである。そのことの原因は、調査方法にもあると考えられる。すなわち、箕浦・野津の方法は、調査に 1 年半かけているものの、村への短期間の訪問を繰り返すという形式だったからである[48]。これでは、村の「文化」の動態的なあり方を十分把握することはできそうにない。

　以上のことからすると、日本人によるタイ農村進学研究は、「文化」という視点を十分に活用できていない。そして、そのことは、かなりの程度調査方法、すなわち、短期間のまたは断続的な調査にもとづいていることによっていると考えられる。また、特定の「地域」を取り扱いながら、それを「タイ」全体の考察に結びつけようとすることも、日本人によるタイ農村進学研究の特徴である。

　タイ農村の進学研究は、以上のように「家族」の「社会経済的要因」や「文化的要因」や、それらによる「不平等」に関わる様々な命題を提示してきた。しかし、タイ人によるものにおいても日本人によるものにおいても、それぞれの「地域」を「文化」という視点からていねいに描いていく中で「進学」との関係を明らかにしていく研究はこれまでなされてこなかったのである。その主たる原因は、タイ人・日本人を問わず、短期間の調査、それもほとんどの場合アンケート調査によるという事情があると思われる。本研究が採用している「長期滞在調査」という方針は、まさにそこにおいて意味をもつので

ある。

(調査の実施)
　本調査は、1995年4月から1997年3月までのタイ留学期間中に行われた。パタニ県A村については1995年6月から8月、10月から12月の計6ヶ月、ナーン県H村については1996年3月から8月の計6ヶ月、コンケン県N村については1996年10月から1997年3月の計6ヶ月と、いずれも半年ずつ調査を行った。その前後の期間は「地方語」の予備的学習や報告書の作成にあてられた。
　詳しい調査の状況と村の概要は、各章ごとに紹介する。

(取り扱う「進学」のレベルについて)
　「進学」という場合、いうまでもなく、中学進学、高校進学、大学進学、大学院進学など様々なレベルがあり、バンコクでは小学校進学までもが重要な分岐点になっている。このうち、本研究では、「中学進学」および「高校進学」を主たる焦点とする。というのも、このレベルは近年のタイ社会において急速に変化が起こったレベルであると同時に、農村の子どもにとって重要な分岐点だからである。

第3節　背景となる学校制度とその変遷過程

第1項　調査時点の学校体系

　調査時点（1995年-1997年）におけるタイの学校教育は、幼児教育を別にすれば、初等教育の小学校 (Prathom) 6年が義務教育であった。中等教育は、前期課程である中学校 (Matthayom Ton) 3年は統一されているが、後期課程は、普通系 (Saman) と職業系 (Achip) に分かれる。普通系は高等学校 (Matthayom Plai) 3年であった。職業系は、中等教育課程として高等専門学校 (Witthayalai) の普通職業課程 (Po.Wo.Cho.) 3年があるが、さらに高等職業教育としてその上級職業課程 (Po. Wo. So.) 2年があった[49]。高等普通教育は、中等教育後期課程修了者に対して通常は4年、場合によっては2年又は6年行

第 1 章　序　　論

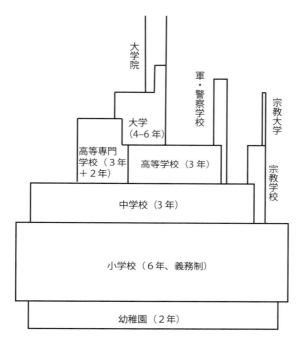

図1-2　調査時点（1995-1997年）におけるタイの学校体系
［出典］筆者作成。

われる（図1-2参照）[50]。

第 2 項　「進学機会拡大策」の起源

　以下では、「進学機会拡大策」が出てきた経緯を、制度的・統計的なデータに基づいて大まかに紹介しておこう。

（宗教教育の時代［1860年代まで］）

　タイで世俗教育が導入されるのは19世紀末になってからであるが、それ以前は、寺院での教育が行われていた。のみならず、アユタヤ朝ナライ王の時代（1656-1688）には、仏教経典の試験によって区切られた三つの「段階」が設けられるに至っていた。その段階分けは、ラーマ二世の時代（1816-1819）に、九段階にまで細分化される。従って、宗教教育の領域では既に17世紀

に「進学」の制度ができていたことになる。

(世俗教育の開始期［1870年代〜1920年代］)

19世紀末になると、ヨーロッパに倣って世俗教育の制度が設置される。1871年には「宮内官」(mahatlek) の養成を目的とした「宮内官学校」が設立される。一般人対象の学校としては、1885年のバンコクのマハンナパーラーム寺院の「王立学校」、1886年には中部地方諸都市の「王立学校」が設置されることになる。1897年になると、全国を州 (monthon) や県 (cangwat) などとして直接統治する行政制度の確立ともあいまって、中部以外の「地方」にも組織的に学校が設置されるようになっていく。

1915年には、「宮内官学校」を移転拡充してチュラロンコン大学が設立される。

1921年には「初等教育令」によって、小学校が一応義務化する。そのために、小学校学生数は一時急増するが、その伸びはゆるやかで、絶対数が50万人程度と少なかった（図1-3参照）。中学校への「進学」者も少なく、1930年代前半まで中学生数は3万人足らずに止まっていた（図1-4参照）。

(学校教育の急進期［1930年代〜1970年代］)

ピブンソンクラーム首相の時代 (1938–1944) になると、国家信条 (ratthaniyom) という命令の形で、「タイ」という国号、タイ語の国語化、国産品愛用、民族的同化主義が推進されるが、その中で学校教育も強力に推進され、小学生数、中学生数ともに急増するようになる（図1-3、図1-4参照）。

この時期にはバンコクにいくつかの国立大学が設置される。タマサート大学（1933年設立で、当時は公開大学であった。前身の法律学校は1897年に設立された。）、マヒドン大学（1943年設立。前身の医学学校は1890年に設立された。）、シラパコン大学（1943年設立。前身の芸術学校は1933年設立された。）、高等師範学校（1949年設立。シーナカリンウィロート大学の前身にあたる。）などがそれである。

1940年代末になると、今度はアメリカや国連の手で様々な「教育開発」のプロジェクトを実施し始める。そこには、USOM[51]、UNESCO、Fulbright[52]など様々な機関や財団が関わっていた。そのために小学校学生数は順調な

第1章　序　論

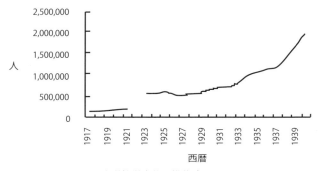

図1-3　小学校学生数の推移（1917-1940）
　　［出典］(Wilson 1983) より作成。

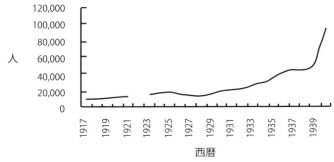

図1-4　中学校学生数の推移（1917～1940）
　　［出典］(Wilson 1983) より作成。

伸びを示し（図1-5参照）、小学校就学率は、1975年には84%、1980年には99%に達した。また、図1-6に示されるように中学校学生数も急速に伸びる。図中では1960年から減少に転じているが、これは単に義務教育制度が「カラチ・プラン」の影響で4年制から7年制に変更されたためである。

この時期の終わり頃には、いくつかの「地方大学」が設立される。北部のチェンマイ大学（1964年設立）、東北部のコンケン大学（1964年設立）、南部のソンクラーナカリン大学（1966年設立）などがそれである。また、二つの公開大学（無試験）も設立され、大学生数は激増する（図1-7）。一般対象のラムカムヘン大学（1971年設立）と公務員中心のスコータイタマティラート大学（1978年設立）である。

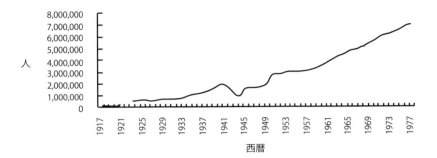

図1-5　小学校学生数の推移（1917〜1977年）
［出典］(Wilson 1983) より作成。

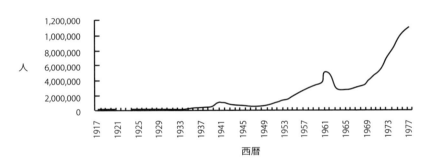

図1-6　中学校学生数（1917〜1945年）
［出典］(Wilson 1983) より作成。

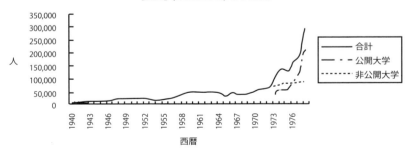

図1-7　国立大学学生数（1940〜1977年）
［出典］(Samnakngan palatkrasuwang suksathikan 1988-1995) より作成。

(「進学」熱の高まり［1980年代以降］)

1970年代末に小学校就学率が100%近くなったといっても、中学校就学率は依然として低いままであり、1975年で25%、1980年でも29%に過ぎなかった。その状況が変化するのが80年代後半である。この時期になると、小学校を卒業して中学に「進学」する率が全国的に急上昇を始める。1990年には50%を越え、1994年には90%を越える、というようにである（図1-8）。この背景には、1990年から、小学校に無料中学校を付設するという教育機会拡大策が開始されたということがある。しかし、それが単に教育機会拡大策の結果であるに止まらないということは、中学から高校への「進学」率が、一貫して90%前後でほぼ横ばいか若干増加ぎみであることに表われている（高校には教育機会拡大策はまだ本格的には実施されていない）。

この時期の高等教育についての特徴は、バンコクを中心とする私立大学学生数の急増である。1980年に11校だった私立大学は1996年に26校となり、同じ期間に新入生は8千人から5万4千人となり、7倍近くにも増大した（図1-9、図1-10）。その結果学生数は、非公開国立大学の学生数と肩を並べるまでになった（図1-11）。

(バンコクと「地方」)

また以上の経過の中で、当初、バンコクと「地方」の格差が顕著にみられた。それを示すために、1960年、1990年のセンサスを用いて県別推定進学

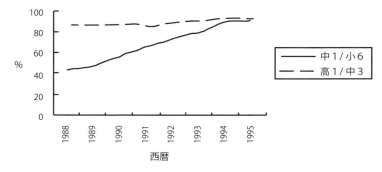

図1-8 中学1年生、高校1年生への進学率（1988～1995年）
［出典］(Samnakngan khanakammakan kansuksa haeng chaat 1981, 1986, 1992, 1997) より作成。

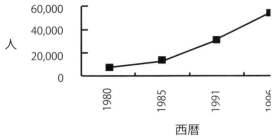

図1-9　私立大学学校数

[出典] (Samnakngan khanakammakan kansuksa haeng chaat 1981, 1986, 1992, 1997) より作成。

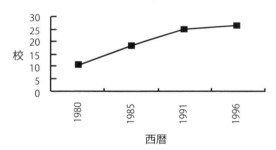

図1-10　私立大学新入生数

[出典] (Samnakngan khanakammakaan kansuksa haeng chat 1981, 1986, 1992, 1997) より作成。

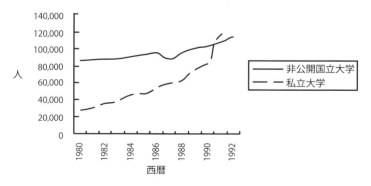

図1-11　私立大学学生数の増加
[出典] (National Statistical Office 1981-1993) より作成。

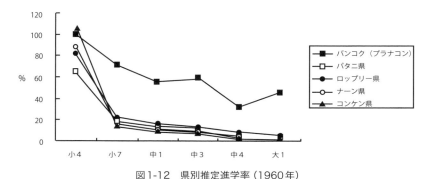

図1-12　県別推定進学率（1960年）
［出典］(National Statistical Office 1960a, b, c, e, d, e) より算出、作成。

率[53]を算出し、変化を追ってみよう。

　そうすると、まず1960年においてバンコクでは7割が小7まで終え、大学にも5割程が「進学」していることになる。それに対し「地方」では県でも小7まで終えるケースは2割程しかいず、大学など殆ど行かない。特にパタニは小4まで終えるケースすら6割強にとどまっている（図1-12）。

　ここには、南部国境地帯に属するパタニ県に特有の条件がある。というのも、よく知られているように、タイの多くの「地方」では最初は寺院に小学校を付設するという仕方で教育の普及をはかってきたのだが、ムスリムが大多数を占めるこの「地方」では、宗教施設とは独立した小学校をたてて無理やりに通わさざるを得なかったからである。

　こうした格差を是正するために、1960年代以降「地方」における中学校・高校・高専・大学の増設がはかられ、1970年前後には「地方大学」でのクォータ入試、すなわち定員の40〜60％について「地方」の大学生のみを対象とした入学試験を行う、ということがはじまった[54]。

　1990年になると、格差は依然として存在するが、それがかなり縮まってきていることがわかる。1960年の「地方県」では小学校後期課程で既にバンコクの2割近くなってしまっていたが、1990年においては、中3になってもバンコクの4-6割が「進学」している。高1、高専1になるとパタニ県では急激に下がるものの、他県ではそれほどではない（図1-13）。

85

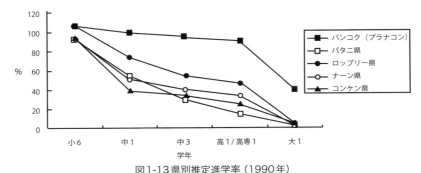

図1-13 県別推定進学率（1990年）
［出典］［National Statistical Office 1990a, b, c, d, e］より算出、作成。

（「進学機会拡大策」の起源）

　以上述べてきた事柄をまとめるならば、1970年代までは、全国的にいえば中学以上の段階への「進学」への志向はあまりみられなかったが、1980年代後半以降に、急速に高まってきた、ということである。これは、ほぼ同時期（1870年代）に西欧式学校制度を導入し始めた日本と比べると非常に遅い。例えば、小学校就学率が90%を越えるのは日本では1900年代なのにタイではやっと1970年代である。中学校（高等女学校）学生数の急増は日本では1920年代なのに、タイでは1950年代（旧制度での場合。新制度なら1970年代）をまたねばならない。

　そうした社会に変化をもたらしたのは、国際機関の一連のプログラムであったといってよい。まず本章冒頭で触れたUNESCOの「カラチ・プラン」（1960年）に際しては、4年制であった小学校を7年制にし、小学校後期3年に「進学」することも義務付けられた。村の子どもたちにも、自分の村から離れたところへの「進学」が初めて義務付けられたのである。1977年に小学校が6年制になってから後は、「中学進学」ということが視野にはいってきた。もちろん義務なのは6年だけであるが、「地方都市」にも新設中学校が数多く現れてきたからである。1961年に10%前後だった中学校進学率は、1975年で25%、1980年で29%まで上昇した。

　そして、1990年以降のさらなる「進学」拡大を促したのは、本章冒頭でも述べたような、ジョムティエン会議で打ち出された「基礎教育」の考え方

である。これを受けて同年内閣は前期中等教育義務化を閣議決定し、村の中学校に無料中学校を付設する機会拡大策が実施されることとなった（森下1999）。この結果、1990年に50%を越える程度だった中学進学率は、1994年には90%を越えるという大幅な伸びを示した。バンコクと「地方」の間に格差は存在するものの、こうした傾向は全国的にみられるものといってよい。

すなわち、「進学機会拡大」という政策は、決して当初からあったわけではなく、ここ40年ほどの間に以上のような教育開発政策が実施されるなかで全国的に導入され発展してきたものである。

第3項　「進学機会拡大策」の現在

1999年には、初めての包括的教育法として「国民教育法」が制定され、それに基づいて「教育改革」が推進されている。そこでは「児童中心」や「外部評価」や「地方分権」などの焦点がクローズアップされているが、先の「基礎教育」の思想を背景として「最低12年間の義務教育を受ける権利と義務」（第10条）が明示されたことも大きい。

「地方分権」の具体的な方法として、全国を176の教育地区に分け、高校以下の教育に関する裁量権を与えるという改革が実行に移されている。つまり、県よりも小さく郡よりも大きいレベルの組織が「12年義務教育」の実施を行っていくわけである。長らくバンコクとの大きな格差が存在してきた「地方」にも、「進学機会拡大策」がくまなくいきわたることになったのである。

それは「基礎教育」のレベルにとどまらない。高等教育のレベルにおいても、「地方大学」の設置[55]・教員養成高等専門学校の高等教育機関への格上げ[56]、国立大学「地方分校」の本校への格上げ[57]、国立大学に「地方分校」の設立をさせる[58]、などによって、「進学機会拡大」がはかられている。

これらの「改革」は1999年教育法を経て現在進行中のもので、どのような結果になるかについては未知数な部分もあるが、いずれにせよ「進学機会」を全国津々浦々まで行き渡らせる努力が、日夜なされている[59]。

本節で述べた流れがあることを背景として踏まえた上で、本章第1節で提起した問題について、本章第2節で提起した方法と対象によりながら、次章

以下で論じていく。

第2章では、北タイ・ナーン県H村における「地域文化」と「進学」の関係について、特に「もうひとつの発展」運動を中心として論ずる。ここでは、「開発」と「宗教」と「芸能」を結び合わせるような運動と、あるタイプの「進学」との関連が焦点となる。

第3章では、東北タイ・コンケン県N村における「地域文化」と「進学」の関係について、特に「モーラム」という「芸能」を中心として論ずる。ここでは、女生徒と男生徒の間にみられる「進学」志向の差と、「芸能」および「宗教」との関連が焦点となる。

第4章では、南部国境地帯・パタニ県A村における「地域文化」と「進学」の関係について、「伝統派」イスラム教育機関「ポノ」を中心として論ずる。ここでは、「宗教」と「芸能」と「開発」を包含してしまうようなこの機関が「進学」にとってもつ意味と、「近代派」イスラム教育機関「スコラ」が「進学」にとってもつ意味の違いを、村人たちはどのように捉えているかが焦点となる。

第5章では、以上の考察結果をふまえた上で、「焦点となる仮説」についての本研究の結論を述べる。さらに、その結論および調査結果にもとづきながら「文化的不平等」論に代替するパースペクティブを提示する。また、その他に本研究が示唆する理論的、実践的検討課題についても述べた上で、今後の展望を提示する。

第1章注

1　1948年に発足した、日本経営者団体連盟の略称。現在は経済団体連合会（経団連）と統合して日本経済団体連合会となっている。
2　1947年に発足した、日本教職員組合の略称。
3　United Nations Education, Science, and Culture Organizationの略。通例、国連教育科学文化機関と訳される。1945年設立。
4　United Nations Development Programmeの略。通例、国連開発計画と訳される。1966年設立。
5　United Nations International Children's Emergency Fundの略。通例、国連児童基金と訳される。1946年設立。

第1章 序　　論

6　1945年に設立された国際復興開発銀行 (IBRD: International Bank for Reconstruction and Development) と、1960年設立の国際開発協会 (IDA: International Development Association) をあわせて世界銀行 (World Bank) と呼ぶのが通例である。

7　例えば、宇井 (2004) は、「チッソを作ったのは東京大学出で、アセトアルデヒドを作ったのも東大応化出身で、…それだけじゃなくてもうひとつ、原因が余りはっきりしなかった頃に、東大医学部の田宮委員会が、一種の揉み消しを徹底的にやった」と指摘している (ibid.: 64-65)。また、「ディープ・エコロジー」を提唱する Arne Næss は、「学業」とは主として「その地域で必要な専門技術の習得」であるとしており (Næss 1989: 229)、「より高い進学」の必要のない教育のあり方をイメージしている。

8　こうした研究は、70年代以降も続けられている。例えば Osborn (1971) は、1968年にアイオワ州の州教育情報センターが実施したアンケート調査に基づき、親の教育レベルが子どもの教育達成や態度、志向、期待にどのような影響を及ぼすか分析した。それによると、特に同性の親、すなわち女の子なら母親の、男の子なら父親の影響を受けやすい、ということが明らかにされている。Alwin & Thornton (1984) は、デトロイトの白人家庭を対象に18年間にわたりパネル調査を続け、父母の教育や職業や財産や収入などといった社会経済的地位が、子どもの頃と大人になってからと独立した影響力を及ぼしていることを明らかにした。また Willms (1986) は、スコットランドの SCE (School Certificate of Education) の O-grade という中等教育資格試験について、父親の職業、母親の学歴、キョウダイの数といった社会経済的地位との関連があることを示している。また、そうした影響力は、特に学校間の差異としてあらわれる、と指摘している。

9　Bourdieu (1964) は、高等教育機関における学生の出身階層の不均等さを統計的に明らかにした後、それを「競争試験においては、受験生の形式的平等は完全に保証されるが、各人は匿名であるために、文化を前にした現実の不平等はいっさい考慮されない」(ibid.: 104 [石井他訳124頁]) というように、学校の内部よりも、入り口部分での振り分けの役割を強調している。Bourdieu と Passeron (1970) の第 I 部の見出し「象徴的暴力の理論の基礎」からは、一見学校内部の過程が注目されているかにみえるが、その記述はきわめて概略的で一般的なものにとどまっている。「トラッキング」研究や Cicourel と Kitsuse (1963; 1977)、Collins (1976) とは異なり、学校内部での相互作用については、具体的な記述を行わないのである。そのことは、理論的枠組みを直接的に統計的研究に結びつけようとする Bourdieu らの方法に依存していると考えられる。『ディスタンクシオン』

89

(Bourdieu 1979) では、「ブルジョワ家庭の女子が高等教育機関に大量進出し、それにともなう生活様式に親しむようになったこと」(ibid.: II-184 [原書427-428頁])と述べてはいるが、これは統計的な結果の解釈にすぎず、相互作用そのものについての調査にもとづくものではない。

10　Collins (1976) は、つぎのようにいう。

> 学校は教師からであれ、他の生徒からであれ、あるいはその両者たちからであれ、特定の身分文化を獲得する場である。学校はたいていの場合、権力と独立性をもった身分集団によって設立される。その目的はもっぱら彼ら自身の子どもだけを教育するためのこともあるし、彼らの文化的価値に対する尊敬心を普及させる目的のときもある。ごく最近まで大部分の学校は教会によって創設された。それもライバル教会の設立した学校に対抗する目的で作られたことが多い (ibid.: 115)。

もちろん、「雇用主は中産階級的な特徴をもった従業員を選び出す手段として教育を利用している」(ibid.: 116) というように、卒業後に文化的選抜の手段として用いられてきたことも述べているが、第一次的には、身分文化の普及という学校内の過程を重視しているといえる。

11　村田編 (2001) を「多文化主義」論の典型とすることには異論があろう。そのタイトルには「多文化主義」ではなく「多民族社会」という言葉だからである。しかし、本文中に登場するのも、「多文化」や「多文化社会」という用語や、各国別、テーマ別に多文化状況と格闘する教育のあり方を丁寧に論じていく仕方は、多文化主義の良質な感覚に貫かれている。村田は、著書の論旨をまとめた箇所の末尾で次のように述べる。

> 東南アジア諸国でもマイノリティ（先住民族を含む）の文化を尊重していこうとする動きもみられ、それに伴って、マイノリティの母語や宗教に配慮した教育も行われるようになってきた。そのようなマイノリティ文化を含めた多文化尊重の動きは、国民統合政策にも少なからぬ影響を与えている (ibid.: iii)。

控えめな言い方ではあるが、東南アジア諸国における多文化主義の定着を国民統合政策との変化の中に描き出していこうという意図が、明瞭に示されている。

12　Clark (1960) は、アメリカの格差社会においては、失敗が必然的に起きるが、そこに生ずるストレスを受け止めるものとして、「ソフト」な拒絶、が存在すると

した。これを「冷却」の機能と呼んだのである。高等教育という分野においては、ジュニアカレッジが代替的達成、漸次的な脱落、拒絶、否定、慰撫、基準適用の回避という仕方でこの役割を果たしている、という。

13　例えば、Rosenbaum (1976) は、「社会的平等は、わが国 (our nation) の基本的な理念である」という命題から「不平等」についての研究を開始している (ibid.: vii)。また例えば、菊地（1986）は、「トラッキング」という概念を導入することの必要性を訴えるときに「日本の高校組織は、階層的構造を拡大・深化させ、この矛盾を回避してきた」という現象を捉える理論枠組みとして導入しようとしている (ibid.: 136)。「ジェンダー・トラック」という概念を導入した中西 (1998) の場合も、視点の一つとして「全体社会における女性のライフコース選択の文化との関連」を挙げているが、その場合の「全体社会」が意味するところは、自らの調査データを岩永（1990）によるSSMの分析と結びつけているところ (ibid.: 189-190) からすると、やはり「日本」である。

14　Collins (1977) は、教育の「階層化についての葛藤理論」を提示するときに、(WASP、カトリック系住民、ユダヤ人、ヤンキー、アイルランド人、イタリア人などの)「身分集団」およびそれが「身分文化」をとおして葛藤する、という図式を提示する。また、『資格社会』(Collins 1979) では、資格制度の発展が、社会移動の機会増加をもたらすことはなく、上層諸階級と下層諸階級の相対的な教育達成率は殆ど一定であったと論ずる (ibid.: 240-241)。しかしそのいずれの場合も議論の範囲は「アメリカ」である。

15　Bourdieu らは、教育に関する「文化的再生産」を論じた書物の中で、それを展開する初発の問題意識として「就学人口の『民主化』のような問題」があったことを記している (Bourdieu et al 1970: 232 [原書256頁])。つまり、「文化的再生産」は、まずもってフランスという「国民国家」の政治問題としてあらわれてきたのである。また、彼らの研究は詳細な統計データによって裏付けられているが、それが可能になったのが「大学統計局 (B.U.S.) が比較的適切なカテゴリーに振り分けられた一連の統計を公表しはじめてから」(loc. cit.) であることからしても、それが「国民国家」の制度枠組みと不可分のものであることが知られる。

16　Hoggart (1958) が対象とする「大衆文化」は、「週間家庭週刊紙」にせよ「コマーシャル・ポピュラー・ソング」にせよ、「イギリス生活」(ibid.: 195) を構成するものである。また何よりも、それらによって弱体化されてしまうことを彼が憂慮している「労働者階級」は、19世紀に輝かしい「労働者階級運動」を展開してきた「イギリスとウェールズ」(ibid.: 251) の「労働者階級」にほかならない。

17　Willis (1977) は、周知のように、ハマータウンのある「セカンダリー・モダン

スクール」についてのエスノグラフィによって、その学校の「対抗文化」によって労働階級が生み出されてくる仕方を明らかにするわけだが、そのまとめを行う部分で、例えば次のように述べる。「わが国の文化や社会組織を貫く昔ながらの大原則として人びとの心理に根ざしているもの、それが『われら』と『やつら』の二分法である」(ibid.: 396)。ここで述べられているのはよく知られた Willis の主張であるが、特に注意をうながしたいのは、この主張が「わが国」という「国民国家」の意識を前提としてなされている、という事実である。

18　村田編 (2001) は、既に述べたように、東南アジア諸国を広範かつ詳細に取り上げて紹介するのであるが、その際の一貫した問題意識は、『東南アジア諸国の国民統合と教育—多民族社会における葛藤—』というタイトルにも表現されているように、「多文化」と「国民統合」の葛藤である。そして、国民統合政策をタイ、ミャンマー、ベトナムなど「中央-周辺型」国の「同化政策 (assimilation policy)」と、マレーシア、フィリピン、スリ・ランカなど「均衡多元型」国の「比較的緩やかな統合政策 (integration policy)」または「文化多元政策 (cultural pluralism policy)」に分け (ibid.: 294-295)、傾向としては前者から後者への移行がみられるとする (ibid.: 301)。しかしいずれにしても、主題は「国民国家」の国民統合政策なのである。

19　竹内 (1995) は、「加熱」「冷却」という図式を提示する中で、「アメリカ人の成功観」(ibid.: 66) や「近代日本における立身出世主義」(ibid.67)、「失敗への適応過程の重要性に着目したアービング・ゴッフマン」(ibid.: 69) や「冷却の問題をアメリカのコミュニティカレッジとそのカウンセラーの仕事にみた」(ibid.71) Clark を参照することによって提示しているが、それらはいずれも、個人主義的性格と同時に「国民国家」志向的性格を帯びているために、「加熱」「冷却」(あるいはその拡張版である「加熱」「冷却」「縮小」「再加熱」) の図式が、知らず知らずのうちに、「国民国家」の中での「成功」や「失敗」の理論という性格を帯びる結果となっている。また、竹内は、『立身出世主義—近代日本のロマンと欲望—』と題するより一般向けの書物において、明治から平成に至るまでの教育を通した立身出世主義の様々なバリエーションを描き出すのであるが、その課題を明示する箇所で「近代日本人の夢と挫折と逸脱の跡を辿ってみよう」(竹内1997: 7) と記す。やはりあくまで「国民」の物語が竹内の課題なのである。

20　Deacon (2004) は、1998年の地域振興法以後のイギリス南西部について、地域振興局のエリートたちへのインタヴューを通して、彼らの「言説 discourse」が、「南西部 Southwest」や「コーンワル Cornwall」といったイメージをつくりだし、それが近年の「新しい地域主義 new regionalism」の背景にある、と論じている。

第 1 章　序　　論

21　この流れを総括しつつ中筋直哉（1997）は、「行財政の社会過程分析」はさらに「地方行政─政治の社会過程分析」に発展するべきと述べている。

22　例えば福武は、「村落構造とは何か」という問いに対して、「経済構造を基礎として成り立つところの村落の全体的社会構造、すなわち政治構造をも含む村落社会の全体的なしくみと考えておきたい」と答えている（福武 1976: 26）。また、「村落の社会構造を規定する基礎構造としては、第一に、農業生産の様式ないし性格があげられるとともに、その立地条件およびその村落をめぐる地域の産業構造が考慮されなければならない」(ibid.: 27) とも述べている。「村落共同体」の「歴史的発展」についても、「その共同体は、原始共同社会 ursprüngliche Gesellschaft, Urgemeinschaft におけるごとき共同組織 Gemeinwesen が成員の生産力の低さの故に自立して生産をいとなむにはあまりにも幼弱である限り、存続し再生産されるものとして観念されている。そして、その歴史的発展は、共同体所有と私的所有の対抗関係を通じて、私的所有の比重の増大としてあらわれる。ゲルマン的形態ないしその発展としての共同体は、一般には共同体の最終段階と考えられ、これが村落共同体とされるのである」(ibid.: 73) というように、マルクス主義を基礎とした認識を示している。高橋も、有賀喜左衛門と鈴木栄太郎と福武を比較し、「意識の形成的役割を重視する有賀、鈴木両先生に対して、福武先生は、(中略)『華中農村の性格を規定するものは、その自然条件とこの恵まれたる自然条件の基礎に立つ経済的発展段階なのである』という見解に到達されていた。経済的基礎と歴史的発展段階が重視されていることに有賀、鈴木両先達と福武先生との大きな違いを見出すことができる」（高橋 1976: 558）と述べている。

23　その印象は、データ処理の方法としていえば、「地域社会」を単位とした「集計」データを提示するという方法が用いられていることによって、より強化されている。

24　また「地域社会」をより正面に掲げた土方（1994）の研究もある。土方は、長野県埴科郡旧五加村を対象とし、役場の学事文書と学校の文書を資料とし、1890年代から 1930 年代までの就学普及の動向を、行政村の状況と関係づけながら描いた。それによると、1900 年代前半までは、行政村の確立を背景として小学校就学の一般化が起こり、商工業の発展および中学校・高等女学校の開校を背景として中途退学の増加と進学熱の高まりという相反する傾向がみられ、1930 年代以降は小学校が完全に普及すると同時に、学歴に価値がみとめられて中学校・実業学校・実業補習学校などへの進学がさらに増大していく、という。この研究はたしかに、前半では地域社会の状況が詳しく描かれるが、研究の目的は、天野の場合と同様に、「日本」というレベルを描くことにおかれている。こうした、「地域」を

扱いながらも、それを通して日本の近代化や学歴化を描いていくのが1990年代の動向であるが、戦前から戦後にかけての「地域」観も似た面をもっている。東井義雄（1957）は「村を捨てる学力」ではなく作文などを通して「村を育てる学力」をつけなればならないと主張した。東井は次のように書く。

> しかし、村の子どもが、村には見切りをつけて、都市の空に希望を描いて飛ぶ、というのではあまりにみじめすぎる、と思うのだ。そういう学習も成り立つであろうが、それによって育てられる学力は、出発点からして「村を捨てる学力」になってしまうではないか / 村は事実、希望も容易には持てないほどみじめだ。だがそうであればあるほど、そのみじめな村を、希望のもてるような村に育てようとするところに、希望が築けないものであろうか (ibid.: 23)。

これは、天野編（1991）や土方（1994）の場合と方向性として異なっている面もある。なぜなら、「都会」への進学熱に皆が捉えられていくことを何か必然的な過程として描いてしまうのとは異なる志向をもつからである。しかし、「日本」というものを描こうという視点から「地域」を描こうとする点ではまったく共通している。

25　一般に、『算術の哲学』『論理学研究』に代表されるような、1900年代までのフッサールを初期フッサールと呼び、『イデーンⅠ』に代表されるような、純粋主観を強調する1910年代のフッサールを中期フッサールと呼び、『イデーンⅡ、Ⅲ』や『内的時間意識の現象学』や『ヨーロッパの学問の危機と超越論的現象学』に代表されるような、時間・身体・相互主観性などを主張する1920年代以降のフッサールを後期フッサールと呼ぶのが通例である。

26　フッサールの「Erde」という語は「大地」と訳されることが多いものの、星としての「地球」という意味ももち、実際そのように訳されることもある。また「大地」と訳すと「広くて大きい」など、この日本語にともなう語感が必要以上に付随してしまうこともあり、それを避ける意味で、本稿では、主として「Erde」という表記を使用することとする。

27　Merleau-Ponty は続けて次のようにいう。

> 触れられるものと触れるものとの循環があり、触れられているものが触れるものを捉える。見えるものと見るものとの循環があり、見るものは見える存在なしには存在しない。さらには、触れるものを見えるもののうちに、見るものを触れられるもののうちに記入すること、そしてその逆があり最後にそうした

第 1 章　序　　論

<u>交換の同じタイプをもったすべての物体への、また私が見たり触れたりしているのと同じタイプのすべての物体への伝播</u>ということがある (Merleau-Ponty 1964: 198［原書185頁、強調は引用者］)。

　　すなわち、「間身体性」の概念は、私の身体と他の身体たちだけではなく、私の身体と、私をとりまく「広がりをもった領域」との相互転換性を示唆してもいるのである。

28　高等師範学校のみはリヨンにもあったが、有名なのはパリのエルム街にあるものである。

29　1986年から2006年までに『比較教育学研究』(およびその前身誌) に掲載された260本の論文のうち、23本が「広く薄い」研究で、209本が「厚く狭い」研究といえる。残りは「理論・方法論」(12本)「二国間比較」(8本)「展望と回顧」(6本)「国際機関」(2本) などである (日本比較教育学会編 1986-2006)。このデータだけからしても、「比較教育学」という分野においては、最初の2つのタイプが実証研究としては代表的であること、そして「厚く狭い」研究がかなり優勢であることがわかる。

30　Clifford (1997) は、こうした「一つの村」について「長期滞在」を行いその「文化」を記述するような研究は、それがもつ政治性についての「ポストコロニアル」な問いにさらされざるを得ないと述べ (ibid.: 20)、それは「一つの文化」が「一つの言語」に対応するという「ナショナリスト」的な理想をも体現している (ibid.: 22) と批判している。彼の場合には、研究者や被調査者が移動する (「旅 travel」) という視点を重視しようとする。たしかにそれは重要な視点であるが、「村」を異質なものの複合、開かれた場所として描くような研究であれば、「長期滞在」という方法にも十分可能性があると考えられる。

31　タイ語読みでは「パッタニー」となり、村びとの呼び方では「パタニ」となるが、本研究ではまぎらわしいので統一して「パタニ」と表記することとする。

32　メーホーンソーン県、チェンマイ県、チェンライ県、ランプーン県、ランパーン県、パヤオ県、ナーン県、プレー県の8県。

33　ノーンカーイ県、ウドンターニー県、ノーンブワランプー県、ペッチャブーン県、コンケン県、マハーサーラカーム県、サコンナコン県、ナコンパノム県、ムクダハーン県、ロイエット県、カーラシン県、ヤソートン県、アムナートチャルーン県、ウボンラーチャターニー県、スリン県、ブリーラム県、シーサケット県、ナコンラーチャシーマー県、チャヤプーム県の20県（但し、調査時点）。ペッチャブーン県は「北部」とする場合もある。

95

34 例えば、ナコンラーチャシーマー県には「エスニシティ」としては中部タイに多い「シャム人」が古くから住んでいるし、ブリーラム県、スリン県、シーサケット県には「クメール人」が多く住んでいる。
35 調査時点では、パタニ県、ヤラー県、ナラティワート県、トラン県の4県を指すことが多いが、ソンクラー県を入れて5県とする場合もあった。ただ近年では、暴力事件が頻発するようになったパタニ県、ヤラー県、ナラティワート県の3県だけを指すことが増えてきている。近年では、「南部国境地域」(柴山2011)、「最南部地域」(竹原2012) などの表現も用いられているが、本書では「南部国境地域」という表現を用いることとする。
36 Chatthip (1984) は、こうした自給自足的な経済は、東北タイでもっとも盛んであり、ついで南タイ、北タイと自給自足の度が低くなる、という (ibid.: 82)。こうしたことが可能であった理由を3つ挙げている。第一に、タイの自然は豊かであり、肥沃な土地、しかも遊休地があった、ということである。第二に、村の社会制度が、村のメンバーが互いに同情して助け合うようなものであり、村人が組織をかえようとしなかった、ということである。第三に、国家と資本主義が、貢納という経済的強制を直接村落に課したため、国家と村人の間に他の階級が発生せず、革新的な地主階級なども生じなかった、ということである (ibid.: 103-104)。ただ、以上の論述は、同書を見る限りヨーロッパ経済史との大まかな対比に基づいてなされたものという印象が強く、その実証的な根拠は必ずしも十分に提示されているとはいえない。
37 同様の意味を持つ用語としては、すでに紹介した「持続可能な発展」があり、その他にも「参加型開発」と表現する場合もある。これらは、互換性をもって使われながらも強調する理念や方法論に若干の違いがある。
38 西川・野田編 (2001) も、やはり「もうひとつの発展」を仏教的な観点から説明しようとしている。同書の第1章では、次のように語られる。

> 1990年代以降、タイの各地において仏教を中心とした「もう一つの発展」(オルタナティブ発展)をめざす動きが展開されている。それは草の根レベルでの発展/開発の動きであり、それがタイの伝統的文化としての仏教の中から生まれてきていることは、大変興味深いことである (ibid.: 38)。

そしてそれこそが従来からいわれていた「内発的発展」のタイ版であり、「上からの開発」に対抗する動きなのだ、と述べられる。

第 1 章 序　　論

　実のところタイ仏教そのものも一方では近代化にともなう精神世界からの混乱を癒し、国民的一体性を保つ役割と同時に、他方では草の根レベルから起こってきている「上からの開発」批判と、内発的発展を支持する運動に論拠を提供する、という二重の機能を果たしてきたのである (ibid.: 39)。

　第 2 章では、仏教を制限するようになったのはサリット政権による 1957 年以来の「国家経済開発計画」の時期である (ibid.: 55)。従って草の根からの仏教復興運動は、まさしく「国家主導型開発」に対抗する動きであると述べられる。第 3 章では、そうした「オルタナティブ・モデル」の運動が、もともとは Phutthathat（プッタタート）比丘の仏法共同体 (thammikka sangkhom) の理念から来ていることが述べられる (ibid.: 67-69)。第 4 章（野津幸治）では、中国系商人の子として生まれ、南部のチャイヤーに「スワンモーク」と呼ばれる道場を開いた Phutthathat 比丘の生涯が概説される。第 5 章では、東北タイ・スリン県ターサワーン村で、米銀行、貯蓄組合などの開発実践と瞑想の普及を関連づけて行っている開発僧の事例が紹介される。第 6 章では、東北タイ・チャイヤプーム県ターマファイワーン村で森林保護などの運動を行っている開発僧の事例が紹介される。第 7 章では、タンマカーイ、サンティアソークという新興仏教運動、パランタム（法力）という政党、スラムや「ジェンダー」と関わる活動を行う僧や尼僧など、都市部での仏教的社会活動の紹介が行われる。第 8 章では、1970 年代以降のタイ NGO の活動の流れが紹介され、その中で仏教がひとつの基軸になっている (ibid.: 261) と述べられる。第 10 章では、自然保護の運動の中で仏教の僧 / 尼僧が重要な役割を果たしている事例として、ナーン県とヤソートン県の開発僧の活動が紹介される。

　以上の論述からあきらかなように、この書物は、あくまで「開発僧」すなわち、世俗社会の活動に積極的に参加し指導する僧侶が何を行っているか、そしてそこにどのような論理が存在しているかという紹介を行うものであり、それがタイ社会の全体の中でどの程度の位置を占めているかについて、十分に検討されているとはいえない。第 8 章では、NGO の全体が紹介され、その中で仏教や僧侶の役割が述べられているが、その位置づけは「ひとつの基軸となっている」というあいまいなものにとどまっている。「もう一つの発展」について、本書は、あたかもそれがすべてタイ仏教とりわけ Phutthathat 比丘の仏教から発しているかのように記述しているわけだが、あらかじめ「開発僧」にターゲットを絞っている本書が、それを公平に判断できるかどうかは疑問である。

39　しかも、そうした主張が、外国人の研究にはしばしばみられることだが、交通

の便利な地域を調査村として展開されていることがある。たとえば、バンコクなど大都市の近郊であったり、幹線道路の近くであったりする傾向である。それは、たしかに大学に通いながら調査する場合には都合がよいのであるが、研究結果に偏りを生じる可能性が高い。というのは、そうした「便利」な村は、往々にしてバンコクや大都市への出稼ぎが急速に盛んになり「都市」の影響を受ける傾向がより強いと考えられるからである。

40　同様の研究としては、中部の中学1年生を対象として進学の要因を分析した Chanthana (1978) の研究がある。ここでも両親の収入・職業・教育、キョウダイの数、成績や態度などが要因として分析されるが、やはり学校の種別にも関心が向けられている。基本的な問題関心は、「全ての人への最大限の教育の付与 hai dai lao rian doi thua thu'ng kan thuk khon yang mak thi sut thaw thi ca tham dai」「生徒に最大限の成功を与えること hai phu rian dai rian samret mak thi sut thao thi ca tham dai」「生徒に教育の最大限の恩恵を与えること hai phu rian dai rap phon prayot cak kan lao rian nan hai mak thi sut thao thi ca tham dai」というものである。また、他にも、Sathaphon (1978) が中部の中学生を対象として、Prayong (1977) が南部の小学生を対象として、同様な研究を行っている。

41　例外としてあげられるのは、例えば、タマサート大学の Pandit (1983) である。彼は「学校外教育」局の活動のために半年間1つの村に滞在し、小学6年生（28人）と村人（60人）を対象にアンケートを実施すると同時に参与観察を行っている。28人のうち5人が進学したいと考えているが、進学するかどうかを決定する最大の要因は、家族の問題と金銭的な問題であるという。この結論自体は平凡なものであるが、記述自体は、村の歴史について語るなど、アンケート調査のみによる研究にはみられない、生き生きした記述がある。

42　例えば、Bunphen (1987) は、テーサバーン管轄下の小学校卒業者の進学／非進学の規定要因についてアンケート調査を用いて分析している。主な結果は、父母の職業・教育・収入が低く生徒を働かせたいために進学させない、父母の婚姻状況が影響するという平凡なものである。

　　Sukanya (1988) は、労働力政策という観点から進学拡大について論じた。それによると、タイでは、国家経済開発計画が1961年に開始されて以降、中等教育の拡大政策がとられてきたが、貧困や交通や教科書や教材や制服や給食の問題から、十分に実現に至っていないと論じている。解決策としては、私立学校への援助をふやすこと、公立学校の授業料を改定すること、普通学校と職業学校の連携をすすめること、金融機関による融資をふやすことなどが論じられている。

　　Sukkaeo (1988) は、東北部ブリーラム県の60人の生徒と保護者、教師に対し

第 1 章　序　　論

アンケートを用いたインタヴューを実施している。それによると、保護者が労働を手伝わせるか、貧困であるか、学校を卒業しても仕事がないのではないかというおそれ、生徒が勉強したくない、等の要因があるという。Kannika (1992) は、優秀児を集めた学校でアンケートを行い、特に労働者の子どもに注目して子どもの教育期待について分析を行った。結果としては自分の成績のほかに「友人」の教育計画が影響しているということが明らかになった。

43　権藤・安藤 (1973a, b) は、中部タイ・ペッチャブリー県のバーンケム村を、綾部、丸山、松永らと1970年12月から2月にかけて訪問調査している。これは、Eysenck の「態度構造」、Kluckhohn の「価値システム」、Adorno の「権威主義的パーソナリティ」、Maslow の「ニーズの階層構造」といった理論をふまえた「価値意識」に関するアンケート調査であった。その中で教育に関しては、小学校の原級留置という問題を取り上げ、原級留置児童63名の親から50名、非原級留置児童の親255名の中から50名を無作為抽出で取り出し、アンケート調査により比較が行われた。そこでは、親の態度が影響しているとはいえない、という結論を導いている。つまり、「子どもに受けさせたい教育の程度」「可能であれば子どもに受けさせたい教育の程度」「子どもをどういう職業につけたいか」について、原級留置児童の親と非原級留置児童の親の間に有意な差が認められないのである。そうではなく、むしろ総収入額、年間総支出額、耕作面積、教育年数や学歴などといった社会経済的または文化的要因のほうが留年に大きく影響している、という結果を報告している。

44　村田 (1978) は、東北タイ・コンケン県のドンデーン村、中部タイ・サラブリ県のコクチュアク村、中部タイ・パトゥムタニ県のクバンルワン第12村、中部タイ・スパンブリ県のワンヤン第6村の4つの村で無作為抽出された計75人の「家長」を対象として、質問票を用いた面接調査を行った。それと同時に、北タイ・チェンマイ県サラピー郡の5つの学校、東北タイ・コンケン県ドンハン郡の8つの学校、中部タイ・ラールンケオ郡の7つの学校から、計202人の教師を対象として面接するかまたは質問票に直接回答してもらうかの方法を併用してデータ収集を行ったという。こうした方法によって得られた結果を、村田はマレーシアの農村で同様の方法によって得られた結果と比較し、マレーシアの村人の9割近くが大学までの進学を希望しているのに対し、タイの村人は2割程度しか大学までを希望しない、という違いを見出している。村人が子どもを進学させない理由としては、「教育費の過重負担」「両親の仕事の手伝い」などが挙げられたことから、経済的な理由が大きいのではないかと考察している。それと同時に、子どもの職業としては官吏、教員、看護婦、事務員、軍人、警察官を望む村人が大半を占め

農業を望んでいないことも指摘し、教育機会を単に量的に拡大するのでは若者の都市流出を増加させるだけで、農村開発のためには、「質的側面の充実、言い換えれば、農村に適合した教育を施すことが重要となるのではなかろうか」と述べている。この調査について、短期的なアンケート調査であってフィールドワークが足りない、異なる方法によるデータを混在させている、調査された学校と調査された村の地域が必ずしも一致していない、などの問題を指摘することもできなくはない。しかし、かなり早い時期に行われたものであるにもかかわらず、その方法は十分に熟慮されており、そこで出ている結論も、後に「もうひとつの発展」派がのちに展開することになるものであって、先見性をもったものである、ということができる。

45 権藤（1976）は、既に触れたバーンケム村調査の中の「成功の条件」「進学したい学校段階とその理由」「志望職業の種類」という3つの項目について、韓国や日本と比較しながら分析を行っている。それによると、「成功の条件」として「学歴の高さ」を挙げる児童の割合は、韓国や日本に比べても高かった。「進学したい学校段階」に関しては66％が中学校以上、45％が大学以上を希望した。その理由としては「親を幸福にするため」が33％ともっとも多く、「志望職業」としては、軍人、教師、医師、看護婦、警官などの「脱農的・給料生活志向的」職業が大半を占めた。これらは時期の早い調査として興味深いものです。しかし、この最後の点を、「生き方の理想」に関して「利益を考えずに国家および社会のために働く」という回答が多いことと重ね合わせて、「国家・社会志向」がタテマエとはいいきれない、という結論を導いている点は、アンケートという方法でどこまで「ホンネ」を知ることができるのか、という問題ともあわせて、権藤らの一連の調査の限界となっている。

46 森下（1998）は、第6次国家経済社会開発計画から「基礎教育」という考え方が登場して第7次国家経済社会開発計画では基本的原理になり、その中で「機会拡充政策」が実施され、前期中等教育進学率の急速な上昇がみられる。しかし実際には、学校の種別による機会の不平等な構造が生まれたとする。その原因は、ひとつには、国家初等教育委員会、普通教育局、ノンフォーマル教育局など様々な監督官庁が前期中等教育を準備することになったためであり、いまひとつには、表面的には「教育機会の平等」の論理で語られる「機会拡充政策」が、本音では「人的資源開発の必要性」によっているためであるという。ここでみられる論点が、森下（1999b）における調査の作業仮説となっている。

47 森下（1999b）は、11校の小学校第6学年の生徒283人と保護者人に選択肢式のアンケート調査を実施している。その質問内容は、「初等教育6年を卒業するとき

第1章　序　論

進学を希望するか（する / しない）」、「進学する希望先（初等教育局中学校 / 普通教育局中学校 / 学校外教育局）」「あなたは前期中等教育への進学にはあなたの人生における成功にどれぐらい重要性があると考えますか（大変重要 / 重要 / わからない / あまり重要でない / 重要でない）」「あなたは中学3年を卒業しない人についてどう思いますか（学校をやめるのは子どもの権利である / 十分な理由があれば仕方がない / わからない / 中学3年を卒業しないことはあってはならないことである / 学校をやめるのはあまりよくない）」「進学したい学校段階（初等教育6年まで / 前期中等教育3年まで / 後期中等教育の普通教育 / 後期中等教育の職業教育 / 上級職業課程 / 国内の高等教育 / 外国の高等教育）」などであり、明確に回答の得られる項目と進学意識の内容を調べようとする項目を並べるなど工夫をこらしているが、アンケート調査の限界から、進学意識の細部までは調べ切れていない。それを補うために、森下は保護者や教師に20人面接調査を行い、そこで得られた回答をアンケート結果の肉付けに用いているが、生徒の面接は行っていないこと、11校のどの部分から20人が選抜されたのかが明確でないために、その肉付けが妥当なものであるかどうかが不明である。

48　箕浦・野津（1998, 1999）の研究は、ヤソトン県に焦点をあわせた、集中的な調査に基づくものである。その期間は、1996年7月から1997年12月まで断続的に6回行われたという。1996年7月、同8月、1996年12月から1月、1997年3月、1997年8月、1997年12月である。第1回目の調査では県内をまわって調査地を選定したとあるので、実質的な調査は5回にわたることになる（箕浦・野津1999: 9）。調査の詳細が十分記述されておらず1回あたり何日程度行われたのかが不明だが、この書き方からすると、数週間の調査の繰り返しだったと考えられる。また、調査地については「進学に関わる問題が最も集約的に生じていると考えられたナヴィアン行政村を集中的に調査した」（ibid.: 45）と書いてあるのであるが、ここでいう「ナヴィアン行政村」は4つの村からなっているので、どこかひとつの村に「集中」して調査したとは考えにくい。資料収集の方法については、「小学6年生とその保護者に面接し、機会拡大中学校に対する考えや子どもの将来についての見通しなど、進学意識についての長時間の聞き取りを行った」（ibid.: 45）というように、調査対象者の属性や調査時間などが十分に記されていない。最初には「パコーム村での宿泊調査を含むナヴィアン行政村で集中的に行った」（ibid.: 9）と述べており、後には「1996年12月にパコーム小学校6年生在籍児童全員（11人）とその親に面接し、進学に対する意識を詳しくたずねた」とあるので、1996年12月に宿泊しながら小学6年生と保護者に面接したことが推定されるが、仮に滞在調査であったとしても一ヶ月は越えないものであったと考えられる。

101

49　但し、学校によっては高等職業課程ないし職業教員養成課程として中等教育修了後に4年を設けていることもある。
50　この他に、士官学校、警察学校などがあり、中卒後または高卒後入学する。
51　United States Operation Mission の略。アメリカの公的援助機関。
52　アメリカと世界各国の相互理解を目的とした交流プログラム。1946年発足。
53　ここでいう「推定進学率」とは、ある学年（1960は小1、1990は小4）に属する生徒の数をそれぞれの年齢の子どもの数の推定値とみて、それに対する各学年の学生数の割合を求めたものである。本当に「進学率（ないし残存率）」を求めるためには、その学年が小学1年に入学した年度を用いる必要があるが、そうせずに同一年度の小1学生数をその推定値として用いてしまう方法である。年ごとに同一年齢の子どもの数は若干増減するのであくまで推定値にすぎないが、おおよその目安にはなると考えられる。
54　例えば、コンケン大学は東北部の、チェンマイ大学は北部の、ソンクラーナカリン大学は南部の学生を対象としたクォータ入試を行う、ということである。またシーナカリンウィロート大学の地方分校などでも各地方ごとに、タマサート大学では東北部を対象としたクォータ入試を行っている。
55　1990年にはナコンラーチャシーマー県にスラナリ科学技術大学が、1992年にはナコンシータマラート県にワライラック大学が設置された。
56　かつての「教員養成専門学校」は、1984年から教員養成以外の学科も開くようになっていたが、1992年に「サターバンラーチャパット」と改称した。その36校のうち22校は2004年に大学に昇格した。
57　1995年にはマハサラカム大学（マハサラカム県）とナレスワン大学（ピサヌローク県）、1998年にはタクシン大学（同ソンクラー県）が、それぞれシーナカリンウィロート大学の分校から本校に格上げされた。
58　たとえば、カセサート大学は古くからの2つのキャンパスに加えて、チョンブリー県（中部）、ロッブリー県（中部）、スパンブリー県（中部）、クラビー県（南部）、サコンナコン県（東北部）、に分校を設けた。この他、これからの計画として、スラナリ科学技術大学ウドンタニ分校、コンケン大学ノーンカーイ分校、ソンクラーナカリン大学付属高等専門学校（プーケット、スラタニ、トラン）などが計画されている。
59　もっとも、この「12年」については、小学校前教育3年を含むという解釈もあり、高校まで義務化されるかどうかについてはまだ議論がある。

第2章 北タイ・ナーン県H村の「地域文化」と「進学」
―― 「もうひとつの発展」運動を中心に ――

第1節 はじめに

　本章では、「もうひとつの発展」運動に特徴のあるナーン県H村を「地域」として取り上げる。それは、いったいどのようなネットワークをもち、そして「進学」にどのような影響を与えているのであろうか。この事例は、序論でみた研究史から、2つの点で興味がわく。第一に、タイ農村研究の中で「もうひとつの発展」と呼ばれる運動の実態と可能性について見解が分かれていたことである。すなわち、それが新しい変化の方向であるとする鈴木(1993)や西川・野田(2001)と、単に言説に過ぎないとする北原(1996)や櫻井(1995a)の違いである。第二は、北タイのピサヌローク県でアンケート調査を行った森下(1998)の「進学」に関する見解、すなわち、農村の子どもは機会拡大中学校を経て職業学校に行く傾向があり、それが不平等を生み出している、という見解である。

　まず、第一の点について課題を明確にしておこう。

第1項 「もうひとつの発展」とは何か

　序論で述べたように、「もうひとつの発展」という考え方は日本では、鈴木規之や西川潤、野田真里らによって、「開発僧」による新しい開発運動の方向として紹介されてきた。しかし、タイで語られてきたことも含めて考えると、「もうひとつ」という言葉の内容には様々な軸が含まれており、しかも論者によって重点の置き方が異なっていることがわかる。社会学者Surichai=Wangkaeoは「参加」や「自立」を中心にし[1]、Phutthathat(プッタタート)師を敬愛する医者Prawet=Wasiは「仏法」を出発点としながら「環境」「コミュニティ文化」「自立」などを焦点とし[2]、経済史家Chatthip=Natsupha

は「自給自足経済」「地域文化」に注目しようとする[3]。つまり、Phutthathat師に拠りつつ「欲望からの解放」を最も基礎にあるもの[4]とする鈴木や「仏法共同体 thammikka sangkonm」を提示する西川・野田ら[5]の紹介は、その一つの軸を強調したもの、ということになる。

以上の何人かの論者に共通していることをあえて探すならば、サリット政権（1958–1963）下で開始された「国家経済社会開発計画」による開発政策を批判する、ということぐらいである。

そこで本章では、このことのみ確認しておき、「もうひとつ」の内容について一般的に規定することなく、この事例で実際に何が行われているのかを記述し、それと「進学」がどのようにかかわるのかということに注意を払うことにしよう。

第2項　H村の概要

H村は、人口2万強のナーン市から約19キロ川沿いに進んだところに位置している（現在はPh支郡に属する）。またナーン市はチェンマイから約350キロ、バンコクから約750キロの位置にある（図2-1参照）。

H村は、1995年現在登録住民数671人（男性342女性329人）の村である。エスニシティとしては、婚入者の一部を除き北タイ人（コン・ムアン[6]）であり、日常的には北タイ語（カム・ムアン）を話している。平均年収は約1万バーツで、これは農外収入の少ない非近郊農村としては中程度のものである。地理的条件としても、山の迫った川沿いの村という位置（図2-2参照）は、北タイ

図2-1　北部上部8県、ナーン県、およびH村の位置

第2章 北タイ・ナーン県H村の「地域文化」と「進学」

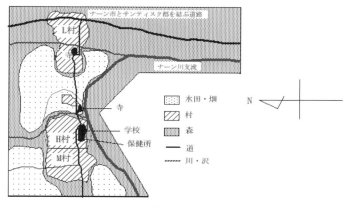

図2-2 H村周辺の略図

人の村としてはよくみられるものである。

第3項 調査の実施

　この村でも、やはり約半年の間（1996年3月～1996年9月）村人（Cn氏［50才女性］、Sm氏［57才男性］）の家に住み込み、生活をともにし日常の中で話を聞きながら、アンケートを用いたインタヴュー調査も行なった。

　この村は、留学先であるチェンマイ大学の受け入れ教員の紹介で知り合ったSr氏（33才男性）が、自分の生まれたH村を紹介してくれたのである。Sm氏はSr氏が親しくしており、以前にも外国人（アメリカ人）を何泊かさせたことがあったということである。そのためもあり、Cn氏、Sm氏とも快く受け入れてくれた。

　インタヴュー調査は、定着後1ヶ月ほど経過し村人たちにある程度親しんだ後、農作業の終わる夕方などに毎日2～3軒ずつ村びとの家を訪問し、一人一人を相手に20～40分聞き取るという方式で行った。1回に世帯全員インタヴューし終えられず、複数回訪れた場合も少なくない。調査票は手に持って書き取りながらインタヴューしたが、緊張が生じるのをさけるため、テープレコーダは使用しなかった。その他に、この村では学校の中学部の英語の授業を週3時間分だけ担当させてもらったので、それについてはグループ

105

表2-1　インタヴュー調査の対象者（H村）

	10代	20代	30代	40代	50代	60代	70代	80代	計（人）
男性	26	15	21	14	21	19	4	3	123
女性	16	11	27	17	9	18	13	1	112
計	42	26	48	31	30	37	17	4	235

面接を行った。

インタヴューの内容は、第1章第2節第1項で述べた通りである。

インタヴュー調査の対象者は、不在者と拒否者を除く全数とした。従って10代後半から20代あるいは40代などが少なくなっている（表2-1参照）が、中学生は全数対象とすることができた。

第4項　H村における「地域文化」の概要

まず、H村における「地域文化」のいくつかの項目を挙げてみよう。

①「出家」

H村も他の多くのタイ農村と同様に仏教徒の村である。その重要性は変遷しつつあるとはいえ、若い男性にとって、一定期間「出家」することは、現在でもしばしば行われる習慣である。それは、バンコクに出稼ぎをしている若者が入安居の期間だけ出家する場合（写真2-1）もあれば、中学校に通うために出家する場合もある。またそれとは別に、結婚後何らかの理由で妻を失った男性が再出家する、ということもある。その数は2、3名と決して多くはないが、入安居の時期が終わっても常時寺には誰かしら在籍している。

出家は、小学校設立以前は、文字知識を学ぶ唯一の機会であり、かつては北タイ文字とタイ文字を両方習得し、

（写真2-1）出家式をするバンコク帰りの若者。「スークワン」を行っているのはSb氏。

仏典を学んでいた。

②「伝統医療」

H村の知識として古老たちが重視している知識のひとつは、「伝統医療」とでもよぶべきものに関する知識である。それは、ひとつに薬草に関する知識であり、どの草をどのように処方すればどの病気が治る、ということであり、いまひとつに、病気治療のための呪文であり、さらにいまひとつに、「スークワン」[7]など儀礼の際の文句に関する知識である。これらはいずれも、北タイ文字の文書（写真2-2）に記録されており、古老たちは、それが読めるということを誇りにしている。

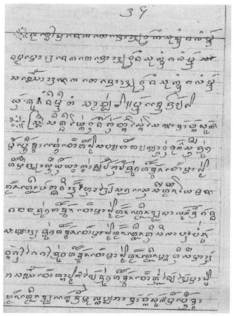

写真2-2 「スークワン」の文句を記した北タイ文字のノート

この知識は、「出家」ともかかわっている。というのも、ここで必要となる北タイ文字の知識は、主として寺で得られるものだからである。とはいえ、北タイ文字を知っていれば必ずこの知識を学べるというわけでもなく、血縁関係のある者に伝えていくという形をとる。

③「伝統芸能」

また別の領域としては、ピン（インドのシタールのように爪弾く弦楽器に似る。写真2-3参照）やサロー（中国の二胡のように立てて弓で弾く弦楽器）と呼ばれる楽器、それにのせて語られるカーオと呼ばれる語り物などがある。これについても達人とされる人が何人かいて、結婚式・葬式などのときには呼ばれて演奏したりしている。これは前の2つとは異なり、文字の知識は前提としない。

写真2-3　ピンを弾くSm氏と名手のJ氏（中央）

曲や唄の文句は、口承で伝えられる。従って、名手とされる人には必ずしも出家経験がない。また、カーオの唄い手には女性も多い。

1960年代からは「ルークトゥン」と呼ばれる大衆音楽、1980年代は「ストリング」と呼ばれる若者向けの大衆音楽が入ってきてはいる。しかしそれはもっぱらラジオやカセットテープなどで聞かれるぐらいで、村人の中で積極的にそうした活動をしている人がいるわけではない。

④「もうひとつの発展」運動

新しいものとしては、調査時期の数年前から始まった「もうひとつの発展」運動がある。これは後に紹介するように、「複合農業グループ」「主婦グループ」「若者グループ」「貯蓄グループ」など、いくつかのグループを結成して行われる活動であるが、これは様々な理念を主張したり、文化活動を行ったりするものであり、「地域文化」として扱うべき性格をもっている。

第2節　H村と「もうひとつの発展」の活動

第1項　H村の略史

（1940年代まで）
　当時も近くの村や町に徒歩や舟などで行くことはあったが、生活の大半は

第2章　北タイ・ナーン県H村の「地域文化」と「進学」

H村の中にあった。水稲や陸稲の収穫が主要な財産であったため、効率のよい水田を多くもつ者が「富裕者 khon ruai」であった。綿を植え、女性が紡ぎ織り服をつくった。木を使ってピンやサローといった楽器をつくりソーやカーオ（四音節主体の詩）を語り歌って楽しんだ。病気のときは伝統医の薬草や祈祷で治療してもらった。仏教とピープーヤー（先祖霊）が信仰の対象であった。

　タイ語による学校はワット（寺）の中又はそばで行われていた。重要な知識は、仏法、祈祷、薬草であったため、学校に行かない者も多く、特に女性は少なかった。小四を終えた男子の中には出家してナク・タム、パリエン（いずれも教法試験の名称）[8]など仏法の勉強に入る者もいた。中等学校（五年制）は町に開校していたが、町に行くのは半日がかりで、とても通えはしなかった。

　水田をもつ富裕者は村人のおよそ三分の一で、残りの者は移動性の焼畑や日雇いで口糊をしのいだという。富裕者の子は就学も出家も容易で知識が豊富だった。

（1950年代〜80年代前半）
　1947年以来、社会・文化とも急速に変化を始めた。外からの影響が大量に入ってきた。村人たちは、市場価値の高いトウモロコシ、落花生、ライチ、ラムヤイを植え始めた。水田はないが畑はもっているという人にも富裕者になるチャンスが出てきた。村人は競って森を切り開き畑にし始めた。女性たちは綿紡ぎ機織りに代わってトウモロコシ掻き、落花生剥きを始めた。若者たちは、ピンやソーをやらなくなり、その代わりにルークトゥン（中部タイ起源の歌のジャンル。演歌に似る）を練習し始めた（図2-4参照）。他県で働く人、他県出身者との結婚が増えた。伝統医に代わって保健所の薬に頼るようになった。村のピープーヤーの祠は廃止された。男子の出家の期間は短くなった（図2-3参照）。

　H村学校通学者は着実に増加した。学校は寺から独立した。豊かな村人の子弟のなかには、村で小学校後期課程を終えてから、出家する代わりに町の中等学校に進学する者がでてきた。村人は進学することの価値を理解し始

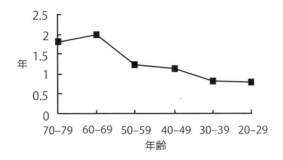

図2-3　年令別平均出家年数（H村）

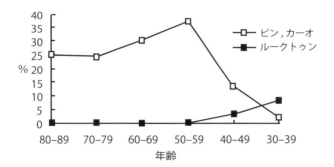

図2-4　古い芸能と新しい芸能（H村）

た。というのも警察官、教員、医師などよい職につく者が出てきたからである。それでも中等学校進学者は一学年に一人二人いるかどうかであった。また、女性の平均通学年数は、50才代で一時追い付きかけたが、この時期（1947年以降）になって一部の男性が町の中等学校に進学し始めたため、再び引き離された（図2-5参照）。

同じ頃、日用品を売る雑貨屋を開く村人が現われる。1983年から朝だけ開く市場が開設され、食料品や雑貨を村人が売るようになる。

（1980年代後半以降）

最も新しい時期の傾向は三つほどある。第一は、1980年代後半から農業

第2章　北タイ・ナーン県H村の「地域文化」と「進学」

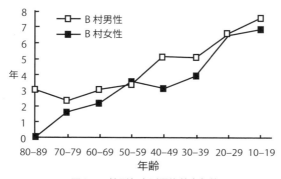

図2-5　性別年令別平均教育年数

組合銀行スタッフが村に入り、耕耘機など新技術を伝えると同時に融資を開始する。第二は、インフラストラクチュアの整備である。1987年に電気が村に入ってきた。同じ頃ナーン市から近くを通る道が舗装された。1992年頃貯水池とポンプを使った水道設備が完成する。この二つの変化は、テレビ冷蔵庫バイク自動車などの工業製品が大量に流入する要因ともなった。その結果村の生活は便利になったが、同時に借金の返済に追われるようになり、そのための出稼ぎを誘発する。第三に、様々なグループ形成である。最も早いのは1984年に東隣のL村の「若い女性のグループ（クルム・ユワサトリー）」から分かれてできた「主婦グループ（クルム・メーバーン）」であり、畑の共同経営や研修などの活動を始めた。初代会長は元村長C氏の妻K氏である。C氏（49才男性）は1988年頃から独自な農法をもとめて実験を繰り返していたが、その中で「複合農業（カセート・パソムパサーン）」（後述）の有効性を確信するに到った。1994年にC氏の農法に関心をもつ村人8人が集まり、ナーン県全体のNGOである「ナーンを愛する会」（後述）メンバーで村出身のSr氏の後押しもあって「複合農業グループ」を設立し、「複合農業」の実施にあたって協力しあっている。このグループは特に、薬草や楽器など、廃れつつある伝統文化の復興に力を入れている。ただ仏教への関心はそれほど高くない。同年Sr氏は6人の中学生・高校生らと「若い世代のグループ」を設立した。調査時点の会長はランパーン教員大学を出たA氏（25才女性）であった。翌

9195年にはやはりC氏が会長となり中心となり「貯蓄グループ」を設立した。

　H村小学校は、政府の「教育機会拡大」策に従い、1990年に無料の中学校を併設し、貧しい生徒に学用品の支給を行なった。これ以降小学校卒業者の男女ともほぼ全員が中学校までは行けることになった。

第2項　「進学」の状況

　H村では、1990年にH村中学校が開校したことで、中学3年終了時に「進学」の分岐点がやってくるようになった[9]。

　進路選択にはいくつかのパターンがある。

　第一は、普通科高校へ行く場合である。この場合、その先は教員その他になるため大学へ進学することが多くなる。中でも特にA高校（共学）は国立大学進学率が大学合格率が32％と高い進学エリート校であり、入学も難しい。C高校（女子校）も大学合格率が23％と比較的高い。B高校は同じく9％である（いずれも1997年）。この場合卒業後の目標はさらなる進学であることが多い。ただ、ナーン県内に大学はないから、県外へ進学することになる。

　第二に、職業系すなわち高等専門学校へ行く場合である。この場合、商業科、技術科、農業科などの知識を3年制の課程で学んだ後、希望があればさらに二年の課程があるがそれは短大卒相当止まりである。この場合大学への進学は難しくなる。ナーン市内にあるのがD商業・技術系、E農業系高専、およびG技術系高専である。隣のパヤオ県には全寮制のF農業系高専があるがここに入るにはH村学校の推薦がいる。

　第三は、その他の学校、例えば軍学校（バンコク近郊）などに行く場合である。

　第四は、学校外教育、つまり平日は村で働いて土日だけ市内でスクーリングを受ける、生涯学習的なものである。

　第五は、進学せず、バンコク等へ出稼ぎに出る、というものである。

　調査時点にみられた傾向は、第二の職業系（高専）に行く場合の増大である（図2-6参照）[10]。

　それは必ずしも「落ちたため止むを得ず」高専、というばかりではなく志望の段階で既にそうなのである（図2-7参照）。

第2章　北タイ・ナーン県H村の「地域文化」と「進学」

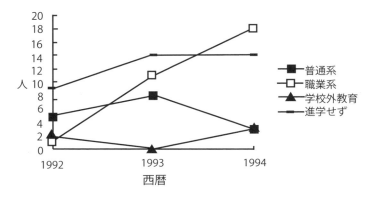

図2-6　H村中学校卒業生の進路

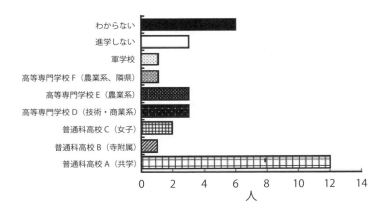

図2-7　1995年中3対象の志望調査結果（学校実施）

第3項　H村における「もうひとつの発展」の活動

　これらのグループ形成による活動を、Sr氏やC氏らは「もうひとつの発展（ガーンパッタナー・ターンルアク）」と呼んでいるが、それはいったいどのようなものであろうか。

（「複合農業グループ（クルム・カセート・パソムパサーン）」）
　H村における「もうひとつの発展」において現在核となっているのは、「複

113

合農業」である（写真2-4, 2-5参照）。「複合農業」それ自体は既に1980年代からタイの様々な地域で行なわれ、理論的な文献（例えばWithuun 1987）も出版されてきた。C氏（写真2-6参照）は、1960年代からH村に一般化したトウモロコシの一斉栽培の代替としてこの「複合農業」を始めた。というのもトウモロコシ栽培で農薬を大量に使い過ぎ、妻の健康がおかしくなったからだ、という。

その特徴は、(1)保水林を保護すること。(2)水源となる貯水池を掘り、その周りにはバナナの木を植えて保水性を高めること。(3)貯水池には魚を飼って自給ないし販売に役立てること。(4)野菜、果物、豆類など多種の作物を植えること。(5)複数種類の家畜（牛、豚、鶏など）を飼って除草、施肥に活用すると同時に販売にも振り向ける。これらにより第一に、農薬や化学肥料をできるだけ使わないようにすることができる。なぜなら、肥料に家畜の糞を一部活用しうると同時に、何種類もの作物を育てることで、病虫害にあいにくすることができるからである、という。第二に、現金支出を減らして収入を増やすことができるからである。というのも多種の作物と家畜を育てることで、食料の自給度を高めることができると同時に、村内や市内の市場にも売り出すことで現金収入の機会を増やし、不作の危険分散ができるからである、という。C氏は、1995年には村人の平均年収の約10倍にあたる11万4千バーツの年収があった。重要な点は、この方法が、「環境保護」「自給自足」といった「もうひとつの発展」の理念を実現すると同時に、市場経済に対応する合理性ももっている点である。

この「複合農業グループ」が「複合農業」の正しさを主張するときしばしば語られるのは、ひとつは「昔は化学肥料など使っていなかった。われわれの先祖のやり方に還らねばならない」などという言い方であるが、それと同時にこのような論理も存在している。

このグループは1995年には9世帯だったが、1996年10月時点で17世帯がこの農業の実践を行っていた。他の村では1～2世帯にとどまる場合があるのに比べると、H村はかなり広がった例ということができる。ただ「複合農業」はある程度の広さの田畑がないと成り立たないという難点があり、水田2ライ畑30ライ（1ライ=0.16ha）と広い土地をもつC氏以外では、大幅な収入

第2章 北タイ・ナーン県H村の「地域文化」と「進学」

増にはつながった例はほとんどない。ただ多種栽培のため支出は若干抑えられるという。

（「主婦グループ（クルム・メーバーン）」）

最も古いグループである「主婦グループ」[11]は、女性たちのグループとして新しい知識や技術の研修（例えば帽子用の竹編みや箒づくり）を行うことから始まった。畑の共同経営は、夏柑やマンゴーなど新しい作物を紹介するためだったが、その後、農薬や化学肥料の危険を伝える活動も行うようになった。葬式講は、夫を失った女性のための互助活動として、1994年から始まった。これらの活動は、郡役場からの指導や援助も受けているが、主導権は主要メンバー（K氏、Ap氏、M氏、A氏ら）の手にある。これは、109世帯が加入する最大のグループである（写真2-7, 2-8参照）。

メインの活動は以上のようなものであるが、「伝統文化」にも若干関わっている。例えば、50人以上を集めた1995年3月の研修では、「スークワン」の儀

写真2-4　複合農業の特徴とされる、貯水池およびバナナの木。

写真2-5　複合農業形式の水田。小屋の向こう側にバナナの林、手前にパパイヤの木が見える。

写真2-6　複合農業について自分の農園で村人に講習するC氏。

写真2-7　主婦グループの講習会。バナナの葉によるスークワンの飾りの作成。

写真2-8　講習会後談笑するメンバー。

写真2-9　伝統音楽講習会の実施。

礼に用いる「バイシー」の飾り[12]を作ったりするからである。

(「若い世代グループ（クルム・ヤォワチョン）」)

このグループは結成されてあまり時間はたっていないが、次のような活動を行なっている。常連メンバーは7人である。主な活動は、(1)薬草（北タイ文字での文書がある）や伝統楽器（ピンという北タイ特有の弦楽器）の講習会などを行う（写真2-9）。(2)年に数回ある村対抗スポーツ競技会でチーム結成のリーダーシップをとる（写真2-10）。(3)「ナーンを愛する会」の合同キャンプに参加したり（写真2-11）、井戸掘りや植林などの作業を手伝う[13]。こうした活動のほか、しばしば会長のA氏やメンバーの自宅に三々五々集まって、ごろごろしたりギターを弾いて歌ったりして、日頃から親睦を深めている。

このグループでは、J氏（60才男性）ら名手たちを先生として、ピンやサローなどの伝統楽器の講習会を開いたりすることがあるが、普段ギターでひ

いて歌うのは、カセットなどを通して流れてくる大衆音楽である。歌本をみながら練習していることも多い。歌のジャンルとしては、Karabao[14]などの一般的な「プレーン・プア・チーウィッ」[15]か、Caran=Manophet[16]など北タイ的な「プレーン・プア・チーウィッ」、あるいはやはりカセット化されている北タイ民謡[17]などである。重要な点は、ここで好まれる「プレーン・プア・チーウィッ」や民謡は、この村の30～40代に親しまれている「ルークトゥン」[18]とも、都会の10～20代に親しまれている「ストリング」[19]と呼ばれるジャンルとも異なる点である。

写真2-10　村対抗スポーツ競技会参加チームの組織。

仏教についていえば、いわば親組織にあたる「ナーンを愛する会」の会長が僧侶であることもあり、合宿で読経したり連れ立って寺に出かけるなどその要素も若干はある。しかし、特に敬虔というわけでもなく、禁

写真2-11　他村と合同の複合農業講習会への参加。

酒などの戒律を厳格に守っているわけではないし、男子メンバーは必ずしも長期出家を考えていない。

（「貯蓄グループ（クルム・オームサップ）」）

これは1995年に設立された最も新しいグループであるが、既に90世帯が加入した。これは、1世帯あたり月に10〜30バーツを貯蓄させ、それを担保とする範囲で「貯蓄銀行（タナカーン・オームシン）」(政府系)から融資を受けようとするものである。これは「農業組合銀行（トーコーソー）」(政府系)の融資が借金地獄を招いているという反省のもとに結成された。会長はC氏で書記はA氏である。貯蓄高は、1996年3月時点で総額14,070バーツであった。融資限度額は貯蓄高の5倍であり、8月には1回目の融資の募集があった。

　以上いずれのグループの活動も、トウモロコシ栽培や農薬・化学肥料、農業組合銀行の融資などの1960年代〜1980年代型開発政策とは異なる方向性を目指し、かつ「環境」「自立」などの軸を含んでおり、「もうひとつの発展」的ということができる。しかし、「仏教」との関係は薄く、実利的な有難みを強調する面も目立つ。

第4項　「もうひとつの発展」をささえる人的基盤

（C氏系ネットワークとI氏系ネットワーク）

　こうしたいくつかの「グループ（クルム）」は、十数人の中心的人物たちによってささえられている。それは大きく二つのまとまりにわかれているが、いずれも、二者関係的なネットワークが基本となっている。一つのネットワークは既に述べた元村長C氏とその妻K氏（初代「主婦グループ」議長）を中心とするものである。C氏は、元行政区長N氏（84才男性）の子どもであり、当時は珍しい中学（モーソー3）卒である。出家経験のない一方軍隊経験があり、いわば近代的思考をいっぱいに吸収した人物である。彼は自分の6人のきょうだいおよび雇われに来る近所の人々に強い影響力をもつ（図2-8参照）。このうちN氏の世帯とC氏・K氏の世帯および弟のPh氏（46才男性）の世帯は同一ないし隣り合った場所に住み「屋敷地共住集団」的な色彩が強いが、その他は血縁もなければ隣り合って住むわけでもない。こちらのネットワークは仏教に深く関わらない村人が多い。

　もう一方のまとまりはI氏（68才男性）を中心とするもので、こちらも血縁を軸とし比較的近くに住んでいる世帯が多いので「屋敷地共住集団」的な性

第2章　北タイ・ナーン県H村の「地域文化」と「進学」

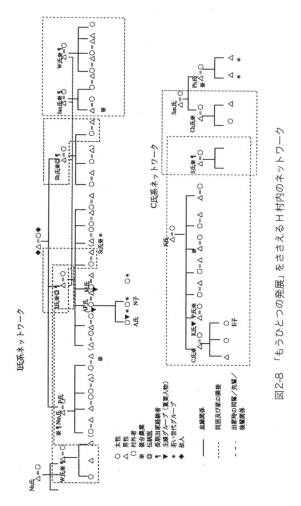

図2-8　「もうひとつの発展」をささえるH村内のネットワーク

格もある。しかし同時に、同じ時期に出家していた先輩後輩関係と血縁によって支えられている部分も大きい (図2-6参照)。

「グループ」設立のもう一人の立役者 Sr 氏は I 氏の息子であるが、NGO 活動のかたわら勉強を続け修士課程に在学中という新知識の申し子である。しかし彼の企てがうまく行ったのは、何よりもその父である伝統医 I 氏が「複合農業」に強い関心を示したからである。I 氏は弟の Sb 氏 (64才男性) ととも

に仏法・薬草・呪文のエキスパートとして名高いが、それらの知識に照らして「複合農業」が正しいと考えている。彼は8人の子と親類、そして出家時の後輩を通して各グループに大きな影響力をもつ。こちらのネットワークは寺での仏教活動や伝統医療に深く関わる村人が多い。

「複合農業グループ」の創立メンバー9人のうち4人はC氏系ネットワークであり、5人はI氏系ネットワークである。この二つのネットワークは、決して以前から仲が良かったわけではない。例えば、1940年代におけるピープーヤーの祠の廃止は、N氏の手によるものであるが、I氏は今でも批判的な考えをもっている。しかしこのグループの設立においては、C氏系の村人は「伝統医療」についてのI氏らの知識に敬意を表し、I氏系の村人はC氏の合理主義的な「複合農業」を受け入れることとしたのである。従って、もともとは対立を含む二つのネットワークがつながったことが、H村における「もうひとつの発展」の広がりにつながったということができる。

このつながりにあたっては、Sr氏が中心的な役割を演じている。Sr氏はI氏の息子であると同時に、C氏やN氏とも親しくしている。高い教育を受けたSr氏は、近代的思考になじむC氏らとも気があったからである。

I氏系ネットワークの中で、W氏夫妻とその子どもたち、Nm氏夫妻とその子どもたち、I氏夫妻とAp氏M氏Sr氏などその子どもたち、Sb氏とその子どもたちは、血縁関係あるいは「屋敷地」的な地縁関係として捉えられるし、Na氏W氏はI氏と隣りあって住んでおり「屋敷地」的な地縁関係として捉えられる。しかし、Sm氏やW氏についてはこれらによっては捉えられず、「長期出家経験」や「複合農業」や「若い世代グループ」や「主婦グループ」や「貯蓄グループ」といった活動によってしかつながりを理解できないのである。

C氏系ネットワークについていえば、N氏およびC氏P氏などその子どもたちは血縁関係あるいは「屋敷地」的な地縁関係として捉えられるし、彼らとS氏については家の隣接という地縁によって捉えられる。しかし、Ch氏やSm氏やPh氏を含んだ全体については、「複合農業」や「若い世代グループ」や「主婦グループ」や「貯蓄グループ」という活動だけがつながりを支えている。

第2章　北タイ・ナーン県H村の「地域文化」と「進学」

　さらに、かつては対立していたⅠ氏系ネットワークとＣ氏系ネットワークの間の連携をささえるのも、やはり「複合農業」や「若い世代グループ」や「主婦グループ」という活動だけである。
　すなわち、Ⅰ氏系ネットワーク、Ｃ氏系ネットワーク、そして、二つのネットワークの間の連携は、血縁や地縁だけでは捉えられず、「もうひとつの発展」にかかわる諸活動によってはじめて理解できるのである。
　現村長は軍関係の功績があり政府から終身村長を認められている Sn 氏（55才男性）が既に14年務めているが、上の二つのネットワークには属していず、四つのグループの中で「貯蓄グループ」に入っているだけである。彼は寺の立て替えに熱心に取り組んでいるが、Ⅰ氏やＣ氏は冷ややかである。彼のネットワークは身近な親戚を除いてほとんどない。
　また、両ネットワーク以外に村内の大きなつながりはなく、中小規模の親戚づきあい友人づきあいがあるのみである。
　これ以外に、村外のネットワークとして、後に述べる「ナーンを愛する会」がある。

第5項　「もうひとつの発展」とH村学校
　H村学校は、こうしたネットワークとどのような関係にたつのだろうか。
　学校は、通りに面した村の表側ともいうべき場所にある。校庭の隅には古い大きな樹があり、H村略史で述べたように、かつてそこには祠があった。
　この小学校の場合、校内に住む用務員と隣村に住む2人の先生を除き19人の先生は、町や近くの村から車やバイクで通ってきており、村人との関係は密接とはいえない。用務員は一家で住んでいるのだが、村出身ではないこともあり、学校外にはあまり出てこない。村人たちは、母の日その他の学校行事の際には「保護者」として参加することができるし、放課後や休日に子どもたちが、スポーツをしたりたむろしたりして遊び場になっているが、定常的に村人と先生が関係をもっている、ということはない。
　従ってまた、Ⅰ氏系、Ｃ氏系あるいは他のネットワークに組み入れられてもいない。年に数回 Sr 氏や A 氏が学校を訪れてスポーツ大会や植林などのプロジェクトに協力を要請したりすることで、辛うじて「もうひとつの発展」

の諸活動との関係ができている。

　「もうひとつの発展」的な諸活動は、「学校」の代替を目的とするわけではない。しかし、上の二つのネットワークの人々はいずれも、現在の学校教育について若干批判的な考え方をもっている。彼らが批判する点は、第一に、農業をおとしめ、教師・軍人・医者・看護婦などになることを「国民を助ける」よい職業として称賛する点。第二に、バンコク的な都市化や工業化を「発展」の理想とする点。第三に、日常語である北タイ語ではなく標準タイ語の使用を強制する点。第四に、教員のほとんどが市内に住んで車やバイクで通ってくるような、村生活の価値を理解していない人々である点、などである。このために、若い世代が農業を捨てバンコクに出ていってしまうと彼らは考えている。例えば、Sr氏は「棄郷」を論じたレポートの中で、その一つの要因として「近代的教育」を挙げ、それが「子どもを生命と自然から切り離し、教室の中に閉じ込めて勉強させた。そのため若い世代は働くことを理解できず」、「親たちを軽蔑し始めた」としている。そうした教育に対抗して、「若い世代グループ」が参加する合宿では、森林のハイキング、複合農業農園の見学、グループごとのだしもの（演劇、伝統楽器の演奏など）、グループごとの感想の発表などが北タイ語で行われる。一連の流れの中で、「森林」「複合農業」「地方文化」など「もうひとつの発展」が重視する価値や方法論への接触が、学校的な規律とは異なる雰囲気のなかで行われている。進行役は20代から30代前半までの「ナーンを愛する会」の若いメンバーであり、参加者は「クルー（先生）」ではなく「ピー（お姉さん／お兄さん）」と呼んでいる。

第6項　「もうひとつの発展」と「ナーンを愛する会」

　「ナーンを愛する会（クルム・ハック・ムアンナーン）」は、1990年に設立された、ナーン県内にある様々な団体をむすぶ役割を果たしているNGOである。先に紹介した「もうひとつの発展」的な諸グループは、情報提供や資金援助などの面で同会に深く関わっている。同会の設立の趣旨は、パンフレットには次のように書かれている。

　　ナーン県の土地の真実は、現在多くのグループがコミュニティレベルで出

第2章 北タイ・ナーン県H村の「地域文化」と「進学」

現し、自分たちのコミュニティ資源の発展や活用に役割を果たすようになって既に長い時間がたっている。さまざまな危機を経験し、それらのグループが密接に協力しあい、新しく起こったグループを助けてきた。それらはたいがい、大きな問題が生じてきたときの緊急措置を行うためのグループであった。例えば、森林や土地の問題を解決する、森の得度式（ブァット・パー）や木の僧衣贈呈式（トート・パーパー・トンマーイ）を行う、川や森や人の長寿式（ピティ・スープチャター）を行う、自然保護における僧侶の役割に関するセミナーを行う、自然保護の若い世代向けキャンプを行う、といったものである。

そのような経緯からして、「ナーンを愛する会」は各地域の活動を引き受け援助するものとして生まれてきた。コミュニティが自立できるように、均衡を欠いた変化の流れ（とりわけNICSに向かう流れ）を避けるように、である（Klum hak mu'ang nan n.d.: 1-2）。

つまり、環境系の活動を支援する団体であると同時に、「均衡を欠いた変化の流れを避ける（とりわけNICSに向かう流れ）」という表現が示すように「もうひとつの発展」的な姿勢を明確に表現している。

同会は、その目的を、(1)地域問題に関する情報の流通、(2)自然環境の開発と保護の奨励、(3)村人組織の交流支援、(4)政府・民間諸機関の連絡の4つ[20]としている。

また同会は、自然保護関係のグループ（5団体）、仏教関係グループ（2団体）、NGO関係グループ（1団体）のネットワークとして設立されている[21]。

同会の委員は8名であるが、その内訳は、会長ほか1名が僧侶であり、6名が俗人（うち女性が1名）である。そして、副会長がH村のSr氏であり、アランヤワート寺の若い住職であるS師（38才男性）とともに中心的な役割を果たしている。

同会の主催する行事は、主として森の得度式や川の長寿式、自然環境保護の研修の実施といったことが主で、参加者は村人、僧侶、民間団体など、場所はサンティスク枝郡を中心としたナーン県全域の村集会所やナーン市のアランヤワート寺、学校外教育センターなどである[22]。

森の得度式（ブァット・パー）とは、樹木に出家式を行って僧衣をまとわせ、木を無闇と切ってはならないと宣伝することであり、川の長寿式（スープチャター・メーナーム）とは、通常老人に対して行われる長寿式を川に実施することにより、川を汚してはならないという宣伝を行うものである[23]。これらは、この地域に特有な文化の形式を使って自然保護のキャンペーンを行おうとする同会の特徴となっている。

そうした思想は、同会の名前にも表れている。というのも、中部タイ語であれば「ラック（愛する）」と表現されるところをあえて「ハック」という北タイ語の表現を用いているからである。同様に、同会の会合は常にナーン風の北タイ語[24]を使って行われている。

以上のような事業の資金は、様々な団体からの寄付によっているが、その中には国際NGO[25]からのものも含まれている。同会の事務所は、調査時点においてはアランヤワート寺の向かいにある一軒家であり、そこで常時スタッフが作業をしていた。スタッフの大部分はナーン県内出身の若者であったが、そのほかにアメリカのNGOから派遣されたアメリカ人のPl氏もいて、国際NGOに資金を申請する際の手助けなどを行っていた[26]。

すなわち、「ナーンを愛する会」は、伝統文化を活用しながら自然環境保護をすすめるNGOあるが、僧侶や寺院を一つの支えとしながらも、主としては県内の村人組織や国際NGOによって支えられている。

第3節　「進学」とH村における「もうひとつの発展」

前節第2項で、職業系高専に行く場合が増える傾向があると紹介したが、この傾向と、前節第3項で紹介した「もうひとつの発展」との関わりをみてみることにしよう。

第1項　「もうひとつの発展」のネットワークと「進学」

（「もうひとつの発展」のネットワークと「進学」希望）
次にこの傾向と、「もうひとつの発展」のネットワークとの関わりをみてみ

第2章 北タイ・ナーン県H村の「地域文化」と「進学」

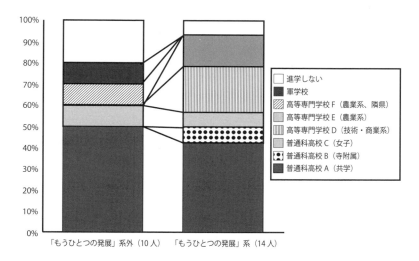

図2-9 H村中学校在校生の「進学」希望先と「もうひとつの発展」(n=24) [27]

よう。そこで、H村中学生の中で、上記4つのグループの活動（「若い世代グループ」の活動であることが多いが）に参加したことがある場合、「もうひとつの発展」のネットワークに属しているとみなし、そうでないときそのネットワークに属していないとみなそう。H村中学生の総数は37人であり、そのうちの20人は「もうひとつの発展」系のネットワークに属し、残り17人が属していないということになる。

すると、最も多い半数近くの人気を集めるのは、A高校など、「大学進学」に有利な普通高校である。しかしこれは「もうひとつの発展」系ネットワークへの所属と関係がなく、興味をひかない。ネットワークとの関連を明瞭に示すのは、職業系つまり高専である。高専特にナーン市内にあるD高専とE高専は全員が同ネットワークに所属している、ということの方がより興味深い（図2-9参照）。

このことの内容を探るために、生徒一人一人の事例をいくつか挙げてみよう。

まず、En子の場合である。中2のEn子は、「若い世代グループ」の活動にしばしば参加している。というのも、親友M子の兄がグループのメンバーだからである。たとえば、伝統楽器の講習会や植林活動である。彼女の親は

田畑をもたず、豊かではない。しかし、両親ともしばしばバンコクやチェンマイの建設現場に行って稼いでいるために現金収入はある。彼女は、D高等専門学校の商業科に行きたいと思っている。それは、同学年の女子の間で、農産物販売などのビジネスに関心が高まっており、商業の知識に興味をもったのである。この学年（中2）は、1995年に「若い世代グループ」とともに植林活動をしたグループであるため、「もうひとつの発展」のネットワークに属している場合が多い。ビジネスというのもこの学年のPt子の両親が車を利用して毎朝市内の市場で野菜を売っていることに影響を受けた面が大きい。しかもその両親は複合農業も営んでおり、ビジネスが「もうひとつの発展」の一つのやり方と捉えられたふしがある。

次に、Dm男の場合である。中1の彼は、やはり「若い世代グループ」メンバーではないが、伝統楽器の講習会などの活動に参加することが多い。というのも、父が複合農業グループに加入しているため、しょっちゅう誘いがかかるからである。父は多くはないが水田や畑をもっているため、なんとか農業だけでやっていくことができる。彼はD高専の技術科に行きたいと思っている。というのも電気技師になりたいからである。普段からそういう仕事を手伝うのが好きだ、という。

「もうひとつの発展」的諸グループは、特に高専を勧めているわけではない。しかし以上のように、ゆるやかな関連がある。

H村学校の先生はむしろ、教師や医者や看護婦や軍人になることを、「国民を助ける（チュワイルア・チャート）」理想の職業として語る傾向があるという。しかし、「もうひとつの発展」系の中学生の中にはそれから若干外れる実学的知識を好む者が少なくない。

反対に「もうひとつの発展」系外の中学生の場合、むしろ学校の先生の理想に従う場合が多い。例えば、中3で最も優秀なNu子の場合である。彼女は将来大学に進んで教師になりたいとおもい、そのためにまず普通科のA高校に入りたいと思っている。彼女は「若い世代グループ」の活動にはほとんど参加していない一方、学校全体のリーダーである。先生の助手をよく任され、講堂で生徒が唱和するときのかけ声も彼女がかける。進路の選び方もまた、先生の理想にかなっているわけである。

第2章 北タイ・ナーン県H村の「地域文化」と「進学」

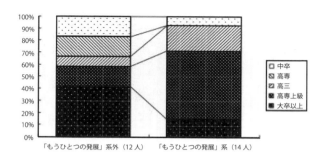

図2-10 H村中学校在校生の希望学歴と「もうひとつの発展」(n=26)

　中2だが「若い世代グループ」の活動に参加していないTw男は、中学卒業後、軍関係の学校に行こうと思っているという。先生だけでなく、父親がそれを願っているという。彼の父はバンコクで服地を売る店を開いているのでかなり経済的に余裕があり、軍学校の受験準備にもお金がかけられる。
　従って、「もうひとつの発展」系生徒の「進学」は普通科と職業系に分かれる傾向があるが、「もうひとつの発展」系外生徒の「進学」は普通科などに集中する傾向がある。　こうした志向は、希望学歴にも反映される。「もうひとつの発展」系の中学生のほうが、高専上級を望む割合が高く、そうでない中学生の方が、大卒ないしそれ以上を望む割合が高い（図2-10参照）。

（「進学」と親の経済的地位）
　「進学」に大きく影響すると考えられていると繰り返し証明されてきた要因、つまり経済的要因について考えてみよう。実際に、データは、親の経済的地位との関連をはっきりと示している。親の経済的地位と、希望する学歴の関連をみてみよう。親が所有する田畑および出稼ぎで得た収入を基準に、親の経済的地位が「豊か／中ぐらい／貧しい」と分けてみる。
　「豊か」とは水田が5ライ以上あるか、またはバンコクで店を経営するなど豊かな出稼ぎ収入がある場合であり、「中ぐらい」とは、5ライ未満の水田があるか、または世帯員の恒常的出稼ぎ収入がある場合であり、「貧しい」とは、水田がなく、かつ世帯員の出稼ぎ収入も不十分な場合である。そうすると、

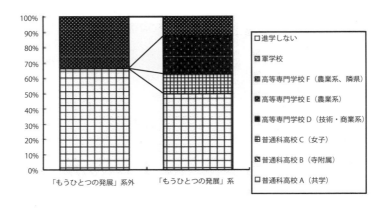

図2-11　中ぐらいの層の生徒の「進学」希望と「もうひとつの発展」(n=11)

　志望する学歴は、当然ながら、豊かな層＞中層＞貧しい層の順に高くなる。
　例えば、前節で触れた、普通科A高校から大学を経て教員を目指している優秀なNu子は、親が水田をかなりもっているし、姉たちがバンコクで働いているので、「進学」の経済的問題はない。
　対照的に、中卒後「進学」を希望していない者はすべて、親が田畑を全くもっていないか、または畑しかもっていない場合である。

（親の階層を考慮したときの「もうひとつの発展」の影響）
　このように、「進学」は親の経済的地位と深く関わっている。「もうひとつの発展」はそれを越えるような影響を持たないのであろうか。そこで、親の経済的地位別に、「もうひとつの発展」と「進学」の関係を見てみよう。
　すると、まず最も豊かな層では、D, E高専志望と「もうひとつの発展」ネットワークが関係しているとは言えない。ただ希望学歴についてみると、高専上級希望と「もうひとつの発展」ネットワークが関係している。
　次に、中ぐらいに豊かな層では、D, E高専志望および高専上級希望の両者について「もうひとつの発展」ネットワークとの関係がいえる。この層において、「もうひとつの発展」の影響力を、より明瞭に認めることができる（図2-11参照）。

第2章　北タイ・ナーン県H村の「地域文化」と「進学」

　最も貧しい層では、D, E高専志望および高専上級希望と「もうひとつの発展」ネットワークの関係はあまり言えない。この層は、親に水田がないため借金もできず、かつ有効な出稼ぎによる収入も乏しいため、大卒はおろか、高校、高等専門学校すらも行くのがかなり困難である。そのために、「もうひとつの発展」のネットワークの「進学」への影響も小さい。

　従って、経済的地位との関係で言えば、「もうひとつの発展」のネットワークは、特に中ぐらいの層に、最も強く影響力を発揮し、豊かな層にはさほどでもなく、貧しい層には影響力がない、ということができる。ちなみに、「もうひとつの発展」系の生徒は、中ぐらいの層が若干多め（豊かな方から17％、67％、17％）で、「もうひとつの発展」系外の生徒は貧しい層が若干多め（同じく18％、55％、27％）だが、階層を考慮すると上のように言えるのである。

　前節で紹介したEn子、Dm男はいずれも、親の経済的地位が中ぐらいの場合である。しかし、より貧しい場合には事情が異なってくる。Bp子は「若い世代グループ」の活動にも参加したし、複合農業を営むSm氏のうちにもしょっちゅう遊びにいっている。けれども彼女は、インタヴューのとき「わたしは進学しない。だってお金がないもの。」といい、肩をすくめて寂しい笑顔を浮かべた。彼女の両親は田も畑も持たず、牛を飼いつつ婿（Bp子の義兄）の出稼ぎに頼って毎日を暮らしている。仮に高専に行きたくとも資金的余裕がない[28]。

第2項　「村で暮らしたい」という価値観と「進学」

（「村で暮らしたい」という価値観）
　以上、H村中学校生に、普通科高校Aに次いでD, E高専に行く傾向があり、それは、階層的な限定付きながら「もうひとつの発展」のネットワークと関わりがあることを示してきた。そこには、どういう価値観が作用しているのであろうか。
　「もうひとつの発展」諸グループは、若い世代や女性、あるいは中年男性に対して、「村で生きる方がよい（ユーバーンディークワー）」[29]という価値観を主張する傾向がある。

129

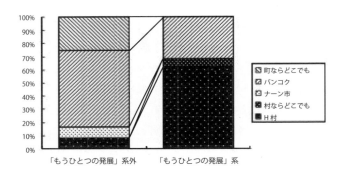

(図2-12) 「もうひとつの発展」と将来住みたい土地 (n=30)

　中学生とのインタヴューにおいては、「将来どこに住みたいか」という質問をも行なった。その結果は次のようである。最も多いのは「バンコクに行きたい」という回答も多いが、それ以外では、「H村に住みたい」という回答も多い。通常の理解では「タイの若者はみんなバンコクに出て行きたがる」と思われがちであるが、それに反してH村では村で住みたいと思う者がかなりの数いるのである。

　図2-12が示すように、この「H村に住みたい」という考え方は「もうひとつの発展」のネットワークと結び付いている。ただ、「もうひとつの発展」系中学生の約四割がバンコクに住みたいと答えており、「村で暮らす」という理念がネットワーク内で絶対とされているわけでもない。

　少ないながら「町ならどこでも」および「ナーン市に」という答えも「もうひとつの発展」系外の中学生にみられるが、この3つをあわせて以下では「都会志向」と呼ぶことにしよう。また、「村ならどこでも」という回答が「もうひとつの発展」系の中学生にみられるが、これは一人に過ぎない。つまり「村で暮らす」といってもそのほとんどは「自分の村で暮らす」ということを意味している。そこで以下では、「H村に住み続けたい」という場合のみを「H村志向」と呼ぶことにしよう。

　次に、「将来住みたい土地」と希望する「進学」先の関連を調べてみよう。そうすると、D, E高等専門学校へ行きたいという人々は、同時に「H村志向」

第2章　北タイ・ナーン県H村の「地域文化」と「進学」

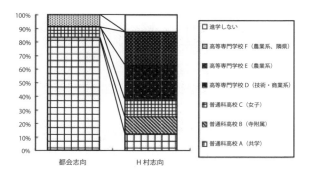

図2-13　H村中学校在校生の「進学」希望と将来住みたい土地（n=23）

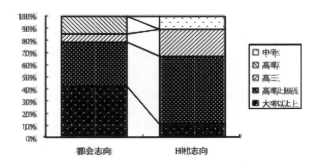

図2-14　H村中学校在校生の希望学歴と将来住みたい土地（n=23）

であることがわかる（図2-13参照）。

　反対に、大卒を希望している人々は「都会志向」の場合が多い（図2-14参照）。

　ここで事例をみてみよう。既に紹介したEn子は、D高専へ行きたいと答えると同時に「村で暮らしたい」と答えているが、それは決して強固な信念ではない。彼女がそう思うのは、単に楽しい行事があるからであり、それがなくなれば出ていってしまうかも知れない、という程度のものである。

　それは「若い世代グループ」ですら同様である。メンバーの一人Sm男は、調査時点でE高専の1年生である。彼は「若い世代グループ」のメンバーで、

39才の父親 Pt 氏も複合農業を行っている。彼は、学校が休みの時には Sr 氏のプロジェクトにしばしば参加している。彼は Sr 氏や A 氏の話をよく聞かされており、「複合農業」や「村で暮らす」などの理想にも親しんでいる。とはいえ、将来の構想について尋ねると「まだわからない」と答えている。農業を学んでいるのに、農業を継ぐかどうかも、村で暮らすかどうかも未定なのである。

既に紹介した Nu 子の場合は明確である。彼女は、将来はこの村には住みたいとは思っていない。この村は「遅れてる（ドーイ・パッタナー）」からだ、という。彼女は、成績がよく経済的にも恵まれている時、「若い世代グループ」とは全く異なる考え方になりうることをよく示している。

（「村で暮らしたい」という価値観と階層）

以上のように、D, E 高専への「進学」は、「もうひとつの発展」のネットワークと関わると同時に、「村に住み続けたい」という価値観と関わっている。この関連を階層別にみてみると、特に、親の経済的地位が中ぐらいの層について言える。農業プラス若干の副業でやっていけるこの層までは、「H 村に暮らす」ことが現実的にも一定の合理性をもつのである。

しかし、貧しい層の場合には、ネットワークに属し、価値観に共鳴しても、経済的条件がないため、高等専門学校をあきらめねばならない、ということである。「もうひとつの発展」のネットワークは、まだ貧しい生徒のための枠組みをもっていないのである。

例えば Nn 男は、父が町の女性のもとに逃げてしまったので、今は母を助けて暮らしている。母は田畑がないので、親類の農作業を手伝って日銭を稼いでいる。親類が多いので、食うに困る、というほどではないが余分なお金はない。彼は、中3を終えたら、バンコクにいって百貨店の店員でもして稼ぎたい、と思っている。将来どこに住むかなどわからない、という。彼は後日、他の2人の男生徒と麻薬事件を起こした。

彼が村から出たいという願いは、村の中での自分や母親の生活の苦しさから来ている。「進学」は選択肢としてなりたっていないし、「若い世代グループ」の活動も、さして現実味のあるものとは見えていない。

第2章　北タイ・ナーン県H村の「地域文化」と「進学」

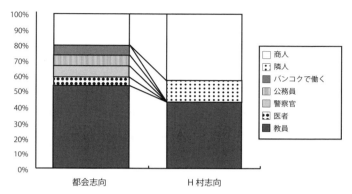

図2-15　将来住みたい土地と将来つきたい仕事 (n=22)

(「将来つきたい仕事」)

ここまで、「もうひとつの発展」系ネットワークとD, E高専や高専上級という希望との関連、そらにはそれと「村で暮らしたい」という価値観との関連をみてきた。

しかし、当然のことながら、「村などにいても現金収入が少なく結局やっていけないのではないか」、「『村で暮らしたい』などというのは現実性のない希望に過ぎないのでは」という疑問がわくだろう。そこで最後に、「H村で暮らしたい」と答えている場合の将来つきたい仕事について調べてみることにしよう。

そうすると、こうした中学生に特徴的な将来への見通しは、「商人」、「職人」、「教師」である。

「商人」は、C氏夫妻やSw夫妻のように、朝早く車を運転してナーン市の市場に自分でった作物を売りにいくという仕方で、大きな利益を挙げているようなやり方である。この場合はたしかに村生活や農業と両立する。「職人」というのは具体的には自動車やバイクの修理工である。これも村内で営むとのできるものである。

「教師」という仕事も、隣村から学校に通う教師（Wn先生、Ss先生）がいることを考えれば、「H村に住む」という希望と矛盾しないものである。

このように、村生活や農業を営みつつかつ有望なイメージのある職業がこ

こにはある。「H村に暮らしたい」という考え方の一部は、そうしたものと関連している (図2-15)。

第4節　小結

　ここまで、「進学」を、「地域文化」との関わりという角度から捉える目的で、「もうひとつの発展」を1980年代後半から行ってきた北タイ・ナーン県H村の事例を紹介してきた。まず「地域文化」のネットワーク、次いで「地域文化」と「進学」の関わり、そして二つの仮説にとっての意味という順でまとめてみることにしよう。

第1項　「地域文化」のネットワーク
　まず、「地域文化」のネットワークについてまとめてみる。この村では「もうひとつの発展」的諸活動は、「複合農業グループ」「主婦グループ」「若い世代グループ」「貯蓄グループ」などのグループを結成して行われていたが、その活動の内容は、大きく「環境問題」系、「相互扶助」系、「伝統文化」系にわけられる。
　第一の「環境問題」系というのは、「複合農業」や「植林」などを指すが、これは「複合農業グループ」や「若い世代グループ」が特に熱心である。
　第二の「相互扶助」系とは、「貯蓄」や「葬式講」であり、「貯蓄グループ」や「主婦グループ」が行っている。
　第三の「伝統文化」系は2つに分かれ、ひとつに、「薬草」「スークワン」などの「伝統医療」系がある。これは「複合農業グループ」のメンバーが主要な担い手であり、「若い世代グループ」なども関心をもっていた。いまひとつに別の系統としてピン、サロー、カーオなどの「伝統音楽」の技能があった。これにも「若い世代グループ」などが関心をもっていた。
　ここでいう「伝統」は、いうまでもなく「創られた」(Hobsbaum et al 1983) ものという面をもつ。それらは、既に存在する様々な活動を素材としてはいるものの、Sr氏をはじめとする人々が「もうひとつの発展」の活動の中で新たな人や資金をもちこんで活性化させているものである。

第2章　北タイ・ナーン県H村の「地域文化」と「進学」

　「もうひとつの発展」を標榜するこうした諸活動は、「環境」「自立」「村で暮らそう」などの理念を主張する。従って、この事例に関していえば、「開発僧」を中心としたこれまでの日本での紹介とは異なり、「仏教」の理念が前面に出てこないような運動なのである。さらに、そうした理念だけではなく、同時に「複合農業」や「相互扶助」系活動がそうであるように、「経済性」も重視し、ある程度の経済的基盤をもってすすめられていることが明らかになった。

　これをささえる人的基盤をいえば、次のようになる。「環境問題」系活動中心的な担い手となっているのは、C氏系ネットワークとI氏系ネットワークであるが、I氏系ネットワークは「伝統医療」系活動の担い手でもある。「伝統音楽」系活動は以上とは異なるJ氏を中心としており、「相互扶助」系活動は、以上のネットワークに必ずしも入らないその他の多くの村人も参加している。以上のC氏系ネットワーク、I氏系ネットワーク、J氏ら伝統音楽の名手たち、H村学校、そして一般の村人たちを結び付け、「もうひとつの発展」的諸活動への参加をさせているのがSr氏である。そしてさらに、Sr氏はナーン県全体のNGOである「ナーンを愛する会」を基盤としているが、これは僧侶に加えて自然環境系の村人組織や「国際NGO」によって維持されているような団体である。

　こうしたネットワークは、I氏系にせよC氏系にせよ、両者の連携にせよそれ以外の人々との連携にせよ、血縁や地縁を基礎としながらもそれだけでは説明できない。それらは、「地域文化」によってしか説明できないようなネットワークであった。

　歴史的にいえば、「伝統医」のI氏やSb氏があらわすように土着の知識の担い手であるI氏系ネットワークと、元行政区長のN翁や軍出身のC氏があらわすように近代的知識の担い手であるC氏系ネットワークは、祠の廃止や学校・保健所の設置をめぐって長い間対立してきたのであるが、I氏の子どもで大学に通うSr氏があらわれて仲介役となったために、はじめて両者はむすびつくこととなったのである。

　第1章第1節第5項で述べた図示の方式にしたがえば、H村の「地域文化」としての「もうひとつの発展」は、(図2-16) のような粗視図であらわすこ

図2-16 H村の「地域文化」のネットワーク粗視図

とができる。図中で球形が「地域文化」の各要素（「複合農業グループ」の活動、「若い世代グループ」の活動、「主婦グループ」の活動、「貯蓄グループ」の活動、「伝統音楽」、「伝統医療」）を表し、円錐と円柱がそれを支える人的ネットワーク（C氏系ネットワーク、I氏系ネットワーク）および個人（Sr氏やJ氏）と、それらがもつ経済的基盤を表現している。角柱が学校を表現している。この図に表現されているのは、H村の「地域文化」に関する三つほどの特徴である。

まず、「地域文化」については、多くの要素がかなりの強さをもって存在し、かつそれらが相互に結びついている、ということ。グラフ理論の用語でいえば、密度が高く、かつ連結グラフになっているということである。

次に、それを支えるものとしては、二つの大きな人的ネットワークやJ氏やSr氏といった人々が一定の経済的基盤をもって存在し、それらの人的ネットワークや個人はSr氏を中心に密接に結びついていること。グラフ理論の用語でいえば、二つの大きなクリークが「もうひとつの発展」をささえており、かつSr氏はこのネットワークの切断点になっているということである。

三つ目に、H村学校はSr氏を介してこれらの「地域文化」のネットワークと結びついているが、その関係はさして強固なものではないということ。グラフ理論の用語でいえば、H村学校は、「地域文化」のネットワークの中では低い次数しかもたない結節だということである。

四つ目に、「国際NGO」は、「ナーンを愛する会」やSr氏を介してH村の「地域文化」ネットワークやH村学校と関係をもっているということ。グラ

フ理論の用語でいえば、「国際NGO」もまた「地域文化」のネットワークの結節になっているということ。この四つほどである。

したがって、ところどころ関係の薄いところはあるものの、全体として切れ目なくつながっている、ということになる。

この図においては「国民国家」は、H村学校において最も顕著に表れている。いましがた述べたように、それは「もうひとつの発展」運動やそれをささえるネットワークと、密接とはいえないものの一定のつながりをもっている。ネットワークの中では、特にC氏系ネットワークが、行政や軍を通して「国民国家」と強い関係をもってきた。

それに対し、「国際NGO」は、Sr氏を直接に支えるものであり、こうしたつながりの中心部分によりちかいところに位置しているといえる。むしろ「国際」的なもののほうが、「もうひとつの発展」運動と深い関係をもっているのである。

第2項 「地域文化」と「進学」のかかわり

そして、これらの「もうひとつの発展」の運動は、ある特定の「進学」と結び付いていることが明らかになった。それは、E農業系高専やD商業・技術系高専など職業系の「進学」である。そのためもあり、調査時点ではH村では高専「進学」者が増加する傾向にあった。

序論第2節第6項で紹介した森下（1999）は、ピサヌローク県での調査に基づき、農村の子どもは機会拡大中学校を経て高等専門学校に行く傾向があり、それが不平等を生み出している、と主張した。この傾向自体はたしかにこの村でも見られる。しかし、そうした選択の背後にある意識をつぶさにみてみると、以上見てきたように、少なくともこの村では「H村で暮らそう」という価値観があって納得ずくでなされている選択である。

以上で注目してきた生徒のタイプは、およそ四つである。

第一に、「もうひとつの発展」系であって、D, E高専に「進学」したいと思い、かつ将来はH村に住みたいと考えるタイプ（例：En子）。

第二に、「もうひとつの発展」系に属さず、A, C高など「進学」校や軍学校に行きたいと思い、将来はH村以外の場所に住みたいと考えるタイプ（例：

Nu子)。

第三に、「もうひとつの発展」系に属さず、「進学」しようとおもわず、将来はバンコクに行こうとするタイプ(例：Nn男)。

第四に、「もうひとつの発展」系であって、「進学」しようと思わず、将来はバンコクに行こうとするタイプ(例：Bp子)。

第一、第二のタイプには経済的にみて「中ぐらいの層」以上が多く、第三、第四のタイプには貧しい層が多い。もちろん、全ての生徒がこの四つのタイプに尽くされるわけではないが、この四つがかなり代表的なものであることは以上みてきた通りである。

これを図示すると以下のようになる (図2-17)。

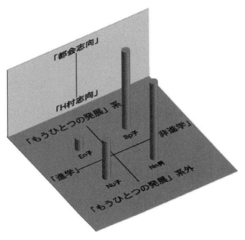

図2-17　H村中学校在校生の諸タイプ

重要な点は、第一に、「もうひとつの発展」系の中学生はH村から離れないような「進学」を選ぼうとするということであり、しかし、第二に、そうした効果は「貧しさ」の壁を乗り越えるものにはなりえていない、ということである。

第3項　二つの仮説についてのH村の結果

以上の結果は、序論で指摘した、「文化的不平等論」の二つの仮説に関する、H村の結果を示している。

一つ目に、「『進学』は当事者にとってプラスである」という仮説があてはまらない場合が見出された、ということである。すなわち、「もうひとつの発展」系中学生のD、E高専への「進学」は、「大学進学」を否定するものであるが、それは「村で暮らそう」という「もうひとつの発展」の理念からすると、きわめて望ましいことである。したがってまたこの事態は、「『都会への

進学』は当事者にとってプラスである」という付随仮説にもあてはまらないものである。しかも、それは水田をもたない「貧しい」生徒を除けば、経済的な豊かさもある程度得られる選択と考えられる、ということである。例えばBourdieuらであれば「自己排除」、江渕であれば「学業不振」と表現するであろう事態は、けっしてそのようには捉えられない事態なのである。

二つ目に、「『地域文化』は『進学』に対してマイナスの作用をする」という仮説があてはまらない場合が見出された、ということである。すなわち、同じく「もうひとつの発展」系中学生のD、E高専進学は、高校相当段階への進学、という観点からみれば「進学」についてプラスの作用をする、という現象だからである。「もうひとつの発展」的諸活動は、「伝統医療」や「伝統音楽」を重視する活動であるにもかかわらず、高校相当段階への「進学」に関してはプラス作用をするのである。

この結果を、「地域文化」のネットワークと関連づけていえば、次のようにとらえられる。H村の「地域文化」のネットワークは、Sr氏という人物のおかげで全体として密接な構造をもっており、H村学校もその中に取り込まれていた。しかしながら、H村学校は、そうした密接なネットワークの中では周縁的な位置しかしめられないでいる。このことが、一方で「進学」に対しては一定の価値を与えながらも、他方では「都会」や「大学」への「進学」を「地域文化」に対立するものとしてとらえることの背景にある、ととらえることができる。

このことは、「進学」の状況を、「地域文化」のネットワークとの関連づけによって理解しうるとの可能性を示している。

第2章注

1 例えば氏は、1980年代にはチャチュンサオ県での米の販売に関する農民組織の役割を主張している。
2 氏は仏法そのものを説くわけではなく、政治や経済や教育などについて具体的な提言をするのであるが、著書を読むと仏教的な考え方が随所で表明されている。
3 氏は地方ごとに村落経済の変容を跡付け、最近まで「自給自足経済」が存在していたが、それが鉄道や商業によって崩壊していく過程を描いた（Chatthip

1984)。さらにまた、そうした村落の自立を支えていたものに「地域文化」があったとして、それをやはり地方ごとに描こうとしている。
4　鈴木 (1993) は、最も結論部に近いところで「オルターナティブな発展に必要なものは、プッタタートが強調した心の発展であり、そのためには、欲望を抑えるという内面からの変革が、商品化への対抗条件となるのである」と書いている。
5　序章（注38）でも述べたように、西川・野田編 (2001) は、「上からの発展」に対抗するものとして「もう一つの発展」を提示するが、その起源として、プッタタート比丘の「仏法共同体 thammika sangkhom」の理念があったことを示し、「開発僧」の多くが同師の運営していた「スワンモーク」で修行をしたことを強調している。
6　「コン・ムアン」とは「町の人」または「都市の人」という意味で、山岳民族や中部タイ人などと対比するときの北タイ人の自称・他称である。
7　中部タイ人と同様、北タイ人も、人間には32のクワンがやどり、それが離れると不幸になったり病気になったりすると考えている。そのために誕生や旅立ち、出家や結婚といった節目には、「スークワン」の儀礼を行ってクワンを強化する。
8　第1章第3節第2項でのべた9段階の試験のうち最初の3段階が「ナク・タム」と呼ばれ、後の6段階が「パリエン」と呼ばれる。
9　中1から町の中学校に進学する場合もあるが、ごく稀である。
10　1997年時点。
11　「女性グループ（クルム・サトリー）」という呼び方がなされることもある。そのひとつの理由は、未婚の成人女性も会員だから、という。
12　第1節第4項2および（注7）で述べた「スークワン」の儀礼の際には、大きめの金属の器の上にバナナの葉、木綿の糸、花、蝋燭などで創った「バイシー」の飾りが準備される。写真2-1にみえるのはその一例である。
13　必要経費に関しては、参加者からもカンパ (20バーツぐらいずつ) を集める一方、「ナーンを愛する会」からも3万バーツが提供されている。
14　バンコクを拠点に活躍し、全国的に人気のあるグループであるが、東北タイなど田舎を主題とした歌が多い。
15　「プレーン・プア・チーウィッ」とは、タイの歌謡曲の中の一ジャンルで、フォーク・ロック調の曲にのせて、社会批評に恋愛をおりまぜて歌うものである。
16　チェンマイを拠点に活躍するグループで、北タイを中心に人気がある。
17　やはり北タイ語の民謡で、歌詞カードも地方語をそのまま表記した「エオ・ムアンヌア（北タイに遊ぶ）」と題するカセット数巻が発売されている。
18　様々なものがあるが、一般的には、望郷・恋愛など地方出身者の心情を、伝統

第2章　北タイ・ナーン県H村の「地域文化」と「進学」

的な旋律と西洋楽器の演奏にのせて歌ったものが多い。しばしば「タイの演歌」と紹介されている。
19　「プレーン・プア・チーウィッ」との境界は流動的であるが、ロック・ポップス調の曲に、タイ標準語で都会風の恋愛模様を歌ったものが多い。歌手もアイドル的外見をしたタイプが多い。
20　パンフレットでは、同会の目的を次のように記している。「第一に、ナーンの人々が自分たちの問題を理解し、正しく解決できるようにするための情報を各方面に伝えること。第二に、ナーンの人々が天然資源の開発と保護に参加できるように奨励し、機会を開くこと。第三に、正当な権利をまもり、経済的な選択肢を知るために必要な経験の交換をする場所が設けられるよう、村人の組織を援助すること。第四に、政府、民間のさまざまな機関が協働作業をする際、それらの間の中心的な連絡網となること」(Klum hak mu'ang nan n.d.: 2)。ここからは、自然環境保護を中心とした地域問題に関心を絞ることと同時に、情報伝達機関としての役割をかなり強調していることがわかる。
21　パンフレットによれば、「ナーンを愛する会」は、次の8つの団体のネットワークとして設立されると述べられている。それは、1.「ブッダの子グループ」、2.「仏法の継承者グループ」、3.「サムン‐サニアン支流自然資源保護グループ」、4.「サンティスク枝郡自然保護グループ」、5.「バーンルワン枝郡自然保護グループ」、6.「プア郡シルラセーン行政区自然保護グループ」、7.「ナーン県非政府組織グループ」、8.「タワンパー郡ドンゲーオ村天然水系（ナーン川支流）水棲動物保護グループ」の8団体である（Klum hak mu'ang nan n.d.: 3)。最初の2団体は仏教関係であるが、あとの6団体は環境系NGOである。サンティスク枝郡、バーンルワン枝郡、プア郡、タワンパー郡はいずれもナーン県内の地名であり、サムン‐サニアン支流はナーン川支流の名称である。
22　パンフレットには、次のような行事を実施してきたことが掲げられている。

　　1990年5月12-13日、森の得度式・木の僧衣贈呈式。サンティスク枝郡ギウムアン村にて開催。
　　1991年4月1-15日、見習い僧の夏期自然環境保護研修。60名の僧。ナーン市アランヤワート寺にて開催。
　　1991年7月10-11日、森の得度式・木の僧衣贈呈式。サンティスク枝郡ポン行政区にて開催。
　　1991年9月13-14日、森の得度式・木の僧衣贈呈式。自然環境保護研修サークル委員会の設立と研修セミナー。80名参加。ドーンモンコン寺にて開催。

141

1991年9月22日、見習い僧と村人合同での植林。サンティスク枝郡、ギウムアン村集会所にて実施。
1991年11月29日、ナーン県内の自然保護団体の交流会。アランヤワート寺にて開催。
1991年12月4日、サムン-サニアン支流森林保護セミナー。ムアン郡テゥープトーン村集会所にて開催。
1992年3月8日、選挙管理委員会と合同での民主制選挙推進演説会。ナーンホンスン協会ナーン県センターにて開催。
1992年4月1-13日、夏期出家式の実施60名。サンティスク枝郡にて開催。
1992年6月26-29日、僧侶、村指導者と自然保護に関するセミナー。タイ野生動植物保護財団および村落財団との協力。ナーン県学校外教育センターにて開催。
1992年8月12日、ムアンチャン行政区の村人と協力して森林と川の長寿式。ムアン郡ムアンチャン行政区ムアンルワン村ワ沢貯水池にて開催。
1992年8月28-30日、サトリーシーナーン高校環境愛好サークルの協力で自然愛好キャンプ。サンティスク郡コミュニティ林にて実施。
1992年9月21-23日、ナーン県コミュニティ開発事務所との協力でナーン県住職の自然環境保護研修。ナーン県学校外教育センターにて開催。
1992年10月4-8日、サムン-サニアン支流自然保護サークルとの協力で自然保護キャンプ。サニアン-サライ第36源流開発地点にて実施。
1993年1月13-15日、自然環境保護セミナー。サンティスク郡集会所にて実施。
1993年1月15-17日、オルタナティブ農業セミナー。ナーン県学校外教育センターにて実施。
1993年2月26日、プーカー山閻浮提樹の長寿式、森の得度式。プーカー山国立公園閻浮提樹にて実施。
1993年3-5月、ナーン川を愛するプロジェクト。ナーン川の水源林と支流の変化に関する資料について学ぶ。ボーグルア枝郡ナーン川源流を出発点として、ウトラディット県シリキットダムを終着点とする。また2月22-24日にナーン川の長寿式を実施 (Klum hak mu'ang nan n.d.: 4-6)。

以上のように、活動の主な内容は、伝統的な儀式の体裁を借りた自然環境保護キャンペーンやセミナーの開催であるが、わずかに「選挙」キャンペーンにも関与している。活動の主な場所はナーン県内の寺や村や山中であるが、「学校外教育センター」「ナーンホンスン協会」などその他の政府・民間の施設でも行われてい

第2章　北タイ・ナーン県H村の「地域文化」と「進学」

ることがわかる。
23　これについては(馬場 1995)が既に紹介を行っている。
24　チェンマイを中心とした北タイ語とナーンの北タイ語では発音や語彙が若干異なっている。例えば、「ナーン市」は、前者では「ムアン・ナーン」となるが、後者では、「ミアン・ナーン」となる。「コン・ムアン」(北タイ人の自称・他称)もナーンでは「コン・ミアン」と発音される。
25　本研究では、国境を越えて社会活動するNGOのことを「国際NGO」と呼ぶことにする。これについては、「多国籍NGO」「外国NGO」という表現も可能だし、「グローバルNGO」などという造語をすることも不可能ではない。また最近の日本では、国内的な活動に関しては「NPO」という組織のあり方が定着してきたため、「NGO」といっただけで既に「国際的な活動をする」というイメージがある。しかし、本研究で取り上げているタイの場合には国内的な社会活動をする民間団体は総じて「NGO」と呼ばれるため、それと区別する意味で「国際NGO」という表現をしておきたい。また、「国際NGO」は、世俗のものと宗教関連のものの両方がある。例えば、「フォスター・ペアレント」や「グリーンピース」は前者の例であるし、「シャンティ」や「シーズ」は後者の例である。活動の内容が似通っているばかりでなく影響力も大きいので、ここでは、両方を含んで「国際NGO」と呼んでおく。
26　ただし、Pl氏は、調査時期の終わり頃には任期が切れて帰国することになり、代わってドイツのNGOから派遣されたJr氏がやってくることになった。
27　インタヴューで回答が得られなかったものは除いた。以下の図も同様。
28　追跡調査によれば、1998年に、彼女は中卒後、アユタヤで姉とともにマッサージ師をしていたという。
29　この場合、「村ならどこでも」という意味にもなりうるが、「バーン」には「家」や「故郷」という意味もあり、「生まれた村や家に」という意味も強い。

第3章　東北タイ・コンケン県N村の「地域文化」と「進学」
―――「モーラム」を中心に―――

第1節　はじめに

　本章では東北タイ・コンケン県のN村の事例を取り上げる。東北タイはしばしば、「もっとも貧しい地方」であり、「進学」の困難な地域と考えられてきたが、特に1990年代に入って「進学」率急上昇がみられた。このメカニズムについては、既に序論で触れたように、箕浦・野津（1998）が詳細な分析を行っているが、「文化」については「伝統構造」の一部としてしか取り扱っていなかった。ここでは、「地域文化」という視点を導入することで、それとは異なる側面を明らかにしうるかどうかがポイントとなる。

　この村で最も盛んな「地域文化」は、「モーラム」という芸能である。まず、「モーラム」とは何かについて述べることから始めよう。

第1項　「モーラム」という芸能

　この芸能は、東北タイあるいはバンコクのある領域ではではきわめて重要なものであるが、外国人研究者にはあまり注目されておらず[1]、種瀬（1990）星野（1990）[2]を除いては表面的な紹介にとどまっていることが多い。タイ人による研究としては、Caruwan (1986) が歴史から現状まで含む、詳しい研究を行っている[3]。

　これまでの紹介を参考にしつつ、特徴付けてみよう。第一に、モーラムは、東北タイないしラオス領内のラオ人の芸能であり、ラオ語を使って演じられる。しかし、その周辺民族（北タイ人、中部タイ人など）にも楽しまれている。モーラムとは、芸能それ自体の呼び名であると同時に、ラムをする専門家（女性も男性もいる）をも指す。第二に、ケーンという笙に似た楽器を使用し、モー・ケーンという専門の演奏者（女性もいるがふつうは男性）がいる。第三

表3-1 モーラムのタイプ

	歌中心のモーラム	劇中心のモーラム
古いタイプ	モーラム・ゴーン	モーラム・ムー
新しいタイプ	モーラム・シン	モーラム・プルーン

に、「ラム」とは、一定の規則にのっとってつくられた詩をリズミカルな節とメロディにのせて語ることである。従って、歌でもないが単なる語りでもない。第四に、節も時代とともに変化しているが、一貫して踊りにあう軽快なものが採用されている。こうした語り歌いとフォーンと呼ばれる独特な踊りを交互に行う。第五に、演じ方には様々な様式があり、時代とともに変化しているが、大きく二つに分けられる。ひとつは、モーラム・ゴーン、モーラム・シンのように二人ほどのモーラムが入れ替わり立ち替わり語り歌う(以下「歌中心のモーラム」と呼ぶ)。もうひとつは4人以上(多い場合は何十人も)のモーラムが一定の役割を分担して語り歌うオペラのようなもの。モーラム・ムー、モーラム・ルアン、モーラム・プルーンがこれである(以下「劇中心のモーラム」と呼ぶ)。以上がモーラムという芸能のおおまかな特徴である。

　従ってモーラムの種類を整理すれば、おおよそ次のようになる(表3-1)。しかし、これはあまりにも単純化しすぎているので、中間的なタイプもあるし、あるセルに位置づけられていても、別のセルの要素を含むこともある。

　この「モーラム」を中心にしながら、「進学」と「地域文化」の関連をみることにしよう。

第2項　N村の概要

　N村は、コンケン県の南西部にあるノンソンホン郡に位置している(図3-1参照)。郡の中心までは19キロ、コンケン市までは80キロ以上ある。登録上の村の人口は402人(男性199人、女性203人、1995年)。

　N村は、少し小高くなった丘の上にあり、村の周辺には小さな森が点々とある。近くに川や沼はなく、細い沢があるだけである(図3-2参照)。

　村人の主な職業は、(1)農業。米づくり(主にはモチ米を、若干のウルチ米を植える)、キャッサバ、砂糖キビ、ユウカリの栽培。(2)日雇い。村内の農業労働、

第3章　東北タイ・コンケン県N村の「地域文化」と「進学」

バンコクや海外での建設、運輸（タクシー、バイク、サムロー）、飲食業など。(3)商売。村の中で食品や日用品を販売する。

　村人のほとんどはラオ人であり、日常言語はラオ語である。村創設の経緯ははっきりしていないが、一部の老人は、近くのD村から移住してきたといっている。

図3-1 東北部19県、コンケン県、およびN村の位置

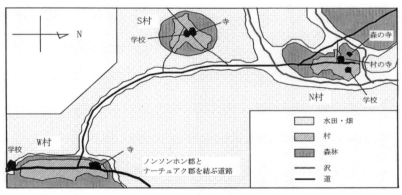

図3-2　N村略図

第3項　インタヴュー調査の実施

　やはり半年間（1996年10月〜1997年3月）滞在したこの村では、St氏（39才女性）の家に住まわせてもらった。彼女の家で開いている店や農作業を手伝ったり、時にはモーラム興業に同行して手伝うこととなった。この村には、以前NGOのスタディ・ツアーでここの学校に来たことがあり、学校ではなく村に住みたいと申し入れたところ、村人たちの会議でSt氏が引き受けてくようといってくれたのである。インタヴュー調査は、定着後1ヶ月ほどした

147

表3-2　インタヴュー調査の対象者（N村）

	10代	20代	30代	40代	50代	60代	70代	80代	計（人）
男性	26	15	21	14	21	19	4	3	123
女性	16	11	27	17	9	18	13	1	112
計	42	26	48	31	30	37	17	4	235

頃から、H村の場合と同様、農作業の終わる夕方などに、（場合によっては数度にわたり）自宅を訪れて行った。自由回答式の調査票を用いて20～40分インタヴューを行った。中高生については、最もSt氏の家に買い物にやってきたりモーラムを見に行くなど接する機会が多く日常的会話から得られた情報も多いが、細かい点について意見をはっきりさせるために選択式のアンケート用紙を作成し、それを用いたインタヴューを行った。

インタヴュー調査の対象者は、10才以上の全ての村人であるが、(1)出稼ぎなどでの不在、(2)インタヴューの拒否者は除かれた。その結果、20～50代の対象者が実在数よりかなり少なくなっている（表3-2）。

第4項　N村における「地域文化」の概要

N村における「地域文化」について、序論の3元図式に従って記述してみよう。

まず、この村で最も盛んな「芸能」については、先に挙げた「モーラム」に加えて、「サラパン」「若者歌謡」の三つの領域を挙げることができる。

1　モーラム

N村では、モーラムをしばしば見に行く機会がある。法事が村であると、必ずといっていいほど法要（タンブン）としてモーラムが上演されるからである。近くの村であっても村人たち特に若者たちはでかけていく。選挙後にも当選議員がやはり「タンブン」と称してモーラムを上演することがある。そのほかに有料のモーラム公演が行われることもある。

しかも、それだけではなく、村の中にもモーラムの一座がある。コンケン県では珍しいことではない[4]が、知られているモーラムはそう多くない。

二つの一座があるが、より活動的なのはSt氏の率いる「Stペッサヤーム」一座である（写真3-1）。出安居、入安居、旧正月、ソンクラーンなどの頃には、

第3章　東北タイ・コンケン県N村の「地域文化」と「進学」

周囲の村々から依頼が来て、トラックに一座と楽器、音響器材、組立式舞台を積み込んで出かけていく。舞台に登るのは、モーラムのSt氏、Cl氏（46才男性）とモーケーンのCu氏（50才男性）、それに何人かの踊り子たちと、ドラム、ベース、キーボードなど楽器の演奏者であるが、その他に運転や舞台設置のための手伝いに行く者を含めて

写真3-1　「Stペッサヤーム」一座。

十名前後であるが、すべてN村の村人である。そのせいもあり、N村でのモーラムへの関心は高い。

2　サラパン

サラパン（saraphan）も、東北タイの芸能のひとつであり、女性によって歌われる仏教歌謡である。これはモーラムほど盛んではないが、葬式の際にはしばしば行われている。村対抗の競技会に出ることもある。

これも、モーラム同様やはり一定の規則をもつ詩をある節にのせて歌うものであるが、その印象はモーラムとは全く正反対である。モーラムが現世的な享楽の限りを尽くすものとすれば、サラパンは宗教的清浄さの世界を演出しようとする。それは正式には真白な尼の装束をまとった数人の女性の合唱である。節は、緩やかであり歌い手も聞き手も、時折合掌して礼をするほかはじっと動かないままである。踊りの要素は全くない。楽器はない。サラパンの歌詞は一部を除いて中部タイ語であり、それがもともとは中部タイから伝わった文化であることが知られる。しかし現在は東北タイで特に熱心に実践されている。言葉が中部タイ語でも、発音はラオ風であり、ラオ語も数多く混じっている。

3　「若者歌謡（プレーン・ワイルン）」

「若者歌謡」とは、ひとつには、カラバオやポンシッ＝カンピーといった歌手のフォーク調やロック調の歌で、一般には「生のための歌（プレーン・プ

写真3-2　出安居の期間の仏日に戒律行をする女性たち。

ア・チーウィッ)」と呼ばれている。そうした歌を、暇な日の夕方にどこかの家の前や小学校の校庭で、あるいは祭の行き帰りのトラックの上で、酒を飲みながら合唱する。何人かの若者はギターが弾けるので、それに合わせて歌うのである。もちろん男性も女性もいる。こうした歌の乗りがよいだけではなく、内容がしばしば田舎生活や東北タイに関わる[5]こともあって（言葉は中部タイ語）、若者たちの村生活の精神的支えとなっているのである。そういう意味でこの種の「若者歌謡」は、バンコクで生産されているものであっても、ひとつの「地域文化」であるとみなすことができる。

二つ目に、「宗教」としては、正統的な「仏教」がある。1990年代になり、「タンマカーイ」「浄霊」等の新興宗教も入ってきているが、まだごく少数派である。

4　「仏教」

この村にもやはり寺があり、一定期間若い男性が出家することが通例となっている。その義務性の度合いはH村より強いといってもよいかもしれない。入安居の期間には数人出家していることが普通である。その期間には町の大きな寺から僧侶が仏法を教えに来ている。しかし、出安居の期間になるといっせいに若い僧侶は還俗してしまい、後には病気の住職が一人残されるだけで、閑散としている。

正確にいえば、この村には寺が二つある。一つは、古くから村の中心にある「村の寺」であり、いまひとつは1990年代に村外れの森に設立された「森の寺」[6]である。これはまだ掘建て小屋という程度の小さなものであるが、村出身だがより厳しい戒律をまもる「タマユット派」の僧侶が暮らしている。普通の村人は「村の寺」にまいるだけだが、より熱心な村人はこの「森の寺」にも毎朝まいっている。

この「より熱心な村人」とは主に高齢の女性であり、この人々は入安居の

期間の仏日[7]には寺に宿泊して読経している(写真3-2)。

三つ目に「開発」である。

5 「もうひとつの発展」

N村においても、ナーンのH村で盛んであった「もうひとつの発展」の考え方が伝わっている。

これについて見るべき活動を行っているのは、35才ぐらいのまだ若いSr氏（35才男性）である。彼は「複合農業」を実践している。つまり、溜池を掘り、まわりにバナナを植え、トウモロコシや豆、香菜を植えている。そうすることが、農薬や化学肥料の量を減らすだけでなく、自給と市場への販売両方の可能性を開く、と考えている。

その他に、国際NGO[8]のA財団経由の事業がある。A財団と関係をもつ2人の指導層（Sh氏［49才男性］とSt氏）の畑の隅には溜め池が掘られ、若干の作物が植えられて複合農業の実践ができるようになっている。しかしSh氏は米作りと牛飼い、St氏はモーラムと雑貨店の経営に忙しく、あまり手入れを行っていない。

以上のように、「モーラム」「サラパン」「若者歌謡」「仏教」「もうひとつの発展」というものが「地域文化」の要素として挙げられるが、以下ではその中でも特に強い「モーラム」を中心として、「地域文化」の変容と影響についてみていこう。

第2節　N村と「モーラム」の変容

第1項　N村の略史

（1922年〜1950年代）

1922年に村でコレラが大発生して、少なくとも50人が死亡した。村人は逃れて近くに新たな村をいくつか建設した。村人の人口は半分以下に減少した。

この当時の村経済は、稲作や採集によって自給自足的に満たされている部分が大きかった。水田と牛・水牛が主要な財産であった。牛・水牛を狙う盗賊は、大きな問題であった。主な交流圏は周囲のいくつかの村に限られており、ごくたまに2日がかりで町にいく（バーンパイ市、ポン市）程度だった。

1920年頃、村の中に小学校はなかった。N村の村人が初めて小学校に出会ったのは、隣の隣の村で4キロも離れたW村の寺に設けられた小学校である（図3-2参照）。当時学校に村の寺すらなく、従って学校も設けようがなかったのである。通学者は多くなく、富裕者の子ども（の男子）に限られていた。卒業しても近くに「進学」先はなかった。20才ぐらいで男はほとんど出家をし（隣村の寺で）、そのうち一部は何年も修業をしてタイ語パーリ語およびコーム語[9]による仏法の教師、または薬草の知識をもち「スークワン」[10]の儀礼を行う伝統医となった。

（1950年代〜1980年代後半）
　1950年代以降N村は変化の時代を迎えた。村人はケナフを植えてノンソンホン郡の市場へ売りに行った。市場が日常生活で重要となってきた。1970年代にはキャッサバを栽培し売りに行くようになった。工場の綿布が手に入るようになり、綿紡ぎは姿を消した。バンコクへの出稼ぎをする人がでてきた。
　1957年に村人の努力でN村にも小学校が建設され、通学者はより増えた。何人かは卒業後も「進学」の機会を得、中等学校後期課程や高専上級課程を卒業する者もでてきた。試験に合格して教員や警察官になるものもでてきた。彼らは安定した給与を獲得し、村人たちに羨ましがられた。しかし「金がなかった」ため、大部分は小学校卒業後「進学」はしなかった。

（1980年代後半〜1996年）
　1987年頃以降、農業銀行から借金をする村人が増え、高価な工業製品例えば耕耘機、自動車、バイク、テレビ、冷蔵庫などを購入する村人が増えた。その借金の返済のためにバンコクや海外へ出稼ぎする者も同時に増えた。キャッサバに代り、行政や工場とタイアップしてユーカリやサトウキビを植える村人が増えてきた。水道や電気などの設備が設けられた。1995年に就任した現村長は、村外れに小さな「森の寺」を設立した。
　1980年代に入り、「進学」機会はますます広くなっていった。W村小学校が無料中学校を開設し、P中学校は高校をも開設した。海外NGOの関係者が村を訪れるようになった。このNGOの最大の目的は子どもの「進学」を援助

第3章　東北タイ・コンケン県N村の「地域文化」と「進学」

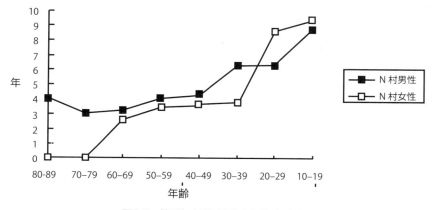

図3-3　性別年令別平均教育年数（N村）

することにあり、そのために奨学金事業、学校設備の整備、村人の生活資材の提供などを行っている。それに加えて農業銀行の融資からの融資や海外への出稼ぎが頻繁になったこともあり「進学」が容易となってきた。この時期になって女性の「進学」が、男性の「進学」を上回るようになった（図3-3参照）。

第2項　N村における「進学」の特徴

　以上のように、N村における「進学」の変容は、一つには、制度的要因（学校の増設など）、一つには、経済的要因（農業銀行などによる資金援助など）、一つには社会的要因（手本となる「進学」成功者の登場など）によって起こってきた。これらの要因については、第1章第2節第6項で紹介した箕浦・野津（1998）が詳細に分析している。

　ただ、箕浦・野津の説明では十分に理解できない現象が、20代における、男性と女性の間の逆転である。女性は、70代以上においても、また30代においても、男性より低い「進学」しかできなかった。それが突然20代において男性よりも高くなるのである（図3-3参照）。調査時点においても、例えばN村で学び続けている中高生の3分の2以上は女性である。むしろ、「進学」しない男性の方が多い。中高生の希望学歴をきいてもそうである。全ての女生徒は大卒以上の学歴を希望しているのに対して、男生徒は半分に過ぎない

153

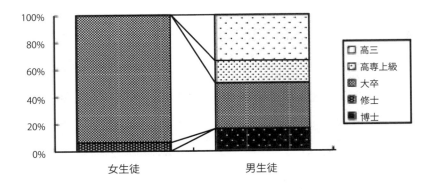

図3-4　N村中高生の希望学歴と性別

(図3-4参照)。

　箕浦・野津は、「進学」率の高まりの伝統構造的要因の一つとして「男女差のない社会構造」を挙げているが、それでは、かつて女性の「進学」率が低かった理由を説明できないし、また、近年になって逆転現象が起きたことも説明できない。箕浦・野津の見解とは反対に、以前は「男女差のある社会構造」だったのである。それではいったいなぜ、女性の「進学」志向がここまで極端に変化したのであろうか。

　寺の役割変化による説明はすぐ考え付くものである。かつては寺が男性のみに出家を許し「進学」のルートを開いていたが、中学・高校などの「進学」ルートが寺から独立するにつれ、女性が「進学」するようになった、というものである。

　この説明は現象の一部を説明しているだろうが、それにしても女性が「進学」することを当然のように受け入れる文化がどこから生まれてきたのか、依然として謎に包まれている。箕浦・野津は、「男女差のない社会構造」の根拠として「農地は原則として均分相続されるが宅地と家屋は女性、得に末娘が相続し両親の老後の面倒をみることが期待され」ることを挙げているが、このことは逆に女性が「進学」せず家に残って農業を続けさせようとする要因として作用するはずである。

第3章　東北タイ・コンケン県N村の「地域文化」と「進学」

　なぜ、少なくとも20代からは、男子の「進学」意欲が高くなくむしろ女性の「進学」意欲の方が高くなったのか。寺や相続慣行の指定する役割と全く逆の「進学」傾向がでてきたのはいったいなぜか。この問いに答えなくてはならない。

　また、地域志向についても興味深い傾向がある。女生徒の方が男生徒よりも、都会志向[11]が強いのである。これも、相続慣行から予想される女生徒の村志向とに矛盾している。

　これらの現象が、寺だけではなく「モーラム」その他の「地域文化」を考慮することで説明できるのではないか。こうした仮説に基づいて、以下では考察を行ってみよう。

第3項　N村における「地域文化」の変容

　N村における「地域文化」の現状を理解するために、その変遷の過程をたどってみよう。

　まず、N村における「芸能」は時代によって変化してきている。芸能は若い時期に熱中して習得するから、その変化は得意とする芸能の世代差に表れている（図3-5）。

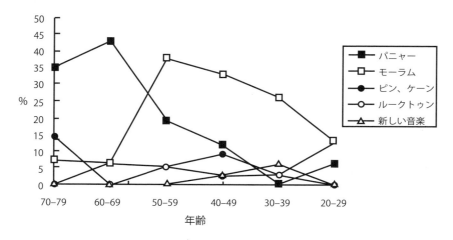

図3-5　古い芸能と新しい芸能（N村）[12]

（パニャー（phanya））

　一番上の世代、すなわち60〜70代の世代が最も得意とするのはパニャーである。これも、一定の律に従う詩であるが、その内容は、この村では主として恋愛に関している。例えば、貴方を愛しています、自分は恋人を探しています、貴方のことがあまり好きではありません、私にはもう好きな人がいます、などといったメッセージを、直接言わずに様々な比喩を使って婉曲に表現するものである。この世代の村人が若い時分、夜に若い男女は輪になって座り談笑した。その中でパニャーをまぜて語り、機知のある恋愛ゲームを楽しんだわけである。パニャーには歌や踊りの要素はない。若者のなかにはケーンなど楽器を奏でる者もあったが、それはパニャーと一応別である。

（モーラムの古い形）

　111歳になる古老の話によれば、1922年のコレラ禍以前にも村にはモーラムの一座が幾つもあったという。

　コレラ禍により村人が離散して以後初めてモーラムを習いに出かけたのは、調査時点で55才であったT氏（女性）とS氏（女性）である。この2人は、隣村にしばらく止宿していたモーラムのところへ、泊りがけで習いにいった。

　その時代すなわち1960年頃のモーラムの様式は以下のようであった。何組かのモーラム（踊り歌い手）とモーケーン（ケーン奏者）からなる。従って楽器はケーンのみである。モーラムは互いに知識を試しあう。つまり世界の始まりや仏教の歴史やラオ人の盛衰や子どものつくり方などありとあらゆる問いについて相手に尋ね、自分の知識をひけらかすのである。もちろんその問い掛けや答えはラムの形式に従ってなされる。衣装は、その時代の正装で、つまり美しく織られた絹の長い腰布（パートゥン）と上着に肩布（サバイ）をかけたものである。そして普通いわゆる舞台はなく、モーラムもモーケーンも土の上で語り歌い、演奏する。電気がなかった当時、たいまつ（krabong）をあちこちに焚いて明るくした。

　この時代のモーラムは大きく分けてモーラム・ゴーン（molam klon）とモーラム・ムー（molam mu）があり、前者は「歌中心のモーラム」であり、後者は「劇中心のモーラム」である。モーラム・ムーには出し物の種類別にまたモ

第3章 東北タイ・コンケン県N村の「地域文化」と「進学」

ーラム・シンスゥ、モーラム・シンサップ等があるが、N村のグループ（Sb氏＝モーラム、R氏＝モーラム、Cu氏＝モーケーンなど）のだしものはモーラム・シンサップである。これは両親と娘、それにその婿という4人（男2人女2人）のモーラムからなり「シンサップ（財産横取り）」という言葉からもわかるように、純真な娘の愛をかち得た悪い婿が両親の財産を狙おうとし、それに気づいた両親がなんとか防ごうとする、という状況設定での掛け合いである。これは、娘への相続と婿入り婚を原則とするラオ人の場合、流れ物の婿を娶ることもしばしばあり、きわめて教訓に満ちた劇だったのである。

この当時、学校に通ったとしてもその期間はごく短く、テレビや新聞もなかったため、モーラムは、遠い世界や未知の領域や仏教倫理についておもしろおかしく知識を与えてくれる教育機能をも担っていた。

（「仏教」の再興）

N村の古い寺は、コレラ禍と盗賊団による混乱で荒れ果てていた。1957年にその跡地に学校が建設されたわけだが、1964年になって、3人の村人（Ph氏、Ch氏、M氏）が森や畑を寄付して新しい村の寺を開き、「ワッ・ラーッダムヌーン」と命名した。この結果、出家する若者が増えてきた。つまり、60才代ではほとんど出家した人がいないのに、50〜40代では、平均3年は出家したことがあるようになったのである（図3-6）。

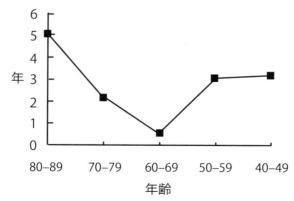

図3-6 年令別平均出家年数（N村）（40代以上）

(サラパンの始まり)

そうした若者の一人Sh氏は、1966年から1971年まで僧侶としてN村寺に滞在していた。そこで、当時の若い女性たちにサラパンを教えた。そのとき学んでいたのが少女時代はモーラムとしてならしていたSb氏 (52才女性) である。

(モーラムの新しい形)

調査時点での40～50代が若い時期、つまり1960年代～1970年代にかけてN村ではモーラムが爆発的に流行した。村出身で初めて小学校の先生として赴任してきたKk先生は、「まるで村人全員がモーラムになってしまったようだった」と述懐している。

その間にモーラムの形が少しずつ、しかし大きく変化していく。

第一に、衣装である。長腰巻き(パートゥン)と肩布といういでたちに代わって、女モーラムは半袖ミニスカートの極彩色の衣装をまとい、男モーラムやはワイシャツネクタイにズボンを着るようになった (写真3-3)。モーケーンも、例えばズボンにきれいなポロシャツである。「劇中心のモーラム」ではモーラム・プルーンがそうであり、「歌中心のモーラム」ではモーラム・シンがそれである。

第二に、楽器である。既に述べたように、元々のモーラムはケーンしか用いず、伝統楽器に分類されるピン(東北タイでは3弦)すらも使わなかった。しかし1970年代に次第に新し

写真3-3　St氏(左)とCl氏。ケーンを吹くのはCu氏である。

第3章 東北タイ・コンケン県N村の「地域文化」と「進学」

い楽器、つまりピンやギターやドラムが入ってきた。音色は豊かになり、ビートがきくようになったため、より興奮しやすく、踊りやすくなった。1990年になって電気が使えるようになると、さらに新しい楽器、つまりエレキ・ギターやベースやキーボードが入ってきた（写真3-4）。ピンなどは用いられなくなった。そして大音量のアンプとスピーカ（自前でもつ）が用いられ、興奮の度合いは一層高まった。ケーンは現在でも用いられているが、新しい楽器がまだ鳴りださない最初の部分「ワイ・クルー」[13] のときにマイクのそばで自己主張するほかは、ほとんど聞こえない。ただ一晩中舞台の上で一生懸命吹いている姿が見えるぐらいである。

写真3-4 新しい楽器。ドラム、ベース、エレキギターが見える。

写真3-5 N村の踊り子たち。

　第三に、舞台である。かつて村人と同じ土の上で演じていたモーラムは、組立式あるいはトラックを改造してつくった舞台の上で語り歌うようになった。モーケーンはもちろん、ギター奏者、ドラマー、ベース奏者、キーボード奏者も、看板の後ろの目立たない位置ではあるが、舞台の上にのっている。電気が来てから後は、舞台には幾つもの電灯が煌々と点り、暗い位置に座ってみている村人との対比がよりはっきりするようになった。

　第四に、踊り子である。元々はモーラム、モーケーンだけだったところに加えて、若い女性が数人踊るようになった。彼女らは「ハーン・キアン」と呼ばれている（写真3-5）。彼女らは半袖ミニスカートで思い切り肌を見せて

159

軽やかに踊り、村の若者の興奮をかきたてる。若者は数バーツから数十バーツのチップをやったり格好よく踊ってみせたりして踊り子の歓心を勝ち得ようとする。一人の踊り子を争って喧嘩がおこることすらある。

　この踊り子の登場で、モーラムは、若い男性にとっての娯楽という色彩が強められた。掛け合いの面白さやそこに含まれる知識の深さよりは、若くて奇麗なミニの女の子の踊りが価値を定めるようになったのである。

　第五に、ラムの様式である。「歌中心のモーラム」に属するモーラム・シンは、いわば、モーラム・ゴーンを、ドラム、エレキギターなどの新しい楽器に合うように組み替えたものである。従って意味を伝える語りよりは、軽快なビートを構成するためのラップに似たリズム感が重要となる。また、同時に「モーラム」といいながら歌に近いもの[14]を演目に入れるようになった。そして、その歌は、かつてラムの主流であった、歴史や地理や仏教の知識やそれらとまぜて語られる恋愛ではなく、恋愛に純粋化された歌である。

　第六に、踊りの様式である。踊り子ばかりでなく女モーラムも男モーラムも、ラムや歌の合間に踊りを披露するし、場が盛り上がってくれば観客の村人も踊りだす。その踊りはかつて、指を美しく反らせた手を顔のあたりまであげてくねらせ、腰を屈めて足をリズミカルに踏みかえるというラオ人の伝統にのっとるものであった。しかし現在では、列になって手足を振り上げたり、腰を激しく振りながら練り歩いたりというレヴュー的な要素、手をかるく握って軽快に身体をゆするというクラブ的な要素が入ってきた。といっても全部が新しい様式になるわけでなく伝統的な様式と新しい様式を交ぜて踊るのが普通である。

　以上のように、モーラムは、30年ほどの間に、伝統的な要素を残しながらも現代的な「エンタテイメント」に姿を変えてきた、ということができる。

（「仏教」の変容）

　30代になって、一方で出稼ぎが盛んになり、他方で「進学」の可能性が開かれてくると、男子の平均出家年数は急速に短くなってくる。30代では平均約1年、20代では平均約3ヶ月といった具合である。調査時点では、雨季の入安居の3ヶ月間だけ出家するというのが普通になってきていた。バン

第3章　東北タイ・コンケン県N村の「地域文化」と「進学」

コクなどに出稼ぎしている若者たちも、この期間だけは田舎に帰ってきて出家し、出安居とともにまたバンコクに帰っていく場合が少なくない。村に滞在している若者までそれに倣うようになってきた（写真3-6）。

村の寺の重要性も低下し、1995年に老僧が亡くなって後、住職はいない。1996年には、安居の期間だけ高僧を住職とし

写真3-6　出安居の3ヶ月間一時出家する若い僧侶たちに布施をする村人。

て招いてきた。安居が明けて若者が還俗した後残ったのは、40才だが出家して1年にもならない僧であった。彼は1997年初めに還俗してしまい、村の寺には僧がいなくなってしまった（図3-7）。

調査時点の村長 Sc 氏（59才男性）は、仏法の試験を3段階突破し、長い間他郡他県の寺の住職を務めた後、N村寺の住職兼行政区全体の教区長を5年間務めていた人物である。彼が1992年に村長に選ばれて最も熱心に取り組んだのは、村の外れに「森の寺」を新設することであった。これは1996年の6

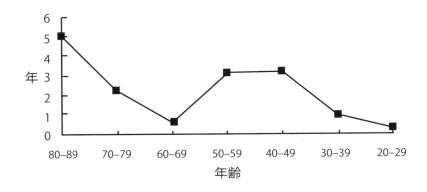

図3-7　年令別平均出家年数（N村）（20代以上）

写真3-7　村対抗競技会でサラパンを歌う女の子たち。

月である。既に述べたように、「森の寺」は瞑想を中心とすると同時に厳格なタマユット派の戒律に従う。村長は、N村出身でウドンタニ県の寺で修業をしていたNa師を住職として呼び寄せた。この森の寺も、高齢の女性を中心に、信仰を集めている。特に「村の寺」に常駐の僧がいなくなった後、1997年には一人の若者が「森の寺」で出家、修業している。

（サラパンの現在）

　サラパンのほうは、モーラムとは異なりさして変化することもなく、現在に至っている。ただ芸能競技会のときにはマイクとアンプをもって歌うようになったぐらいである（写真3-7）。芸能競技会とは、1995年から1年に1度出安居[15]の時に行政区の主催で行うようになったもので、サラパンだけではなく、パレード、ゴンヤーオ、自作の蝋燭などについて審査がなされ表彰がなされる。「地域文化」の促進について行政が力を入れるようになったため、現行政区長はしょうがなくこれに取り組むようになった。N村は1995年度サラパンの部で優勝した。主な教師は、最初にSh氏から習ったSb氏である。このほか、N村の多くの中学・高校生が通うP中学校でもときどきサラパンを練習させている。

（「もうひとつの発展」運動のきざし）

　Sr氏は、1980年代の前半に、コンケン市にある農業高専の上級を卒業した。そのときに既に、「複合農業」の知識を得ていた。1994年に副村長の要職についた彼は、自分の畑でその実践を始めた。溜め池を掘り、各種の野菜を栽培し始めた。彼の父は十分な水田をもっており、その他にもかなりの畑をもっているので、「複合農業」で成功するための条件を備えている。

第3章　東北タイ・コンケン県N村の「地域文化」と「進学」

ただ、ナーン県H村のC氏とは異なり、村人に普及するのに失敗した。1995年の選挙では副村長の座をSt氏にあけわたし、中部タイの砂糖工場に働きにいってしまったのである。

(「若者歌謡（プレーン・ワイルン）」の登場)

写真3-8　脱穀作業ではしゃぐ「若者歌謡」の常連たち。Mn男（右下）、Kt男（左）などがいる。

そして、「若者歌謡（プレーン・ワイルン）」の流行である。その時期を特定するのは難しいが、20代以下の世代で得意とする者が多いことからすると、1980年代後半以降特に盛んになったと考えられる。H村と異なり、この村では「ルークトゥン」が大流行することはなかったから、この時初めてバンコク発の大衆音楽に席巻されることとなった。とはいえ、その影響力は、モーラムに比べるとまだきわめて小さい。中核となっているのは、Mn男（22才）、Kt男（18才）など、まだかなり年齢が若い層だからである（写真3-8）。

ギターが村で最も上手と思われているMn男は自分の夢を次のように語る。

小さなバンドを作りたい。それでスークワンの儀式とかがあったときに、高くないお金で雇ってもらって演奏できたらいいな。ちょうどSt氏がやっているように。曲目はやっぱりカラバオとかポンシットとかポンテープとか、「生のための歌（プレーン・プア・チーウィッ）」だね（1997年2月8日　A財団の小屋でのインフォーマル・インタヴューのフィールドノートより）。

「モーラム」という音楽自体については、彼は次のようにいう。

筆者：モーラムについてどう思う。
Mn男：好きじゃない。
筆者：どこが。

Mn 男：なんかメロディが好きになれないんだ。プレーンプアチーウィッは、いいと思う（同上）。

つまり「モーラム」と同様の方式で、出し物は「プレーン・プア・チーウィッ」というような一座をやりたいと考えているのである。

Mn 男の場合は以上のように「プレーン・プア・チーウィッ」に偏っているが、「ストリング」と呼ばれるポップス調の歌を好む若者もこの村には多い。

例えばこのような形で、「モーラム」に代わる音楽層がN村でも育ちつつある。

第4項　N村の「地域文化」をささえる人的基盤

（モーラムをささえる人的基盤）
こうした芸能は、どのような人的基盤をもつのか。
　N村で今もしばしば依頼のある活動的なモーラムは、St氏を座長とする一座「Stペッサヤーム（シャムのダイヤモンド）」である[16]。St氏はモーラム・ゴーンとしてモーラム稼業を始めたが、「劇中心」で「新しいタイプ」のモーラム・プルーンとして「Stペッサヤーム」一座を旗揚げし、1990年頃「歌中心」で「新しいタイプ」の「モーラム・シン」に衣替えした。ただし「一座」という言葉は必ずしも適切ではない。どこまでが「一座」でどこからが「一座」の外かが不明確であり、やはりネットワーク状になっている。出演頻度の高いメンバーはいるが、必ずそれが全員出るとは限らない。ひとつのつながりをつくっている技能者（ラム、ケーン、ギター、ベース、キーボード、ドラムなどのできる者）たちに声をかけ、都合のつく者たちでなんとか必要な役割を揃える、という具合である。このつながりは血縁関係で結ばれている場合もある。しかし血縁関係によって維持されているとはいえず、技能・容姿などによって参加が決まる部分がある。たしかに、St氏の夫はベース兼電気系統エンジニアであり、彼女の相手役となって語り歌うことの多い男モーラムCl氏は、St氏の従姉N氏（母の妹の娘）の夫である。また踊り子の一人S子（12才）はSt氏の姪（兄の娘）であり、ここまでは血縁関係がある。しかしその他

の踊り子数人と2人のドラマー（Ny男［25才］、Ti男［31才］）、エレキギター・キーボード奏者G氏、控えのベース奏者、もう一人のキーボード奏者などは血縁関係が全くないか、遠い親戚であるに過ぎない。また逆にSt氏の親族の大半は、モーラム経営にかかわろうとしない。このうちのいくつかの世帯（St氏、Cl氏、S子）は親戚であるだけでなく隣り合って居住しており、「屋敷地共住集団」とみなすこともできる。しかしそれ以外のメンバーはかなり離れて住んでいる。やはり「ネットワーク」的なのである。このつながりを仮にSt氏系ネットワークと呼んでおこう（図3-8参照）（写真3-9、3-10）。

このネットワークはモーラム活動以外でも助け合うことがある。例えば、St氏が経営する雑貨屋の仕事をメンバーが、親戚であるなしに関わりなく手伝うことがある。ただしそれは常時という程ではない。

もうひとつの一座は、R氏（51才男性）を座長とする「一座」である。これは「劇中心型のモーラム」であるモーラム・プルーンの一座であった。これは調査時点では依頼が全くなく事実上休業状態である。そのためこの一座の範囲を画定するのはより難しいが、そのメンバーだ（った）と語ってくれたのは、R氏の近くに住んでいる人が多かった（親戚では必ずしもない）。

「若者歌謡」については、Mn男、Kt男などが中核になっていると述べたが、彼らはそれ

写真3-9　普段は雑貨屋を営む家での練習風景。コミュニティ保健センターという看板が見える。

写真3-10　St氏の所有車。大音響で音楽を鳴らしながら行列を先導する。普段は乗り合いバス・買い出しトラックとしても使われる。St氏や兄のNy氏（41才）などが運転することが多い。

それCl氏の息子、St氏の甥であり、モーラムの人的基盤につながる部分をもっている。ただ、先ほどのMn男の発言にもあるように、音楽としては対立する部分を含んでいるし、世代としてもSt氏の子どもぐらいの世代が中心となっている。

（「仏教」をささえる人的基盤）
　寺では、毎朝、あるいは祭りの時などに食事などを僧に捧げるが、そのときに僧が読経するだけではなく、俗人の代表が必ずいて、奉納の言葉を述べねばならない。それを行うのは、村の寺の場合には、ずっとBh氏（72才男性）が引受けていた。彼は隣の郡の出身で、そこで出家した後、7年間各地の寺を点々としながら3段階の教法試験[17]に合格した。29才で還俗、生まれた村に戻り、生薬を売り歩くようになった。出家生活の中で薬草の知識も身に着けたのである。39才でN村のSa氏と結婚した。彼は、3段階の教法試験を突破した人物としては最年長であったため、他村出身であるにもかかわらず、俗人代表を引き受けて来たのである。その子どもたちは、必ずしも村の寺にとっては、またかつてこの寺の住職であった村長Sc氏、および生活向上委員のSh氏がいる。そして、Sb氏、Ta氏など何人かの中年以上の女性が必ず毎朝の奉納に顔を出している。
　この寺の創設のために土地を寄付した3人の人物Ph氏、Ch氏、M氏とは、それぞれSc氏の妻の父、元モーラムTa氏の父、および現副村長Sp氏（35才男性）の父である。それぞれ重要人物の系譜である。
　森の寺については、創立者である村長のSc氏がしばしば顔をだしているのはいうまでもないが、同時に、かつてモーラムであったSb氏やTa氏もよく訪れている。住職であるNa師の姉にあたるL氏らもしばしば顔を出している。Na師は、村の寺に最後に一人だけ残ったTa師の兄でもある。このL氏（53才女性）、Na師、Ta師は、かつて村長で1996年に亡くなったPy氏の親族である。
　サラパンに特に「一座」というものはない。例えば安居の期間などに、寺に日頃関心ののある年配の女性やまたは少女たちが集まってきて、Sb氏を先生として練習するだけである。しかし、中核とするメンバーは、Sb氏、

Ta 氏など、「仏教」をささえる中年女性たちと重なっている。

こちらの人々についても、L 氏、Na 師、Ta 師など一部は血縁関係にあるものの、Bh 氏、Sb 氏、Ta 氏、Sc 氏などはそうではないし家も離れていて、ネットワークとしか呼びようがない。モーラム

写真3-11 元村長 Py 氏の葬式の際に一日出家する子ども・孫たち。

の場合とは異なり、鍵になる人物が一人ではないので「寺系ネットワーク」と呼ぶことにしよう（図3-8参照）（写真3-11）。

この「寺系ネットワーク」は、元モーラムを含んでいるが、「St 氏系」「R 氏系」という二つの「モーラム」系ネットワークとはつながりが薄い。

（「もうひとつの発展」の人的基盤）

Sr 氏は、村一番の伝統医 Bh 氏の息子であり、St 氏のイトコ（St 氏の母の妹の息子）にあたる。従って、血筋としては「St 氏系ネットワーク」にも「寺系ネットワーク」にもつながっている。しかし、彼の「複合農業」は、妹の Wp 氏（26才女性）およびその夫が手伝っているが、それ以上には広がっていかない（図3-8参照）。

A 財団の事業をささえる人々は、村長、副村長、生活改善委員といった指導層であるが、その地位を利用して St 氏、Sh 氏が「複合農業」の支援を受けているにもかかわらず真剣に取り組んでいないことは、既にのべた通りである。

第5項　N 村の「地域文化」と N 村学校

前節第3項で述べたように、N 村学校は、古い寺が捨てられた跡に設けられた。その位置は奥まっているが、樹齢の古い菩提樹の木があり、村の中心的な場所であるといえる。これと「モーラム」や「仏教」はどのような関係に

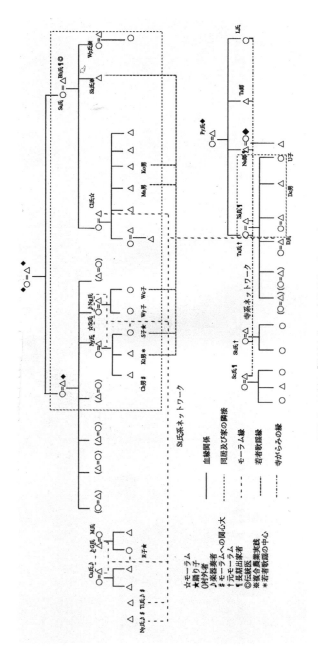

図3-8 N村の「地域文化」を支えるネットワーク

第3章　東北タイ・コンケン県N村の「地域文化」と「進学」

たつのであろうか。

　N村学校の7人の先生のうち、5人が村の中に住んでいた。中でもKk先生は村出身で、僧侶として勉強を続け、別の郡の寺を経て教員養成学校を卒業し教師になり、しばらくしてこの村に赴任してきたという経歴である。そのため、村人から親しまれていると同時に、長期出家経験者との仲もよく、役職にはついていなかったが村の指導層と同等の役割を果たしていた。用務員であるW氏（50才男性）も村出身であり重要人物とみなされている。

　村出身ではないが村の女性と結婚したCl先生は、放課後や休日などに若者とスポーツをしたり、酒をくみかわしたりしている。「若者歌謡」の中心人物であるMn男やKt男たちとも親しい。

　以上のように、この学校は、村との関係が比較的密接である。しかしそれでも、村人との間にはやはり壁のようなものがある。以上の他に村外出身の3人の先生が学校内に住んでいるが、学校の敷地の外に出て村人と交わることは少ない。近くの郡出身の2人の先生は、土日や休暇期間は実家に帰っている。一人の先生は中部タイ出身で帰る場所がなかったが、車でしょっちゅういろんな場所に出かけていた。この先生は東北タイ語ができないために、村人にあまり親しまれておらず、東北出身者ばかりの先生仲間にも十分にとけこめなかったせいか、筆者が離れた後しばらくして、郡教育事務所に志願して配置転換してしまった。

　「モーラム」をささえる「St氏系ネットワーク」その他の人物たちは、あまり学校は訪れない。座長であるSt氏だけは副村長という役職のせいで時々訪れてはいるが、それはやはり「客」としてであり、そこで「モーラム」の上演に関わる相談がなされるわけではない。

　「仏教」をささえる「寺系ネットワーク」の人物たちは、自分の子どもがとっくに卒業してしまったこともあり、ほとんど学校を訪れることはない。

　つまり、N村学校と村人の距離は比較的近いのであるが、それでも「モーラム」「仏教」をささえるネットワークとはつながっていない。

　ただ、N村で細々と「複合農業」に取り組んでいるSr氏は、農作業の終わる夕方にCl先生とよく学校で酒を飲んでおり、これのみは例外といえよう。

第6項　N村の「地域文化」と国際NGO

　N村にも、ナーンのH村同様国際NGOの影響が及んでいる。いくつかのNGOがあるが、より大きな影響をもっているのは、A財団である。A財団は村の子どもの中から何人かを選び、海外の養父・養母のとの縁組をする。養父母は毎月一定額を財団におさめ、財団はそれを用いて子どもへの援助活動を行う。子どもの選定は、村長・副村長・生活改善委員、教員代表から構成される「委員会」が行う。そのほかに、養父母はときどき手紙を子どもに書く。財団はそれをタイ語に翻訳して子どもに送ってくる。また、養父母である外国人の中には、実際に子どもを村に訪問してくる者もいる。1〜2泊ないし数日泊まることもある。こうしたA財団の活動は、N村では1991年から開始された。

　「子どもへの援助活動」とは、具体的には、(1)子ども一人一人に対しては、年間千バーツ（約4〜5千円）を積みたてて5年で1頭の水牛を贈る、大きな水がめを贈る、電動絹糸紡ぎ機を贈る、病気にかかったときの治療費を負担する、学費を負担する、等々の事業を意味している。(2)学校に対しては、魚の養殖のための生け簀の建設費（1万5千バーツ）、養鶏場の建設費、茸の栽培場の建設費の支出を行っている。これらの魚や鶏や鶏は給食の材料としても使われ、一部は村人にも販売する。「子どもへの援助活動」のほかにも、村人に対して、「複合農業」の実験のための池の掘削費や水田改良の費用を支出することも行っている。寺の境内にはA財団の資金でつくられたコンクリートの小屋があり、政府による縫製研修のプロジェクトに場所を提供したりしている。

　A財団の支部は、コンケン市にもノンソンホン郡にも置かれており、またN村の属するD行政区にも一人のローカル・スタッフ（東北タイ農村の出身者でラオ語など事情に詳しいスタッフ）を雇っている。彼女がバイクであちこちに出かけ、会議の開催、予算の執行、外国人里親の訪問などを助けている。

　しかし、援助の村内への配分を実質的に担当しているのは、さきに述べたように村長・副村長・生活改善委員（教員は学校への配分を担当する）であり、したがって、A財団の援助が、「St氏系ネットワーク」の中心であるSt氏（副村長）や、「寺系ネットワーク」の中心であるSc氏（村長）の権威を強めるのに役立っている面がある。特に意見を主張するのが上手なSt氏は、A財団の

援助を自分のネットワークのメンバーに優先的に配分しているようである。寺境内の例の小屋も、彼女の店に向かい合う場所にたてられている。

　すなわち、国際NGOであるA財団の「援助」は、N村においては「地域文化」をささえるネットワーク、とりわけ「モーラム」のネットワークを強めるのに役立っている面がある。こうしたことは、A財団に寄付をしている人々のイメージを裏切るものであるかもしれないが、A財団が学校経由にとどまらない援助を行っているために必然的に生じていることでもある[18]。

第3節　N村の「地域文化」と「進学」

第1項　N村の「地域文化」と親の「進学」意識

　（モーラムになるということ）
　モーラムになるためには、既に述べたように、有名なモーラムに一定額の謝礼を払って寝起きしつつ仕事を手伝いながらモーラムを覚えなければならない。St氏やCl氏の世代にとっては、多少豊かな家の子、それも特に女性が小学卒業後学び続けるコースであった。
　1970年代まで、男性の場合、小学卒業後学び続けるルートとして、出家して町の寺に行き、そこで普通教育も受けるという仕方があった。N村学校の教員となっていたKk先生はそうして「進学」したし、他にも何人かの男性が、出家して3段階の教法試験を突破している。しかし、出家できない女性の場合には、僧として知識を身に着けることはできなかった。従って、女性にとって唯一の知識習得機会と言えば、このモーラムだったのである。売れるモーラムになれば大金が手に入るし、そうでなくとも修得した弁舌能力で村の中での地位を獲得できる可能性もある。現役モーラムで副村長で店を経営するSt氏はモーラム的出世コースの見本となっている。
　St氏は、小学校4年を終えた後、やはり隣のNc郡にいるモーラムのところに寝起きして農作業も手伝いながらモーラムを1年ほど勉強し、100を越えるゴーン・ラム（語り歌いの詩句）や踊りを習得した。その後、ポン市にある「事務所（サムナクガーン）」[19]に出入りしていたが、そこでNg氏（41才男性）

と知り合い19才のときに結婚した。その後もモーラムとしての活動を続け、持ち前の記憶力と低音の美声で一座の名を少しずつ高めていっている[20]。

そうしたSt氏の大立てものぶりを見て、何人かの村人たちは娘をモーラムにさせようとしてSt氏の家にしょっちゅう出入りさせている。踊り子として踊っている小6のR子の場合、明確にそうした母親の意思がある。母親はいう。

筆者：Rちゃん卒業したら中学にやるんですか。
R子母親：いいや。あの子はモーラムにする。だからいつもSt氏のところで踊らせてるんだよ（1996年11月7日　R子母親宅でのフォーマル・インタヴューのインタヴューノートより）。

R子の父親はエレキギター・キーボード奏者であり、両親ともモーラム好きである。S子の場合も母親に同じような考えがあり、また父親はSt氏の兄である。

しかし、R子S子自身にはそれほどモーラムになりたい気はないらしく、2人とも小6卒業後P中学校に「進学」した。他の踊り子A子（高2）M子（中2）の場合ももっぱら小遣い稼ぎが目的であるという。

彼女らの世代は、暇なときにもテープをかけて聞いているが、それはモーラムではない。「若者歌謡」それもMn男たちの好きな「プレーン・プア・チーウィッ」でなく、「ストリング」と呼ばれる、言葉は標準タイ語でメロディはロック調の音楽である。

従って、St氏やCl氏の世代とは異なり、小学校卒業後モーラムになるというコースに対して、若い世代はあまり魅力を感じていない[21]。

（女性モーラムの教育熱心さ）
そればかりではない。モーラム自身が、自分の子をモーラムにしない傾向すらある。

一般的に言って、特に女性のモーラム経験者は、自分の子どもに高い教育を与えようとする傾向がある。

St氏は、長女Wy子（18才）を4キロ以上離れたW村（図3-2参照）の無料中学校

に行かせ、ポン市にあるかなりレベルの高い公立高校に行かせた（当時普通はノンソンホン郡の中心にある高校に行かせていた）。彼女は筆者に誇らしげにはなした。

　Wy子はとっても頭がよくって。だからポン市にあるあの学校に行かせたのよ。あそこは外国からも学生がきてる頭のいい高校なのよ。おまけにこの子はできるもんだから先生方は授業料を免除してくださってるのよ（1996年11月29日　St氏宅でのフォーマル・インタヴューのインタヴューノートより）。

　Wy子は1996年にちょうど高3であり、地方別クォータ制統一入学試験を受けた。その結果は、第一志望のコンケン大学と第二志望のマハサラカム大学に落ち、第三志望のスラナリー技術大学に受かった。そのときのSt氏の喜びようはこうである。

　ちょっと聞いてよ。Wy子はコーラートに受かったのよ（tit Korat）。すごいわ。卒業すればナーイよ！（1997年2月2日　St氏宅でのインフォーマル・インタヴューのフィールドノートより。）

　「ナーイ」というのは直訳すれば支配者のことで、もともとは近代以前の都市で支配していた封建領主やその直属の家来たちを指していたが、今で言えば、肩章のついた制服を着てときどき村を訪問する役人たちのことをそう呼んでいる。「コーラートに受かった」というのは、コンケン大学は東北タイの中心の一つコンケン県の県庁所在地にあり、スラナリー技術大学は東北タイ最大の都市ナコンラーチャシーマー（コーラート）にあるからそういうのである。
　結局、スラナリー技術大学は半官半民であるため授業料が高い[22]ことや受かったのがWy子の希望ではない農業工学科であったこともあり、そこには行かなかった。全国統一入試を受けたが再び希望の大学には受からず、無試験で入れるラムカムヘン大学で学びながら再挑戦を目指すことになった。
　こうした例は、決してSt氏だけではない。存命中のモーラム経験者の中で最高齢のT氏は、4人の子どもがいるが、その中の3人は高3を卒業した。調査時点で31才であった次男のD氏は、当時は珍しい高3を郡中心のSh高

校で卒業した後、試験に合格して警察官になった。五番目の子Dc男（19才）は、P高校で高3を終えた後2年ほどバンコクに出稼ぎに行ったり村でぶらぶらしたりしていたが1997年になってポン市にある私立のT高校で高専上級に「進学」することとなった。六番目のU子は、Sh高校で高3を終えた後1997年からWy子と同様ラムカムヘン大学で学ぶこととなった。

　Td氏（50才女性）もそうである。彼女は3人の子どものうち2人を「進学」させている。末娘は高専上級に学んだ。

　これを若干統計的に見てみよう。30代以上の女性で、高校に「進学」させた子どもの人数を調べ、モーラム経験者とモーラム未経験者の間で比べてみた。そうすると明らかに、モーラム経験者の方がより多く子どもを高校に「進学」させている（図3-9）。この事実もまた、女性モーラムが学歴主義に親和性をもつことを示している。

　しかも重要なことは、女性モーラムが子どもを「進学」させようとする場合、それは男女を問わない、という点である。しかも、子どもの性別に集計すると、むしろ娘を「進学」させる傾向の方がはっきり出ている（図3-10）。具体的な例を挙げれば、St氏は2人の娘をいずれも「進学」させているし、Ta氏は末娘をラムカムヘン大学に入学させたし、Td氏も末娘を高等専門学校に学ばせている。

　また以上のことは、特に経済的に「中ぐらいの層」で顕著である。つまり、「女性モーラム」効果のようなものは、ある程度お金がある場合に初めて効くのである[23]。

　その一方で、男性モーラムの場合は、あまり「進学」に関心をもっているとはいえない。統計をとっても、同世代と比べて有意差があるとはいえない。Cl氏は既に18才以上の子ども4人もいるが、1人しか「進学」の道を歩ませていない。R氏は、経済的問題もあったろうが、2人の子どもをいずれも「進学」させなかった[24]。

（「仏教」と「進学」）

　それでは、男性の場合の出家経験が、子どもの「進学」にどのように影響するかについて調べてみよう。長く出家した男性は、子どもを「進学」させ

第3章　東北タイ・コンケン県N村の「地域文化」と「進学」

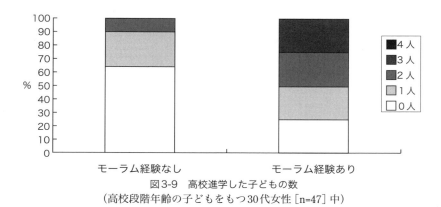

図3-9　高校進学した子どもの数
（高校段階年齢の子どもをもつ30代女性 [n=47] 中）

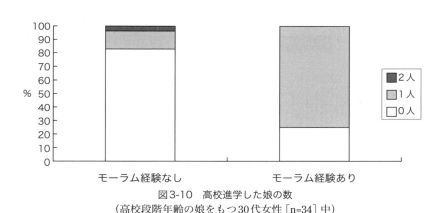

図3-10　高校進学した娘の数
（高校段階年齢の娘をもつ30代女性 [n=34] 中）

たがる傾向があるのだろうか。

　そこで、出家経験の有無と高校にやった子どもの数との関連を調べてみよう。そうすると、出家経験のある方が、子どもを高校にやる傾向がある（図3-11）。

　さらに興味深いことに、子どもの性別を考慮すると、娘と息子で全く逆の傾向が表われる。息子については、出家経験者はより多く高校にやる傾向がある（図3-12）が、娘については、より少なく高校にやる傾向があるのである（図3-13）。そしてこのことは、特に経済的に豊かな層で顕著である[25]。

175

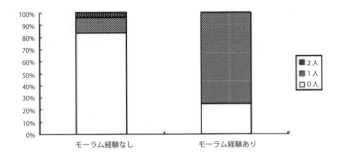

図3-11　高校にやった子どもの数（平均）
（高校年齢段階の子どもをもつ30歳以上男性［n=35］中における）

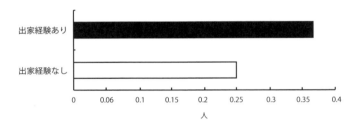

図3-12　高校にやった息子の数（平均）
（高校年齢段階の息子ある30歳以上男性［n=34］中）

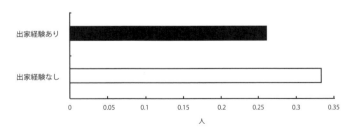

図3-13　高校にやった娘の数（平均）
（高校年齢段階の娘をもつ30歳以上男性［n=26］中，）

こうした教育方針を示している人の典型の一人は、現村長のSc氏であろう。彼は教法試験一級[26]を突破し行政区長僧まで務め、出家年数12年に及ぶ人物である。その彼は、娘（22才）には中3までの教育しか与えなかったのに、息子（18才）には高専上級にまで行かせている。娘の時代には、例えばWp氏のように既に高校まで終える女性がでてきていたにもかかわらず、「女性には高い教育は必要ない」との考えで、行かせなかったのである。

第2項　N村の「地域文化」と中高生の「進学」志向

　次に、中高生の意識に着目して、「地域文化」・「進学」志向・地域志向の関連をみていこう。ここで主な資料とするのは、中高生に対するアンケート調査、および普段の接触の中から得られた情報である。ただし、集まった調査票の総数が20と少ないので、量的な分析よりも、事例の質的な分析に重点をおくこととしよう。

（中高生の「進学」志向と「地域文化」）

　そうすると、まず「進学」志向について顕著な差が見られるのは、既に触れたように、男生徒と女生徒の間である。そこで、男女別に、「進学」志向がモーラムや仏教への関心とどのような関わりをもつか調べてみよう。

　（女生徒の場合）この場合には、全員が大卒以上を希望していると同時に、その大半はモーラムが「大好き」ないし「普通に好き」と答えており、サラパンの経験も「ある」と答えている。高学歴は必ずしも「地域文化」に魅力がないことからきているのではないようである。

　ただ、Kr子（17才）の場合に注目すれば、修士を希望している彼女は、モーラムを見に行くのは大好きである一方サラパンの練習に参加したことはない。

　（男生徒の場合）男生徒の場合にも、「モーラム大好き」と答えている男生徒の半分以上（6割）が、大卒以上の学歴を望んでおり、やはり「高学歴」と「モーラムが好き」ということは矛盾しないのである。長期の出家希望者も、大卒以上の学歴を希望する傾向がある。

　従って、男生徒の場合にも、モーラムや出家と、「進学」希望の間にはっき

りした関係を主張することはむずかしいが、ただいえることは、「進学」希望が高いからといって、それが必ずしもこれらの「地域文化」に対する否定的感情と結び付いているわけではない、ということである。さらに、女生徒に関していえば、サラパンよりモーラムの方が、学歴志向と関わっている可能性がある。

（中高生の地域志向と「進学」志向）
　次に、「将来住みたい土地」と「将来働きたい土地」と「進学」志向の関わりをみることにしよう。
　それにあたって、将来どこに住みたいですか、という質問文への回答を整理し、最も多かった「N村」(8人)を「近くの村」(4人)とあわせて「N村志向」とし、次に多かった「バンコク」(4人)を「町ならどこでも」(2人)「コンケン市」(1人)を「都会志向」と呼ぶことにする。
　（女生徒の場合）女生徒の場合に、都会志向が強くかつ学歴志向が強いことは既に触れた。その2つが関連している事例は、修士までと答えたKr子である。彼女は、将来バンコクに住みたい、と答えている。また彼女は、「将来働きたい土地」でも「海外」などと答え、N村志向が弱いことがわかる。彼女の父親は、かつて南タイのゴム園に出稼ぎして娘たちの学費を捻出していた。今は村にいるが、またどこかに出稼ぎするつもりだという。
　しかし、大卒と答えていても、N村志向という場合も少なくない。
　（男生徒の場合）男生徒は全体にN村志向が強いのであるが、バンコクに住みたいと答えたSk男は、希望学歴では高卒を希望している。彼は「働きたい場所」でもやはり「バンコク」と答えている。このことは、バンコクに行って成功している村人が、それほど学歴をもっていないということと関わっていよう。バンコクはあくまで出稼ぎの場所としてある。
　また、男女を通じていえることは、村に住み続けたいという者の中に大卒希望者が相当数いる、ということである。

（中高生の地域志向と「地域文化」）
　さらに、地域志向と「地域文化」との関連をみてみよう。

（女生徒の場合）ここでは、モーラムが「大好き」な女生徒は、都会志向が強い、という傾向が見られる。それとは異なってサラパンの経験者には特にそうした傾向は見られず、むしろN村志向の方が強い。

（男生徒の場合）ここでは、女生徒とは逆に、N村志向的な男生徒は、モーラム「大好き」と答える傾向が見られる。また、N村志向的な男生徒の中には、長期間出家したいと思う者が多い。

つまり、女生徒の場合には、モーラムが好きであることと都会志向の方が親和性をもつのに対し、反対に男生徒の場合にはモーラムが好きであることとN村志向が親和性をもち、また長期出家の希望もN村志向と親和性をもつ、ということである。

（「地域文化」・「進学」志向・地域志向）

以上の中で、「進学」志向と「地域文化」と地域志向との関連について興味深い現象は、次の2点にまとめることができる。

第一に、女生徒に特有の現象であるが、モーラムと都会志向・学歴志向が結び付く場合がある、ということである。通常、「地域文化」は地域志向と結び付きやすいと考えられるにもかかわらず、モーラムに限っていえば、その逆だ、ということである。

そのことは、モーラムという芸能が既に触れたように「伝統芸能」ではなく現代的な「エンタテイメント」に衣替えしていることとも符合する。モーラムは、少なくとも女生徒の意識の中では、都市的な領域と親和性をもっているのである。

このような女生徒の典型的な例としては、現役女性モーラムSt氏の長女Wy子を挙げることができる。既に触れたように彼女の母はWy子の教育に熱心なのであるが、Wy子自身も「進学」に関心をもっている。彼女はモーラムを見に行くのは比較的好きであるが、N村の生活自体には「遅れている」と批判的なまなざしを向けている。例えば、St氏の経営する雑貨屋で店番をしていて、村人が朝から酒を一杯ひっかけにくると、その背中に向かって、「だから発展しないのよ」とつぶやいたりする。そして、何とかして都会へと出たいと願っているのである。

反対に男生徒の場合は、モーラム好きはN村志向と結び付く傾向がある。
　第二に、「出家・サラパン」は、女生徒と男生徒を問わず、N村志向・学歴志向と結び付く傾向がある、ということである。通常、「地域文化」への関心や地域志向はむしろ低学歴志向とむすびつきやすいと考えられるにもかかわらず、そうなのである。
　男生徒の長期出家希望がと結び付くことは歴史的経緯からしても理解しやすいが、モーラムやサラパンについてすらそういうことがいえる。
　このような女生徒の典型的な例としては、同じくSt氏の次女Wc子（15才）を挙げることができる。彼女はサラパンに関心をもっている一方モーラムには冷ややかな目を向け、母親とはしょっちゅう衝突している。その彼女は村の女生徒のリーダー格の一人であり、様々な活動に顔を出している。彼女は将来は大学に行きたいという一方村に住みたいとも考えている。
　このような男生徒の典型的な例としては、St氏の甥Kt男を挙げることができる。彼の父Ny氏は長い出家経験をもつ。彼は出家については3ヶ月したいといい、モーラムにも高い関心をもっている。タックローなどスポーツも得意な彼は、N村での毎日を楽しんでいる。その彼は大学に行きたいという一方将来は村に暮らしたい、といっている。
　繰り返しになるが、興味深いのは、女生徒の場合には、モーラム嫌いであってN村志向であるような場合があることである。こうしたタイプの志向は、モーラムや仏教よりも「若者歌謡」によっても支えられているという方が正しいのかも知れない。誰かの家に集まったり、時にはバスをチャーターして滝に遊びに行ったりして、酒をのみ、ギターや太鼓を演奏しながら「若者歌謡」を歌ったりすることは、こうした若者にとってのN村の文化的魅力の中で、極めて重要な位置を占めているからである。先ほどの例でいっても、Kt男はMn男と並んで「若者歌謡」文化の中心のひとりであるし、Wc子も、Mn男からギターをならったりしている。

第3項　「将来つきたい職業」
　後者のような「N村志向」かつ「高学歴志向」という考え方は、将来の職業上の見通しとしてどのようなものをもっているのか。データは決して十分で

はないが、暫定的にイメージを示しておこう。

「警察官」「医者」「看護婦」など公務員系が6割強を占めている。たしかに、こうした職業は、高学歴を必要とする職業でありながら、赴任地によっては村生活と両立可能である。実際村には警察官や郡役人、保健所の医師・看護婦などが、しばしば訪ねてくる。こうした職業の場合、赴任地によっては、安定した収入を得ながら、馴染んだ村生活を捨てないでいることができる。

警察官としては、村内に住むD氏がいる。彼はかっこいい制服に身をかため高性能のバイクを乗り回している。しかも非番のときは家で寝そべったり、St氏のモーラムの舞台にも出演したりしている。この彼も、公務員生活のありがたさを実証する実例の一人である。ただ、村生活と両立する高学歴職業としては、医者の方が一段上である。これについても、N村ではないが、W氏の長男という実例がある。

2割強を占める「商人」というのは、村内に開かれている雑貨屋が念頭に置かれているだろう。この場合も、St氏がそうであるように、モーラム稼業と十分に両立が可能である。

第4節　小結

本章をおわるにあたり、「地域文化」のネットワーク、そして「地域文化」と「進学」の関わり、そして二つの仮説についての結果をまとめておくことにしよう。

第1項　「地域文化」のネットワーク

まず、「地域文化」のネットワークについてまとめてみる。N村の「地域文化」としては、「モーラム」と「出家・サラパン」が大きな領域としてあり、小さい領域として「若者歌謡」と「複合農業」がある。「モーラム」と「出家・サラパン」は、それぞれSt氏系ネットワーク、「寺」系ネットワークに支えられており、この二つのネットワークには、一定の経済的基盤もある。反対に「若者歌謡」・「複合農業」には、経済的基盤をそなえた強いネットワークはまだなく、強いて言えば、N村学校のCl先生を媒介として相互につながり

あっているのみである。

また、St氏系ネットワークと「寺」系ネットワークは、血縁や地縁にもささえられてはいるが、全体としては「モーラム」や「寺」活動があってはじめて維持されているものである。

歴史的にいえば、1957年のN村学校設立および1960年代～1970年代のモーラム流行をひきつぐものがSt氏系ネットワークであり、1964年の寺再建をひきつぐ流れが「寺」系ネットワークである。両者は対立していたわけではないが、相対的には独立したネットワークとして存在してきた。

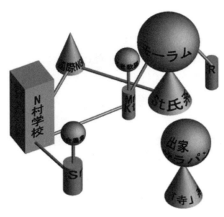

図3-14　N村の「地域文化」のネットワーク粗視図

第2章と同様に「地域文化」のネットワークを図示すると、(図3-14)のようになる。すなわち球形が「地域文化」の諸要素(「モーラム」、「出家・サラパン」、「複合農業」、「若者歌謡」)を表現し、大きさがその文化的強さをあらわす。円錐および円柱がそれらをささえるネットワークや個人と、その経済的基盤を表現する。角柱はN村学校、細い円柱はそれらの間の関係を表す、といった具合である。ここから読みとれるのはおよそ次の四つぐらいのことである。

まず、「地域文化」の強い要素として存在するのは、「モーラム」と「出家・サラパン」の二つであるということ、およびその二つは無関係だということ。グラフ理論の用語を用いていえば、N村の「地域文化」は、文化のレベルについて、連結グラフではない、ということである。

次に、それらを支える基盤としてはSt氏系ネットワークと「寺」系ネットワークがありそれぞれ経済的うらづけももつが、この両者はあまり関係がない、ということ。グラフ理論の用語を用いていえば、N村の「地域文化」は、人的ネットワークについても、連結グラフではない、ということである。

三つ目に、「学校」は「複合農業」のSr氏や「若者歌謡」のKt男、Mn男と

関係をもち、St氏ネットワークとはゆるやかな関係をもつが、「寺」系ネットワークとは関係が薄いということ。グラフ理論の用語でいえば、N村学校は、高い次数3をもつ結節であるが、「寺」系ネットワークとの間には歩道（連なっている点と線の並び）がない、ということである。

四つ目に、「国際NGO」は「学校」と関係を持つ一方、St氏系のネットワークとも若干の関係をもつということ。グラフ理論的の用語でいえば、「国際NGO」は次数2をもつ結節であり、「学校」とSt氏系ネットワークとの間に「線」をもつ、ということである。

つまり、おおまかにいえば、「モーラム」・「複合農業」・「複合農業」が「学校」・「国際NGO」等も含めたゆるやかなまとまりをつくり、「出家・サラパン」がまた別のまとまりをつくる、というように、「地域文化」が大きく二つに分裂したネットワークをもっている、ということになる。いいかえれば、クリークごとにはそれなりに密度の高いネットワークをつくっているものの、連結グラフではない、ということである。

従って、N村の「地域文化」のネットワークは、H村のそれに比べると、同様の多様性はあるものの、全体として分裂を含んでいる。そのことは、この図が示すように、ネットワークとして不安定な性格をもっている。

最も「国民国家」的なものは、N村においてもやはり「学校」である。N村学校の場合もH村学校同様、必ずしも「地域文化」の中心であるとはいえない。ただ、「地域文化」のネットワークとの関係が多元的であり、H村学校よりも村との関係が密接だということができる。「地域文化」のネットワークの中では、St氏系ネットワークはH村学校との関係を通して、「寺」系ネットワークは「寺」という場所を通してそれぞれ「国民国家」との関係をもっている。

こうした「国民国家」との関係のあり方を表現していたことのひとつは、N村の若い世代の間で流行していた「プラテーッタイ！」という表現である。これはまさしく「タイ国家」という意味なのであるが、この言葉を、何か変なこと、おかしなことにであったときに感嘆詞として使う。例えば、「あのおじさんシャツを前後ろ反対に着てるよ。」「おー、プラテーッタイ！」という具合である。彼らによると、テレビなどで、ものものしい儀式を王族がまじ

めくさってやったりしているのがおかしいからそのように言うのだ、という。すなわち、N村の若い世代にとっての「タイ国家」が、一定の距離をもって捉えられている一方で、からかいたくなる程度の親しさは保持していることからくる表現ととらえることができる。

　それとは若干異なり、「国際NGO」は「尊敬すべき存在」という感じである。年一度里親が一泊しにくる程度で顔が見えにくい印象はあるが、学校の教材や村の子どもへの奨学金など目に見える形で援助をしてくれるので直接的にありがたい存在だからである。モノを通してのプレゼンスはH村の「国際NGO」よりも大きく、その存在や活動はN村学校とN村の関係を密接にする役割を果たしている面ももっている。

第2項　「地域文化」と「進学」のかかわり

　次に、「進学」に関していえば、女生徒を中心として若い世代の「進学」熱が高まりつつある。それはもちろん、N村周辺にも中学校や高校が設立され、女性にも機会を開かれていることを条件としているが、「地域文化」とは少し入り組んだ関わり方をしている。

　現代の東北タイの若者の傾向として、「地域文化」を捨ててバンコクに出たがる、と指摘されることが多い。そのような例もないわけではなかった（Sk男）が、実際には、「モーラム」にせよ「出家・サラパン」にせよ「若者歌謡」にせよ、何らかの「地域文化」に関心をもつ若者は多い。そして、その関心と地域志向や学歴志向との関わり方には次のような特徴がある。

　第一に、「モーラム好き」であることは、男生徒と一部の女生徒にみられるが、男生徒の場合はN村志向（例：Kt男）と、女生徒の場合は逆にバンコクやコンケンなどへの都会志向と関わっている（例：Kr子、Wy子）。そして、この「モーラム好き」女生徒は、同時に「進学」志向ももっていた。反対に「モーラム好き」男生徒は「進学」志向の場合とそうでない場合があった。

　これと関わる現象として、「女性モーラム」は娘を「進学」させる傾向のあることがみられたが、これは、経済的にみて「中ぐらいの層」以上で特にみることができた。

　第二に、女生徒の場合のN村志向は、むしろ「モーラム嫌い」の場合に

第3章 東北タイ・コンケン県N村の「地域文化」と「進学」

みられ、どちらかといえば「出家・サラパン」系とかかわることが多い（例：Wc子）。この場合の女生徒もやはり「進学」志向である。

以上のタイプを図示すると、次のようになる（図3-15）。

ここで興味深いのは、第一に、地域志向と「モーラム好き」の関係が、男生徒と女生徒では逆転しているということであり、第二に、N村志向かつ「進学」志向という場合が、経済的な豊かさを前提としつつ「モーラム」や他の「地域文化」への関心とも結びついている、ということである。この第二の点は、H村と共通する現象である。

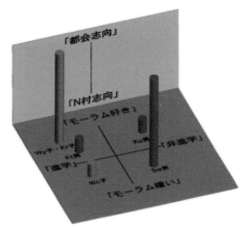

図3-15　N村中高生の諸タイプ

第3項　二つの仮説についての結果

以上のような考察は、「文化的不平等」論の二つの仮説についてのN村の結果を示している。

一つ目に、「『進学』は当事者にとってプラスである」という仮説があてはまらないとはっきり主張できる事柄は、この村では見あたらなかった。「都会への進学」に関する付随仮説についても同様である。その傾向をもっているとすれば男生徒なのであるが、それは「進学」の意欲が女生徒よりも低い、という相対的なものに過ぎず、必ずしも明確とはいえない。

二つ目に、「『地域文化』は『進学』にとってマイナスである」という仮説が明確にあてはまらない場合が見出された、ということである。つまり、この仮説は、「モーラム好き」女生徒にはあてはまらないのである。この村においては全体的に女生徒の「大学進学」への志向が強かったのであるが、このことは、「モーラム好き」女生徒に限っても同様であり、より強い例もあった。この志向は、さらに「都会志向」とも結びついており、「都会への進学」にも

結びついていると考えられる。

　さらに、この傾向は、女性モーラムが親である場合に、子ども特に娘の「進学」に熱心な傾向があるという事実によっても裏付けられる。

　このことを、さきにまとめた「地域文化」のネットワークと関連づけてとらえるならば、次のようになろう。

　N村の「地域文化」のネットワークは、「モーラム」にかかわるネットワークと、「出家・サラパン」にかかわるネットワークにわかれていたものの、全体としてN村学校を密接に含み込むネットワークを構成し、特に「モーラム」にかかわるネットワークとのつながりが強かった。そのために、「進学」に対してプラスであると同時に、ある「地域文化」が「進学」に対しプラスに作用する、という事態が生じた、ととらえられる。

　このように、N村についても、「地域文化」のネットワークのあり方は「進学」についてのN村の傾向をとらえる際に重要性をもつと考えられる。

第3章注

1　『タイの事典』(石井他編 1993)では独立した項目としては扱われておらず、「音楽」の項目の中で次のように触れられるのみである。「宮廷で発達した古典音楽のほかにも各地方ごとの民族音楽やポピュラー音楽が豊富で、特に東北タイのモー・ラムという語り手による語り物（モー・ラム歌）とその伴奏に用いられるケーン（ラオス笙）はよく知られている」(ibid.: 75-76)。それに対して、仏教や精霊信仰関連の項目はこの事典の中では数多い。

　　また、Dictionary of Traditional South-East Asian Theater (Yousof 1994) は次のように書いている。「モーラム・ルアン　タイ東北部のラオ語地域に見られるオペラ形式の演劇で、ラオ語を使用する。語りの形式から発展してきたと考えられており、リケー（中部タイ起源の演劇−筆者注）と似た、かなり手の込んだ衣装と踊りを用いる。モーラム ルアンは概して現在でも非常に人気があり、1975年現在で3000組ぐらいの現役のモーラムがある。今日の数は不明。」この場合は、演劇の辞書であることもあって、「モーラム・ルアン」（劇形式のモーラム）のみを扱っている。

2　例外的に学術的に詳しく取り上げているのは、種瀬(1990)と星野(1990)である。種瀬は、第一に、モーラムの起源は、文学や仏教説話の朗読、僧侶の説教に

186

あること (ibid.: 192)、第二に、ラムの詩形は、七つの音節と拍子を一致させる「拍節リズム様式」と一致させない「自由リズム様式」（ラム・ターン・ヤーオ）の二つがあること (ibid.: 193)、第三に、旋律にはソが終止音となりソラドレミとなる「短旋法タイプ」とラが終止音となりラドレミソとなる「長旋法タイプ」の二つがあること (ibid.: 194)、第四に全体の九割以上を占める「ラム・ターン・サン」（拍節リズム様式で短旋法タイプ）と終わりに別れの歌として歌われる「ラム・ターン・ヤーオ」（自由リズム様式で長旋法タイプ）とその後に歌われることのある「ラム・トゥーイ」（拍節リズム様式で長旋法タイプ）の三つがあること (ibid.: 195-196)、第五にラムの種類としては「ラム・プーン」（一人で歌う）「ラム・ゴーン」（二人で掛け合いをする）「ラム・ピー・ファー」（治療目的）「ラム・ムー」（多人数で歌う）「ラム・プルーン」（踊りや楽団による伴奏をともなうもの）などがあること (ibid.: 197)、第六に、ケーンという笙に似た楽器が重要な役割を果たすこと (ibid.: 198)、などを指摘している。星野は、10人のモーラムのライフヒストリーを紹介することを通して、住職、農業、政治家、輪タクの運転手、会社社長、博徒、教員など様々な職業と結びついてモーラムという稼業が営まれていることを明らかにしている（星野 1990: 212-220）。また「モーラム・ルアン」で扱われる物語のうち三つを紹介し、それらが古来の民話・昔話に勧善懲悪思想と仏教説話の枠をはめこんだものであること (ibid.: 228-232) も指摘している。

3　Caruwan (1986) の研究は、A4版210頁にも及ぶ膨大なものである。第１章では、土着歌謡 (pleang phu'n ban) およびモーラムの研究が従来どのように行われてきたかをサーベイする。タイでは、土着歌謡は、「口承文芸」を伝えるものとして重視され (ibid.: 1)、(1)子守歌、(2)子どもが遊びのときにうたう歌、(3)青年男女が遊びのときにうたう歌、(4)儀式の歌にわけて研究されてきた (ibid.: 3)。しかしながら、モーラムについてはまだ十分に研究が行われていないため、モーラムを東北タイの社会・文化と広く関係づけながら研究をしたいと述べる (ibid.: 13)。第２章では東北タイという土地について紹介する。それによると、東北タイは元来タイのスコータイ王朝からも独立したランサーン王国を形成していたが、15世紀以降都市間の争いで分裂し、タイのバンコクに支配されるようになった (ibid.: 21-22) が、タイとは若干異なる信仰や習俗をもつことを述べる (ibid.: 23-28)。第３章では、この半世紀の間、モーラムが東北タイにもってきた役割について述べている。それによると、まず、ヴィエンチャンの建都伝説の中にモーラムが出てくるという。Khunsiu、Khunsi、Khunlo の３兄弟が７年７ヶ月の間暮らした後、神に下賜されて耕作に使っていた水牛が死んだとき出てきた水瓶を鍬でたたきわると、たくさんの人や動物が現れたが、その中に Nupe と Pakkwang という

2人のモーラムがいたことになっている (ibid.: 33-35)。こうした伝説のほかにも、(1)病気を治療すること、(2)貝葉文書（一定の大きさに切ったバナナの葉を束ねた書物）を読むこと、(3)青年男女の配偶者探しなどさまざまな起源があるという (ibid.: 40-41)。ラーマ4世時代には、国王自身ケーンが演奏できるほどタイでモーラムが人気になったが、王都の人々が熱中しすぎるのをおそれた王は、モーラムを演奏したり聴いたりしてはならないという勅令を出したという (ibid.: 42-43)。ラーマ5世時代には「有徳者の反乱 khabot phu mi bun」と呼ばれる事件があったが、そのときにはモーラムは情報伝達の役割を果たした、という (ibid.: 44)。

　現在のモーラムの機能としては、(1)儀式の際の役割、(2)祭礼の際の役割と大きく2つある (ibid: 44)。(1)は、病気治療的なもので、東北タイの一部の人にみられ、phi fa ないし phi thaen と呼ばれる精霊 (phi) がかかわっている (ibid.: 46)。ここでモーラムは、病気などで危機に陥った村人をいやす効果があると同時に、普段は男性に比べて自由が制限されている女性を解放する効果があるという (ibid.: 58)。(2)は出家やカチン祭や葬式などの祭礼の際に主催者が雇うものである (ibid.: 67)。料金は、能力の高いモーラムなら5,000〜10,000バーツ、有名なモーラム劇団 (molam mu) なら12,000〜20,000バーツ、有名でないモーラムなら1,000〜5,000バーツである。ただ、芸能事務所 (samnak ngan thurakit bantoeng) を通して紹介する場合が多く、そうすると50,000〜60,000バーツ払っても6,000〜8,000バーツしかモーラムにいかない場合があるという (ibid.: 63)。(2)のタイプのモーラムの曲調には、lam thang san (短音節のラム)、lam thang yao (長音節のラム)、lam toei (繊細なラム)、lam phloen (楽しいラム) がある (ibid.: 77)。演じ方には lam pu'n (語りのラム) と、lam klon (歌のラム)、lam ru'ang to klon (劇のラム)、lam phloen (歌劇のラム) がある (ibid.: 78-91)。ここではモーラムは、楽しませること、教育すること、宗教や社会規範を伝えること、政治的思想的統一をつくり出すこと、村人のメディアとなること、ストレスを解消することという役割があるという (ibid.: 94)。

　また、Pakon (1991) は、モーラムには、男女2人が一組で行う molam klon (歌のモーラム)、そこから派生して、多数の男女が演ずる場合 molam mu (集団のモーラム) または molam ru'ang (物語のモーラム) と呼び、特に楽しい曲による場合を molam phloen (歌劇のモーラム) と呼ぶ、という。そして、曲調については、thamnong thang san (単音節の曲調)、thamnong thang yao (長音節の曲調)、thamnong toei (繊細な曲調) があるという。またこの曲調は地域によってことなり、ゆるやかなウボンラーチャターニー風、非常にはやいカーラシン風、少し早いコンケン風があるという (ibid.: 119)。なかでもコンケン風は、早さがちょう

第3章　東北タイ・コンケン県N村の「地域文化」と「進学」

ど良く、新しい言葉、新しい音楽や踊り子、そして新しい技術も取り入れているので、タイ人に広く人気があるという (ibid.: 119-120)。このコンケン風は Kam 氏という人が、1938年に創始してタイでもラオスでも人気になったという。その後 Inta 氏の 'Intathairat' という一座が曲を完成させ、1967年にコンケンのコンテストで優勝して一躍有名になったという (ibid.: 120)。コンケン風モーラムには、アマチュアのモーラムと職業的モーラムの2つの種類があり、前者はほとんど全ての村にある (ibid.: 121)。後者にはランクがあり、雇料が13,000-18,000バーツ（遠い場合は25,000バーツ）かかる上級は5つ程度であり、5,000-10,000バーツかかる中級は30-40程度存在するという (ibid.: 122)。東北タイに伝わる説話が出し物だが、衣装は近年のもの、350ワット以上のスピーカー、東北タイ語だがタイ語風の言葉使い、ケーン、ピン、ソーなどとともにドラム、ギター、ベース、トランペット、電子オルガンを利用するのがコンケンのモーラムの特徴という (ibid.: 122-123)。かかえている問題としては、(1)芸能事務所がマージンをとりすぎるために料金が高くなり、代わりに映画など別の催しにとってかわられる、(2)客が音楽や露出度の高い踊り子にばかり関心をもつこと、(3)分け前の争いで分裂してしまう傾向があること、(4)資金を出してくれるスポンサーの過剰な介入があること、(4) muai thai（タイ式ボクシング）、ram wong（踊り）、テレビ、ビデオなど新しい娯楽が出てきていること、などがあるという (ibid.: 123-124)。

4　既に紹介した Pakon (1991) の研究が示しているように、コンケンという県全体として見ても、ウボンラーチャターニー県、ウドンターニー県、マハーサーラカーム県（いずれも東北タイ）などとならんで、モーラムの盛んな地域である。

5　例えば、Karabao は中部出身の歌手であるが、東北タイを描いたと思われる歌をいくつも発表している。

6　これは東北タイでしばしばみられるものだが、瞑想を中心とし、厳格な戒律にしたがうものといわれている。詳しくは Tambiah (1984)、Taylor (1993) 参照。

7　8日に1度まわってくるもので、住職による説教がなされる場合もある。

8　「国際NGO」という表現については第2章（注25）参照。

9　パーリ語は、上座部仏教の経典の言語。コーム語は、東北タイに先住していたコーム人の言語で、宗教関係の古文書の一部はこれで書かれている。

10　第2章（注7）で述べたものと同様の儀礼である。

11　将来バンコクやコンケンなどに住みたい、と答えた人の割合。

12　図中で、「ピン」とは、前章で紹介したのと似た弦楽器である。ただし北タイのピンが2弦であるのに対し東北タイのピンは3弦である。ルークトゥンも、前章で紹介したように、中部タイ起源の歌謡曲の一ジャンルである。

189

13 「ワイ・クルー」とは、一晩中続くモーラムの最初に、師の恩に感謝するラムを語り歌う部分である。そのときにはモーラムの原形に戻って、モーラムとモーケーンだけが登場する。

14 中部タイ発祥の「ルークトゥン（田舎育ち）」というジャンルがあり、いわば日本の演歌のようなものでありタイ人にも非常に人気であるが、近年のモーラムの中にはこの影響を受けて歌謡曲調のモーラムのテープが数多く出されている。N村のモーラムがしばしば演奏する「ボーラック・シーダム（黒い愛のリボン）」(Siriphon=Amphaiphong) はそうした曲の一つである。その中には純粋に歌の部分に混じって従来のラムの部分もある。

15 安居とは雨季の3ヶ月間を指し、仏教的な修行の時期とされている。この期間出家をする若者も多く、僧侶は寺の中にいなければならない。N村の年配の女性の何人かは、この期間の仏日には、白い衣装を着て寺に来て読経し夜は宿泊、という行をする。

16 モーラムでは女性が座長になることはけっして珍しいことではない。例えば「愛の黒いリボン」の Siriphon=Amphaiphong はその例であるし、同じ行政区内のNs村のモーラム一座も女性が座長である。

17 第2章（注8）で述べたように、僧侶に対する試験（教法試験）の9段階のうち最初の3段階「ナク・タム」、後の6段階が「パリエン」と呼ばれるが、「ナク・タム」はタイ語で行われ、「パリエン」はパーリ語で行われる。

18 そのほかにN村に関与しているのは日本のB財団である。この財団は日本で得た寄付を元手にして、バンコクにいるタイ人スタッフと協力して、毎年学校に対して、6千バーツ（約2万円）の寄付をしている（1997年度からは8千バーツ）。N村学校の教員に購入計画を提出してもらい、それを適切とみた場合に寄付するというものである。また、年に1度、子どもたちに絵や作文を書いて送ってもらい、日本で展示する（作文は翻訳して展示）。そのときに同時にタイの小物（キーホルダー、ネクタイ、枕、その他様々）を販売し、利益を基金に繰り入れる。年に数回会誌を発行し、寄付してくれた人に送っている。現地スタッフはいないので、年1回のスタディ・ツアーで学校訪問し宿泊することが、唯一の接触である。

　この財団の場合には寄付が学校経由のみなので、A財団とは異なり、「寺系ネットワーク」にせよ「St氏系ネットワーク」にせよN村の「地域文化」をささえるネットワークとは殆ど関わりをもたない。

19 事務所とは、都市の交通の便利な場所例えばバスターミナルのそばにあり、普通は村々にあるモーラムの一座が数多く登録しており、雇おうとする人々に紹介する場所となっている。モーラムの規模、種類、傾向、出演者の顔だちそして契

第3章　東北タイ・コンケン県N村の「地域文化」と「進学」

約料などが示され、例えば法事のアトラクションとして雇う人は自分の予算や村人の趣味などを考慮して決めるのである。もっとも、名前をきいて直に村を訪れて契約することも少なくない。
20　相手方Cl氏の場合小学校1年の頃からモーラムに関心があり、N村学校の先生が才能を認めてすすめたこともあって、小学校卒業と同時にSt氏に先だって隣のNc郡にいるモーラムのところでゴーンラムを覚えた。
21　ただし、隣の郡には、有名な男性モーラムの娘で小学校卒後モーラムの勉強だけ続けているという18才の女性がいるので、現在そのルートは全く魅力がない、とまではいえない。
22　Wy子によれば、年間1万バーツはかかるという。ただし、奨学金の貸与を受けることができる。
23　この村では（子どもの進学時の）経済的地位を次のように分けて分析してみた。(1)豊かな層。農地（田と畑の合計）が30ライ以上あるか、又は世帯員が海外で成功するなどの豊かな農外収入がある。(2)中ぐらいの層。農地が10ライ以上あるか、又は世帯員がバンコクから定常的な仕送りをするなど安定した農外収入がある。(3)貧しい層。農地が10ライ未満で、かつ世帯員の出稼ぎ収入も不安定な場合。

　すると、女性モーラムと子どもの高校進学の関わりは、「豊かな層」と「中ぐらいの層」でのみいえる。ということはある程度の資産がある場合にのみ、モーラムの経験の効果がみられる、ということになる。

　次に女性モーラムと娘の高校進学の関わりは、「中ぐらいの層」でのみいえる。同じく女性モーラムと息子の高校進学についても、「中ぐらいの層」でのみいえる。ということは、「豊かな層」の女性は、モーラム経験の有無に関わりなく、娘又は息子を進学させるが、「中ぐらいの層」の女性の場合、モーラム経験があるかないかが、娘や息子を進学させることについて、大きく影響する、ということができる。

　それらとは異なり、「貧しい層」の場合には、女性モーラムの経験があっても、子どもを進学させることはない。
24　ただ、Cl氏は、子どもには、大卒以上の教育を受けさせたいと語っており、調査時点で小学校在学中の2人の息子は高校以上に進学できる可能性があった。
25　出家経験者と子どもの高校進学の関わりは、子どもの性別を考慮しないとき、いずれの層でもはっきりといえない。娘の高校進学について見た場合、「豊かな層」でのみはっきりと、出家未経験者のほうが、進学させる度合が高い。息子の高校進学について見た場合、やはり「豊かな層」ではっきりと、出家経験者の方

が、進学させる度合が高い。

　すなわち、出家経験者は、たとえ十分な資力があっても、娘には高い教育を与えようとしない傾向がある、ということがいえるのである。「中ぐらいの層」「貧しい層」ではいずれも、はっきりしたことはいえない。

26　ここでいう「1級」とは、(注17)で述べた9段階の教法試験の最初の3段階 (naktham tri, naktham tho, naktham ek) の最終段階のことを指している。

第4章　南部国境地帯・パタニ県A村の「地域文化」と「進学」
　　　　　——「ポノ」を中心に——

第1節　はじめに

　序論で紹介したように、本章で扱われるA村は、前の二つの村とはかなり違った印象を与える。というのも、「仏教国」というイメージのあるタイで、例外的にムスリムが過半数を占める南部国境地帯[1]に位置しているからである（図4-4参照）。しかもこの地帯は、現在でも時折学校や警察官を狙った放火事件・襲撃事件が起きるなど、「過激」なイスラム地域というイメージを与えている。しかし、序論で論じたように、A村もまたナーン県H村やコンケン県N村と同じような社会的条件にあるのであって、比較の対象として取り上げることには十分意味がある。
　この村もムスリム村であるが、この地帯の他の多くのムスリム村と同様に、「ポノ」というイスラム教育機関が設けられている。これを中心に「地域文化」と「進学」の関係を考察してみることにしよう。

第1項　「ポノ」とは何か

（「ポノ」の由来）
　「ポノ Pono」とは、マレーシアでは「ポンドク Pondok」インドネシアでは「ポンドク・プサントレン Pondok Pesantren」と呼ばれる、東南アジアに広く見られるイスラム教育機関である。その元々の形は、学生が教師の家の周りに小屋を立てて共同生活をすることにより継続的かつ実体験的にイスラムの知識を学ぶ、という方式をとる（この小屋もやはり「ポノ」と呼ばれ、むしろこれが語源なのである[2]が、紛らわしいので以下では、学生たちの住まいを指すときは

193

「小屋」と表現し、全体として指すときは「ポノ」と表現することにしよう)。これは、14～17世紀にこの地域がイスラム化して以降、若い世代に知識を与え、教師をつくりだす機関として広く普及してきた。Geertz (1960) によれば、教師の周りで弟子が集合して修行するという形態は、それ以前 (2～16C) の「ヒンドゥー・仏教僧院」に由来するものである、という。

　この機関は、地域によって異なる発展を遂げてきた。タイでは、後に述べる「ポノ改編政策」の中で、「私立イスラム教学校」として認められることとなったが、従来通り宗教科目のみ教える「ポノ」と、宗教科目と普通科目を教える「スコラ」に分かれることとなった[3]。

　序論第4節で紹介したように、タイの現行学校体系では、小学校6年のみが義務教育である。そこまではムスリムと仏教徒とを問わず、通わねばならない。従って小学卒業の時点で、「中学校」に進むか、後述の「スコラ」に進むか、それとも「ポノ」に進むか、という選択が生じる。

　「中学校」は、週2時間の宗教の授業のほかは普通の中学校のカリキュラムにしたがう。従って普通の「進学」と全く同じ扱いを受ける。

　「スコラ」は、前述のように、宗教教育 (3～10年の課程) と同時に、教育省のカリキュラムに従う普通教育 (中3または高3まで) を行うので、タイの教育体系の中でも「進学」したことになる。

　「ポノ」は、宗教教育しかないので、当然、タイの教育体系の中では「進学」したことにならない。

　にもかかわらず、南部国境地帯では小学校卒業後「ポノ」に行くことが現在でも盛んであり、「中学校」と「スコラ」を合わせた「進学」率が全国的にみても異常に低いのである。例えば1994年にはタイ全体で中1への「進学」率が80%以上あるのに、パタニ県では50%を切っている。まず、どうしてこのような現象が生ずるのか、背景から説明しよう。

(「ポノ改編政策」の経緯)
　タイ政府は、「ポノ」が南部国境地帯の分離運動の温床になっていると考え敵視し、力で閉鎖させようとしてきたが、1960年代からは、「ポノ」を取り込んでいくこうとする融和的政策を採用するようになった。

第4章　南部国境地帯・パタニ県A村の「地域文化」と「進学」

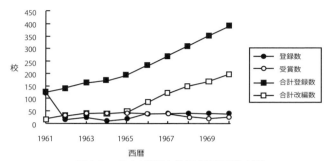

図4-1　ポノの登録と改編（南部国境4県）
（出典）(Kraswang suksathikan khet 2. 1993)などより作成。

　1961年には、まず「ポノ」登録制が実施される。登録すればいくらかの賞金がもらえることもあり、最初は抵抗を示していた「ポノ」も少しずつ応じ始めた（図4-1）。次いで、1965年からは登録した「ポノ」に対して、建物の設置、普通科教師の派遣を条件に「学校」への改編を実施していった。

　1971年に「ポノ」登録を停止し、登録していない「ポノ」は認めないことになった。このときまでに392の「ポノ」が登録を済ませていた。その後は、普通中学校と関係付ける（1974年～）「タイ語・社会科奨励プログラム」（1979年～）などを通して普通科を充実させていった。これが次第に進展して、午前中にはパタニ・マレー語でイスラム教の宗教科目を教え、午後にはタイ語で中学・高校相当の普通科目を、いずれも学校方式で教える現在のような普通科・宗教科併設の「私立イスラム教学校」の形に仕上げられていった。

　しかし一部の「ポノ」は普通科目を受け入れなかった。「学校」への改編は若干受け入れ、タイ語表示の学校名や看板や、ある種の教室設備（黒板や机など）ももっているが、しかし大部分の時間は昔ながらのやり方で宗教教育を行っている。これは教育省の統計の中では、宗教科のみの「私立イスラム教学校」と分類されている。

　つまり、タイ政府の考えでは、現在「ポノ」は全てなくなり、「私立イスラム教学校」に改編された、ということになっている[4]。そこではただ普通科宗教科併設の「私立イスラム教学校」か、宗教科のみの「私立イスラム教学校」か、という違いのみが存在することになっている（もっとも実態は必ずし

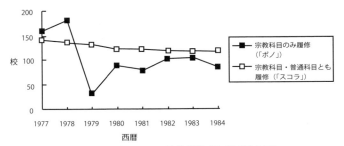

図4-2　私立イスラム教学校数（南部国境4県）
(出典)(Kraswang suksathikan khet 2. 1985)

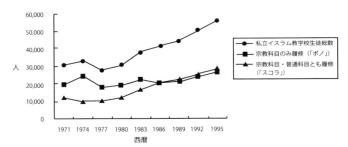

図4-3　私立イスラム教学校の学生数と履修変化
(出典)(Sombun 1991)、教育省第二管区資料などより作成。なお奥川(1998)を参考にした。

もそうではなく、未登録の「ポノ」も存在し続けていることが関係者には知られているが）。南部国境地帯のムスリムたちが、前者を「スコラ」後者を「ポノ」と呼び分けていることの背景にはいったいどういう事情があるのだろうか。

　図4-2にもみられるように、「スコラ」の数値は安定しており、「ポノ」の数値は不安定である。それは、「ポノ」が容易に生じたり消えたりするということよりは、「ポノ」を教育省が十分に把握できていないことを示している。

　その後も「スコラ」の数は少しずつ減りながらも安定しており、130前後が開校している（1998年）。「ポノ」の数は1980年代後半以降増大し、160以上存在している（1998年）。

　学生数をみても同様である。「スコラ」学生数が上昇を続けており、1986年に「ポノ」学生数を上回った。しかし一方、「ポノ」学生数も決して減ってはおらず、「スコラ」学生数と同水準を維持しむしろ増大する傾向すら見られる

第4章　南部国境地帯・パタニ県A村の「地域文化」と「進学」

(図4-3参照)。

このことは、先に述べた「ポノ」に行くことの根強さと通じている。

(「ポノ」の研究史)

「ポノ」については、これまで数多くの研究が行われてきた。まず最初に現われたのは、統合政策を行う立場からする研究である。

Rung (1968) の修士論文は、統合政策の転換が起こった1960年代の雰囲気をよく表わしている。それは、分離運動に対抗するためにはまず教育が重要であること、特にイスラム教育機関「ポノ」が戦略的な重要性をもつことを見定めている。しかもその態度は決して「ポノ」敵視ではなく、政策の遂行にあたっては「ト・クルー」との合意を形成しながら行うべしとする融和的方針を主張している。「ポノ改編政策」に対して「ト・クルー」たちも賛成していると主張する調査結果自体は、タイ語の調査票を用いたりサンプルが偏ったりしているので一般性は低いが、当時のタイ知識人の考え方や「ポノ」の実態の一面をよく伝えている[5]。

同じ頃に教育省も「ポノ」に関する詳細な調査報告書をまとめており (Sunphatthana kan suksa 1969)、政府全体として「ポノ」に焦点を定めていることがよくわかる[6]。

「ポノ改編政策」が進行した1980年代になると再び「ポノ」についての研究が現われ始める。Soemsak (1983) は、やはり統合政策の立場に立つものだが、先のルンよりも広く対象をとり、ジャーウィ語（アラビア文字表記のマレー語）[7]で調査票を作成して調査を行った。その結果、「ト・クルー」は改変政策に概ね賛成でありながらも、女生徒に歌わせたり運動させたりすることへの疑問、政府の援助金が十分とはいえないなどの若干の不満もあることを明らかにした[8]。

ムスリムでありながら普通中学校を経てハーバード大学に留学したPitsuwan (1985) は、「ポノ」を「マレー・ナショナリズム」という枠組みで捉え、「ポノ」改編政策についても「マレー人をタイ化させ」ようとする「民族同化政策」として記述した[9]。

日本人研究者による捉え方もほぼ同様である。この「ポノ改編政策」につ

いて橋本 (1987) は「宗教教育への介入」として、小野沢 (1987) は「文化的同化政策」として描いている。すなわち、「宗教（イスラム教）」と「民族（マレー族）」という2つの文化要素についての同化政策と捉えるのである[10]。

それらに対して Madmarn (1990) は、「ポノ改編政策」には、ムスリムの側からの主体的対応という側面もある、ということを明らかにした。たしかに、政策の開始はタイ政府の民族的同化政策にあったが、それに危機感を覚えた一部の「ト・クルー」たちがその政策にのるかわりに同時に「近代派」イスラム[11] をタイにも導入することでイスラムの存続をはかった、というのである。西野 (1990) や服部 (1995; 2001) が詳細かつ明快に描いているように[12]、インドネシアでは、今世紀の初頭以来、ヨーロッパ式の学校のスタイル（椅子と机を用いる集合教授、学年制と進級制度）をとる「マドラサ」と呼ばれるシステムが導入されるようになっている。「ポノ改編政策」の結果つくられた普通科・宗教科併設の「私立イスラム教学校」では、タイ語の普通教育を学ぶが、宗教教育についても「マドラサ」制度を取り入れた。それが「ト・クルー」側の働きかけによるものだと指摘したのである。「マドラサ」制度の導入の結果、サウジアラビアやエジプトなどイスラム近代諸国の大学への留学も格段に容易になった。つまり、「スコラ」は、単に「文化的統合政策」とだけ見るわけにはいかない面もあるのである[13]。

その後の研究としては、奥川 (1998) が、経済開発との関わりで教育の変化を描いた。つまり、1980年代〜90年代に入っての普通中学校への「進学」者の増大などに着目し、それは経済的豊かさがムスリムにも行き渡るようになった結果だとみるのである[14]。こうした視角は、分離運動の衰退を経済発展とマスメディアの普及と関連させた橋本 (1991〜1992) の視角[15] とも通じるものである。

(研究史上の問題)

以上の数多い研究は、貴重な成果を挙げてきたが、それでも、まだ不十分な印象を残している。というのは、明らかにされるムスリム側の諸傾向（分離運動の盛衰、「ポノ改編政策」に対する態度、経済開発への態度）が、南部国境県のムスリムに一様に共通して存在する、という前提があるからである。しか

し本当にこれだけの人口を占める少数民族が、同一の態度をとっているといいきれるのだろうか。

　南部国境県についての研究は、特にそれがタイ人やタイ側資料に依存する外国人研究者の場合には、多かれ少なかれ同一視する傾向をもっていた。それは、「イスラム教徒」「ムスリム」「マレー・ムスリム」「タイ・ムスリム」など用語は様々であるが、南部国境県のムスリムを十把ひとからげに共通の精神的傾向をもつものとして描くのである。ムスリムである Pitsuwan ですら、その出身が南部国境県でない（スラタニ県出身）せいか、ステロタイプ的に捉えすぎているように思われる。

　例外の一人は Chavivan (1989) である。Chavivan は、南部国境県のムスリムでも「男性」は権力と宗教に関わり「女性」は市場に関わるという差異があることを描きだした。その記述は、「マレー・ムスリム」の中に「女性」と「男性」の間に意識の違いがあることを描き出している。

　教育面について取り上げたなかで唯一こうした内部差を主題的に描き出したのは、南部国境県に生をうけたムスリムである Madmarn であった。例えば、南部国境県の「ト・クルー」の中に「伝統派 kaum tua」対「近代派 kaum mudah」という、教義に関する対立があったことを記し (Madmarn 1990: 30-39)、旧来のシステムでイジャザーを受けた「伝統的教師」と近代的システムで学び B.A.、M.A.、Ph.D. などをもつ「近代的教師」という差異があることも記している。ただ、ムスリム同士の対立を赤裸々に書くことを避けたせいか、こうした差異に沿って南部国境県のムスリムの考え方を類型化することは避けている。しかし問題はそのために、「近代派」の「ト・クルー」に師事し、米国留学して Ph.D. をもつ「近代的教師」である彼自身の立場が、あたかも南部国境県のムスリムの一般的感覚であるかのように思わせる誤解を招いている。あるいは「伝統的教師」と「近代的教師」との関係を一種の「発展」として捉えている[16]。

　Che Man (1990) はフィリピンのモロとタイのパタニ・マレーの分離運動について、比較考察を行っているが、ここでもパタニ・マレーについて、同質的なものと捉えてしまっている。それによると、パタニ・マレーはモロに比べ宗教的指導者が強く、東南アジア・イスラムの中心であったが、タイ政府

の「ポノ改編政策」が効を奏して大して政治的成果を挙げられなかった、というのである[17]。これは比較としては興味深いが、パタニ・マレーの記述としては若干単純化し過ぎている。

以上のような研究成果からは、「進学」と「地域文化」の関係について、次のようなイメージが描かれる。「タイ政府の強制的同化政策の時代、南部国境県のムスリムたちは反抗して子どもたちを『ポノ』に積極的に通わせた。しかし1960年代以降の融和政策が功を奏して、ムスリムたちの協力も得つつ『スコラ』への改編を行っていき、現在は次第にそれが主流になりつつある」。

こうしたイメージでは、「ポノ」に行くことの根強さを捉えることは難しい。以下では、A村の事例を通して、このイメージの修正をはかっていきたい。

第2項　A村の概要

A村の人口は671人、130世帯である（1990年）。宗教は全てムスリムである。村人が従事しているのはおもに農業であり、うるち米（nasi jimo）をつくり、家畜（鶏、家鴨、山羊、羊）を飼っている。一帯は椰子林でそれを切り開いた形で水田があり、家屋は林の中にある。米作りは年1回（9月に植えて1月に刈り取る）である。米作りは基本的に人力であるが、耕耘機を持っている家もある。

村人の家は、散在しているという感が強いがいくつかの地点では密集している。密集している地点とは、村の交差点でモスクのある地点(A-f)と、そ

図4-4　南部国境4県、パタニ県、およびA村の位置

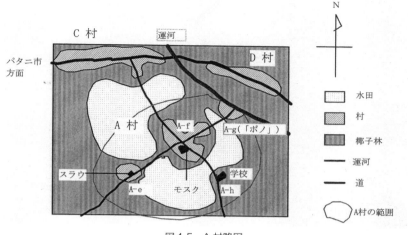

図4-5　A村略図

こから「ポノ」とは反対の方向に数百メートルいったところにある地点(A-e)である。ここにはスラウ（礼拝堂）[18]が設けられている（図4-5参照）。

第3項　調査の実施

　A村での調査も、約6ヶ月間（1995年6月～1995年8月，1995年10月～1995年12月）の定着調査として行われた。その方法は、参与観察と「ポノ」に関する現地文献（とくにジャーウィ本）の収集である。前に若干述べたように、この地域が調査時点においても政治的緊張度の高い地域であるために、調査票を用いることは不可能であった。筆者はイスラムに関心をもつ学生として、「ポノ」Aに寝留まりして、学びながらその生活を観察し、ときに村に出てきて村人たちと交流することによって状況を知る、という方法をとった。

　学生として、「ポノ」に居候させてもらった仕方は次のようである。そこでは小屋の半分をもつ1人の学生Sl男と1つの小屋をもつ2人の学生Dr男、Ar男の合計3人が向かい合って住み食事を共同にしていたが、そこに4人目として加えて貰ったのである。最初の3ヶ月は、Slの半分の小屋に、残りの3ヶ月はDr男、Ar男の小屋に住まわせてもらった。費用面で相応の負担をするのはもちろん、炊事、掃除なども分担した。

8月中約1ヶ月間は「ポノ」Aに宿泊しながら（8月に「ポノ」Aは休暇に入る）乗り合い自動車で「スコラ」Bに通い、やはり参与観察的に調査を行った。参与の仕方は、宗教のみの最上級クラス（第10学年）で授業を受けながら、学生や先生に話をきくという方式である。

第4項　A村における「地域文化」の概要
　これまでと同様に、「宗教」・「芸能」・「開発」という3つの言葉を手がかりに、A村の「地域文化」を列挙してみよう。
1　「イスラム」
　既に序論で紹介したようにパタニには古くからイスラム王国が成立し(Teeuw et al 1970)、かつては東南アジアにおけるイスラムの中心のひとつであったとされている(Pitsuwan 1982)。そのせいもあり、A村のあるパタニ県など西海岸は南部国境地帯の中でも特に厳格な地域であるとされている(Chavivan 1982、西井 2000)。西井が調査したサトゥーン県では戒律が比較的緩くタイ仏教徒の社会と「共存」する傾向が強いのと対照的である。また、この地域のイスラムは、それ以前からあるマレー文化と深く融合している。つまり、それ以前から普及していた土着の文化やインド系文化が染み込んでいる。例えば村人の普段からまとっている模様入りサロンは、明らかにインド起源のものである。
　宗派としては、多数派のスンナ派であり、さらに細かくいえば東南アジアに多いシャーフィイー派である[19]。
　このイスラムの知識を伝達する機関が「ポノ」であるが、A村は南部国境地帯でも有名な「ポノ」Aを村はずれにもっている。
　この村のイスラムは、六信五行を中心とする「宗教」としての側面の他に、様々な「芸能」の要素も含んでいる。例えば、礼拝を告げる声（アザーン）は、歌としての要素も含んでいるし、宗教行事の際には、経典の朗誦や合唱、演劇などの催しがしばしばある。
　例えば、「マウリッド」（預言者生誕祭）には、ご馳走をつくって互いに招待し合うが、そのときには、ムハンマドを称える唄を合唱したり、「アル・クルアーン」の一節を自信のある客が代わる代わる朗誦したりする。その晩に

は、「ポノ」の敷地の中に舞台が設けられ、やはりムハンマドの生涯に関わる語り物が披露され、周囲の村からも多くの客が見物に来る。

こうした催しが、ハリラヨ・ポソ（断食明け）、ハリラヨ・ハジ（巡礼祭）、あるいは結婚式などといった機会に行われている。そしてその内容は何らかの意味でイスラムにかかわっており、A村に関しては、「宗教」と「芸能」を分けようとすることに殆ど意味がないのである。

2　「開発」について

南部国境地帯では、1960年代からの農村電化、病院・保健所設置、灌漑計画、ゴム品種転換援助、小規模ゴム生産者保護、農業経営講習などといった経済開発政策が行われてきた（橋本1987）。当初は必ずしも上手くいっていなかったが、1980年代に入って所得の上昇に繋がっており、それは、分離運動の衰退をもたらしたとされている（奥川1998）。しかし、調査時点のA村ではそれにかかわる目立った動きは殆どなかったといってよい。「もうひとつの発展」のようなタイプの運動も、ここには全く存在していなかった。

3　「ダッワー」について

現状を変えようとする運動ということでいえば、「ダッワー」（布教活動）の方が熱心である。「ダッワーDakwah」について西井は「世界におけるイスラーム復興運動に呼応してマレーシアのイスラーム復興運動」（西井 2000: 100）と紹介しているが、より正確には、本部はインドのニザムッディーンとされており、マレーシアというよりインドを中心とした国際的なイスラーム復興運動であるというべきである[20]。日常的な活動としては、ひとつに、週1度ヤラー県の本部に付設された大礼拝所に南部国境地帯からムスリムを多数集めて集合礼拝を開くことであり、いまひとつに、布教遠征グループの派遣を、本部の指示によって行うことである。モスクなどを寝泊まりの場所として、ある村や町に出かけ、住民を相手に演説を行うのである。A村でも、この集合礼拝や布教遠征への参加よびかけを、金曜礼拝のときなどに行っている。

4　「タイ文化」について

A村において、小学校以外で、最も顕著な「タイ文化」の発信者は、テレビである。1980年代後半からは「ハラパン・バル／クワームワン・マイ（新しい希望）」計画というテレビを使った統合政策も実施されてきた（橋本

1991)。それは各村にテレビを配付すると同時に多チャンネル化することによって、タイ社会への同化をはかる、というものである。もちろん、マレーシアの放送の視聴もあるが、タイ語を習った若い世代ではタイ語放送番組の視聴も増えているとされる (同上)。しかしその影響力はこの村ではさして強くない。厳格なイスラム教徒にとっては、スポーツや音楽などであっても、異教徒によるものは、「望ましくないもの」と捉えられるからである。

以上見てきたことからすると、A村においては、「イスラム」が「宗教」・「芸能」のいずれにも強い影響力をもっており、「開発」よりも「ダッワー」が重要性をもっている。従ってA村を「ポノ」中心に描くことには一定の根拠があると考えられる。

第2節　A村と「ポノ」A

第1項　A村略史

次に、A村の略史を聞き取りと「ポノ」Aがまとめた「略史の記録」(Muhammad 1994) と題するパンフレットに基づいて記述してみよう。

(1950年代まで)
100年位前は、A村は、かつてもっと小さくまとまっていた。そしてそこに「ポノ」もあった、という。その場所とは、村の交差点から「ポノ」とは反対の方向に入っていった場所、つまり、家が密集しスラウが設けられている地点 (A-e) である。そこに大きな「A」という名前の木があり、それにしたがってA村と呼ばれるようになったのだ、という[21]。

そのころ運河沿いの村の近く (A-g) には、仏教徒の村があったが、ムスリムとの間に小競り合いが絶えなかったという。そしてあるとき殺し合いにまで発展し、ついに仏教徒たちはいられなくなって村を捨てて出ていってしまった。

1910年に既に隣のC村に学校が設立されていた。しかし小学校に通う者は殆どいなかった。それについて村人は「川 (運河) を越え遠く歩かなければならなかったため行かなかった」という人もいる。しかし運河を越えるのは

さして難事ではなく、また歩いても2キロ程であるから、歩けない距離ではない。従ってより根本的な理由は、「タイ語を話すことは罪dosoだ」ということにあった。つまりパタニ・マレー語は、「ケチェ・イスレ（イスラムの言葉）」であり宗教の言葉であるのに対し、タイ語は「ケチェ・シエ（シャム人の言葉）」は異教徒の言葉でありかつ世俗の言葉であるので、イスラム教徒が習い覚えるのは「罪だ」という考え方である。その当時村の子どもの唯一の就学先は、イスラムの修業場である「ポノ」であった。かつて小さな「ポノ」がA-eの地点にあったが、1931年に、元仏教徒がいた場所（A-g）に初代の「バボ」が友人とともに家を建ててイスラムを教えることになった。初代の「バボ」は長年メッカに留学し40歳も間近になって戻ってきたところであった。さらに1933年にはもうひとりの「バボ」が移転してきて「ポノ」Aを設立することとなった。

（1960年代〜1980年代）

1964年にA村にも小学校が設立された。村の外れのA-h地点にである。当初はやはり反感があり、「警察に捕まるのでしょうがなく行かせていた」という。

しかし1960年代〜70年代に村の社会も変化する。それは、出稼ぎ、である。出稼ぎ先は、南部国境他県（ナラティワート、ヤラー）あるいはマレーシアなどのマレー・ムスリム地域である。職業はゴム園、果樹園を始めとして様々であるという。つまり、商品経済に頼る度合いが高くなり、この地域でつくることのできる米やバナナや椰子の実を売るだけではやっていけなくなったわけである。

そのことは別の影響も持った。つまり、出稼ぎにでるということは必然的にパタニ、スンガイコーロク、ベートン、ヤラーなどの町に出る機会を増やし、そこで次第に発展しつつある商品文化に接触するようになった。またマレーシアにいけば、同じマレー・ムスリムでありながら西洋風の服装や生活を取り入れかつ豊かに暮らすマレーシア人にも多くであうこととなった。

生活の大部分を村の中で暮らし、「バボ」や学生たちの影響のもと、敬虔なムスリムとしての生活を守っていたA村の村人たちの生活に、お金の重視

や西洋風の生活様式といった価値観が染み込み始めたのである。それは生活手段としてタイ語の必要性が増大したことをも意味している。そうした中でA村学校に対して、行政村（tambon）の議会が寄付した（1975年）。ムスリムが主導権を握る行政村議会が援助の決定を下したということは、この時期には、学校に対して、全面的にではないにしろ一定の承認が与えられた、ということを示している。

　1980年代に村人の人口が急減する。1980年に170世帯1070人であったA村人口は、1990年には130世帯671人になっている。その理由は定かではないが、前に述べた出稼ぎをきっかけとして、マレーシアや都市部への移住が始まったと考えられる。

（1990年以降）
　1990年頃電気が通るようになり、ボンベ付きのガスコンロが使えるようになり、村での生活も便利になってきた。夜は明々と電気が点り、冷蔵庫やテレビを使う家庭も出てきた。デコボコ道にもバイクや自動車が走るようになり、バイクをもつ村人も出てきた。農業をする際にも、耕耘機を使う村人が出てきた。村の中の交差点に位置する家では軒先でものを売る家がいくつもできた（A-f, A-g 地点）。

第2項　A村における「進学」の動向
　A村学校は小学校6年まで教えているが、卒業後の進路は、校長先生の話によると、次の通りである。
　もっとも多く半数近くを占めるのは、「ポノ」に行く場合である。行く「ポノ」は、「ポノ」Aでもよいし、近くの村の「ポノ」でもよい。
　次に多く3分の1ほどを占めるのは、「家の手伝い」である。A村は農村であるから、家の農業を手伝ったり農閑期に出稼ぎに出たり、という道である。
　3番目は、4分の1ほどを占める「スコラ」に行く場合である。これはA村の中にはないから、乗合自動車に乗って20〜30分行かねばならない。これは私立学校であるが、中学校・高校と同等の学歴も取れる学校である。
　4番目は、「中学校」に行く場合であるが、これは2％程度と他に比べて非

第4章　南部国境地帯・パタニ県A村の「地域文化」と「進学」

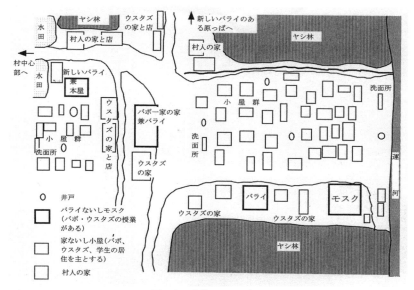

図4-6　「ポノ」Aの略図

常に少ない。これもA村の中にはなく、やはり乗合自動車で20～30分行かねばならない。

　以上からすると、この村での中1「進学」率は4分の1程度ということになり、パタニ県での「進学」率よりもさらに低いことになる。パタニ県と全国での中1「進学」率の差、南部国境県でみられた「ポノ」数の安定性が、A村でもはっきりと、しかもより強い形で表れている。

第3項　「ポノ」A

（「ポノ」Aの概要）
　「ポノ」Aは、モスクのある交差点から運河の方に向かって数百メートルいった外れに位置している（図4-5のA-g）。
　このように市街からはなれ、一つの村の中にもあるにも関わらず「ポノ」Aは、学生（「ト・パケ」[22]と呼ばれる）650人（1998年）を擁する大きな「ポノ」の一つである（図4-6参照）。ポノの主宰者たる「バボ」[23]の他に3人の「ウス

写真4-1　「ポノ」の全景。

写真4-2　学生たちの住む小屋。

写真4-3　ババの住むバライ（家・教場）。

タズ」が教えていて、高い学問水準を維持している。バンコク近郊や国外からも学びに来る学生が跡を断たない。しかもこの「ポノ」は、登録して「私立イスラム教学校」への若干の改編は受け入れたものの普通科目は受け入れることなく、「宗教のみ」の「私立イスラム教学校」すなわち「ポノ」として存続しているのである。

「ポノ」には、女性のみの「ポノ」、男性のみの「ポノ」、両方受け入れる「ポノ」があるが、「ポノ」Aは男性のみの「ポノ」である。

（「ポノ」の外観）

近くを通って、「これは『ポノ』だ」（写真4-1）と気づかせてくれる最大の特徴は、小屋の整列である（写真4-2）。小屋は3〜5メートル四方で、木造またはトタン板でできており、少し高床式になっている。それが1〜2メートルおきに整然とまたは雑然と並んでいるのである。その小屋の行列のはずれには、少し大きい、普通の家ほどの建物がいくつかある（写真4-3）。そのほかにトイレと井戸がみえる。これが「ポノ」の大まかな外観である。

この小屋の内部は、一段低くなった調理場と、少し高めになった勉強部屋

兼寝床に分れている。調理場には鍋や包丁や食器やガスコンロや水溜めのバケツが並んでおり、勉強部屋兼寝床には本を並べた棚と小さな机と布団がある。ここに1～4人が自炊をしながら書物を学んでいる。

こうした小屋群のはずれにある少し大きめの家は、「バボ Babo」（「ポノ」全体の指導者）や「ウスタズ Ustad」（「バボ」を補佐して教える者）や既婚の学生たちの家である。それらの家族たちもそこに住んでいる。または、礼拝や教えるための「バライ Balai」「バラソ Balasoh」などと呼ばれる建物である場合もある。大きめの「ポノ」の場合には、モスクをもっていることもある。

それでは、「ポノ」での学習・生活・礼拝はどのように行われるのか。

（「ポノ」の一日）
「ポノ」の一日がどのように過ぎていくのか、解説を試みてみよう。

「ポノ」の生活の基本的リズムを構成しているのは、礼拝（スマイェ）である。これはイスラムが宗派によらず一日5回行うことを義務づけられているものである。5回の礼拝とは、朝5時過ぎの「スブフ」、昼12時半過ぎの「ズフル」、午後4時過ぎの「アサル」、夕方7時前の「マグリブ」、夜8時過ぎの「イシャー」とそれぞれ呼ばれる礼拝（それぞれ20～30分程）である。それはモスクに集まって行われる。寝坊したり遅刻したりした場合には、一人だけ自分の小屋などですることになる。この礼拝は、しないと「天国に行けない」というほど重視されているので、さぼるわけにはいかない。

その礼拝に必ずついてまわるのが「マンディ」すなわち水浴びである（写真4-4）。礼拝の前には必ず所定の水浴びを井戸又はモスクでしなければならない。従って、朝の起床はまだ暗い4時半過ぎになる。若者が多く寝坊の危険が常にあるため、いつも誰かがバケツを叩いて起こして回る。

礼拝の間には「バボ」と数人の「ウスタズ」がいくつもの

写真4-4　手汲みの井戸で水浴び。

「バラソ」で講義を開いている。時間帯としては朝の礼拝の後6時半頃まで、7時から11時頃まで、昼の礼拝の後は1時半頃から4時頃まで、午後の礼拝の後4時半から5時半頃まで、夕方の礼拝の後から夜の礼拝まで、夜の礼拝の後も午後9時頃まで講義が行われる。その後もいくつかの小屋で学生の自発的な講義がある。

　食事は、朝7時前後に、「ポノ」内の売店でお菓子やまぜ御飯（ナシ・カブル／カーオ・ヤム）などを買って軽く済ませる他は、昼の礼拝の前と夕方の礼拝の前に小屋で食べる。材料はやはり「ポノ」の売店で魚の干物や卵や野菜を買ったり、バイクで売りに来る鮮魚を買って、ガスボンベを使って同居人と自炊して食べる。

　空いた時間学生は、洗濯など身の回りの雑用を片付けるか、ただ集まって談笑している。水浴び次いでに運河で水泳を楽しむこともある。たまには卵や小麦粉や米粉などを買ってきてお菓子をつくって食べる。

　小屋で自習または復習をしている学生も多い。読んでおきたいと思う本を選んで、先輩に講義してもらうこともある。だから、朝早いにもかかわらず夜の就寝は12時をまわることが珍しくない。

　講義は毎週火曜日には休みなので、ゆっくりと休んだり、町にでて買い物を楽しんだりする。

（「ポノ」での生活の特徴）

　以上の示す「ポノ」の生活の特徴は、まず学習の熱心さ、である。学生たちは、早朝から深夜まであちらが終わればこちらへいくという具合に、礼拝と睡眠と食事を除いてのべつ幕なしに講義に出ている。学生達はけっしていやいや出ている訳ではない。朝9時からの講義（「マギザ」）と夜の礼拝の前後の講義（「アズカル」「ミンハジ」「タフシール」）以外は必修ではないのだが、それでもやすみなく講義に出ている。教える側の意欲も非常に高い。60歳を越える「バボ」を始めとして数人の「ウスタズ」達は、午前1時間半、午後1時間半、夜1時間半ぐらいずつ毎日毎日教えている。火曜日と金曜日はムスリムの休日なのだが、それもかまわず平日と別の書物を教えている。筆者の滞在した「ポノ」Aは代表的で有名な「ポノ」のひとつなので特に熱心ということ

第4章　南部国境地帯・パタニ県A村の「地域文化」と「進学」

ともあるが、多かれ少なかれこうした調子で朝から晩まで学習が続けられている（写真4-5）。

「ポノ」のもうひとつの特徴は、講義よりも礼拝が中心、ということである。当然のことながら講義は礼拝と重なることは絶対にないし、講義が休みの日は、ぼおっとしているとすぐ次の礼拝が来て、礼拝で一日が暮

写真4-5　正装する学生たちとポノの内部。数多くの本と化粧道具、礼拝用の布（右下）が見える。

れてしまうことすらある。講義の時間はときにずれたりすることがあるが、礼拝の時間は厳格に守られている。講義の合間に礼拝が何か約束をしたり、情報を伝えあったりするときも、「ズフルのすぐ後」とか「マグリブの前」といったように、時刻ではなく礼拝の名前で時を指定することが多い。

　三つ目の特徴は、講義・礼拝以外の部分の長さ、つまり例えば食事をつくって食べたりトイレに行ったり洗濯をしたり水浴びをしたりということに使われる時間が長い、ということである。というのも、食事は材料を買い揃えてきて作らなければならないし、トイレや水浴びをするのも、まず井戸に歩いていって水をバケツで汲まなければならないからだ。「ポノ」は木材を主体としているのでしょっちゅういろいろな場所がいたんだり不便が生じたりする。それも自分達で木を探してきて修繕するのである。野菜や魚の干物などは「ポノ」内の店や車での行商から買うことができるが、米は少し離れた農家で買わなければならないし、ココナツミルクを使いたければ自分たちで椰子の実を割って果肉を削りださねばならない。しかし、そうした生活そのものが、イスラムの教えの実習になっている。自炊など様々な場面での協力はムスリム間の「助け合い（イクローム）」という重要な徳目にかかわっている。食事は何人かで協力して作ることが多いし、道具や食材の貸し借りは日常的である[24]。また、トイレや水浴びや調理の際には例えば「ナジス Najis」（不潔なもの）を避ける方法を意識しなければならない。「ナジス」を避けるためにはバケツの紐をどうしなければならないか、どのように用をたせばよいか、

211

左　写真4-6　年少の学生たち。
上　写真4-7　洗面所前で掃除をする年長の学生たち。

が場面に即した知識として先輩から伝えられる。また、ムスリムとして適切な服装であるかどうかを常に周囲の目が監視している。装いは、「ポノ」の生活の中で重要な要素をなしている。「助け合い」は一面では、相互監視でもある。「ポノ」の学生たちは、装いを「敬虔さ」の重要な判断材料にしようとする傾向がある。「ポノ」で最も理想的とされている装いは、頭を剃り、縁なし帽を被り、サラバンを巻き、下顎に髭を蓄え、白い長袖のイスラム上着にサロン（輪状にした幅1メートル程の布、マレーの伝統的衣装）または中東風の長いスモックとズボンである。特に礼拝の時は絶対にこの服装でなければならない。普段でも少なくともサロンは身に付けていなければならない。学生たちの中の特に敬虔な者たちは、服装の乱れた者がいないかどうか、常に目を光らせている。繰り返すが、この「ポノ」での生活自体が知識修得の一環なのである。

　つまり、「ポノ」とは、礼拝と講義を中心とした生活の全体が厳格なイスラムで覆われており、それを通してイスラムを体得する場所なのである。

（「ポノ」での学習の特徴）
　「ポノ」での学習の特徴の第一は、学年・クラスといったものの不在、で

第4章　南部国境地帯・パタニ県A村の「地域文化」と「進学」

ある。あらゆる講義は、誰にでも開かれており、実際に年齢や学習年数の異なる学生が入り交じって聞いている。必修である4つの書物は全てアラビア語の難解な書物であるが、そこには学習経験1年未満の者も同じように学んでいる。当然そこには「わからない」という問題が生じてくる。言語の問題[25]もあり、初心者のみならず学習経験3～5年の中堅者ですら「わからない」部分がかなりある。それを補うものは、繰り返しである。長い年月同じ書物を繰り返し勉強するうち、言葉や内容も次第次第にわかってくる。従って、日常生活においても学習年数によってグループを構成するなどということはあまりなく、年齢や年数の異なる学生が集まって暮らしている（写真4-6, 4-7）。

「ポノ」での学習の特徴の第二は、卒業の不在、である。ここには、何年勉強したら終わり、とかこれだけの書物を勉強したら終わり、というものはない。「宗教の勉強に終わりはない」というのが繰り返し言われる言葉である。何らかの事情が学習をストップしないかぎり、10年でも20年でも反復的、継続的に勉強しつづける。

そのために、30代の学生がいることは少しも珍しいことではないし、40代になっても滞在し続けている場合もある。さらに重要なことは、坪内ら（1993）がマレーシアの「ポンドック」について指摘していることだが、60代以上の高齢者が何人もいる、ということである。これは、継続的に学びつづけて、というよりは、一度結婚して家庭をもったが離婚や死別などの理由でそれを失ったような人が「ポノ」に身を寄せる、という場合である。

例えば、62才のZ氏は、礼拝や講義の際には最前列に座り、話し合いの時にしばしば過激な意見（「タイ語を話すのは罪だ」など）を言う目立つ老人である。彼は3度結婚したが、3度とも折り合いが悪く離婚してしまったという。そこで扱いに困った子どもが連れてきたのだという。彼の服装は敬虔さを表す中東風のスモックである。もう既にかなり目は不自由になってきており、この「ポノ」で死ぬつもりだ、という。学生たちは時折からかったりするほかは、一応彼に敬意を表している。

「ポノ」では、子どもと若者と老人がいっしょに学んでいる。

第三の特徴は、試験の不在、である。以上の反復・継続的な勉強の中でど

写真4-8　くつろぐ学生たち。

の程度書物をマスターしたかを「バボ」が試験する、ということはない。知識の修得はあくまで個人の責任で、個人の自己判断においてなされている。知識が十分に高まったかどうかを表示する唯一の出来事は、その学生が後輩たちに教えているかどうか、ということだ。もし知識が十分でなければ教えられないし、仮に教えても誰も聞きに来ない。自分の小屋やモスクの片隅での自発的な講義は、そういう意味を持っている。だから、中堅（3〜5年）の学生たちは、早く教える位置にたちたくてうずうずし、初心者をつかまえては、教えてやるからこい、などといっている。

第四の特徴は、自由度の大きさ、である。既に述べたように朝9時からの1時間と夕方の2時間は「バボ」の必修講義なのであるが、残りの講義はどの講義に出ても構わないし、出なくても構わない。「バボ」の「必修」講義ですら、出席をとるわけではないから出なくても罰則があるわけではない。また、ちょっと家に帰りたくなったり友達を訪ねたくなったりしたときは、「バボ」の許可なく勝手に抜け出して何日もいなくなったりすることもできる[26]。守るべき戒律の多さを考えると意外なのであるが、逆に戒律にかなっていれば何をしてもいい、というところがある（写真4-8）。

第五の特徴は、床に座っての学習、である。「バボ」や「ウスタズ」など教える者だけが椅子に座り、学ぶ者はその周りに思い思いの位置、思い思いの姿勢で聞き、書きとる、という学習方法である。これは「学校」が通常、整列した椅子と机を用意しているのと、外見上最も異なる点である。ただし「思い思い」と言っても、実際には教える者を要とする扇型にひろがり、あぐらまたは方膝で座り床に書物を置いてそこに書き込む（ノートは殆ど用いない）、というのが標準的なスタイルである。

第六の特徴は、挑戦を許容する授業、ということである。「ポノ」での授業

は、教える者がテキストを読み上げ解釈をし、学ぶものはひたすらそれをテキストに書き込む、という仕方で進んでいく。そのため一見すると、それはまったく「一方向的な授業」であるように見える。近代的な「学校」のように教師の側から始終質問を投げかけたりすることはない[27]。しかし、注意深くみると、それが「挑戦を許容する」という性格をもつことに気づく。というのも、扱われているテキストの多くは、有名な、誰もが読むテキストであることが多く、学生の中にもひとかたならぬ読解力をもち、自分の小屋で年少学生相手に教えている者がいるので、教える者の解釈には、時折質問あるいは異論が提示されることがある。別の「ポノ」で研鑽を積んできたものならばなおさらである。「バボ」や「ウスタズ」はその質問に対して、うろたえることなく答えることができねばならない。それは頻繁という程ではないが、そのときの雰囲気は、対決的なものである。長年学ぶ学生がいることから当然ではあるが、「ポノ」は「学校」というよりも「大学」に近い性格をもつのである。

　つまり、「ポノ」は、学年進級制、卒業、試験、黒板と机、挑戦の不許容などの特徴をもつ近代的な「学校」とはかなり異質な編成をとっている、ということができる。

（息抜きとしての「タイ文化」）
　ここで学生の生活における「タイ文化」の位置に触れておこう。第1節で述べたように、「タイ文化」はマス・メディアという仕方で入ってくる。それは「バボ」たちにとっては、もちろん異教徒的かつ俗悪で排除すべきものとされているが、学生たちの生活の中では、一定の役割をもっている。

　まず、「新聞」は、町へ出かけた学生が手に入れてきたものが、時折回し読みされている。若い世代はタイ字をすらすらと読めるようになっており、イスラムに関する本で覆われた学生たちが、休みの時間に現実の社会情勢を知る手段となっている。のみならず、芸能欄などに掲載されたアイドルの写真に見入っている場合もあり、ひとつの息抜きともなっていることがうかがえる。

　次に、「テレビ」に関していえば、「ポノ」の中にはないが、村長など持って

いる村人もおり、学生たちは休みの日などに遊びにいき、例えばサッカーの試合などをみることができる。ただ、あるときなどはそれが「バボ」たちの知るところとなり、夕方のモスクでの必修授業の際に、それは「いかに地獄への道につながるか」について、長々とした説教があった。

またあるとき、カセット化されたポップス系のタイ音楽が、「バボ」のバライから遠く離れた小屋で流されていた。「バボ」のバライ学生たちは授業を録音して復習するためにカセットテレコをもっていることがあるが、それが別の用途で用いられたのである。近くにいた学生は静かに聞き入り、「やめろ」どころか「もっとおおきくしてよ」という声すら上がった。

つまり、厳格なイスラム的生活を送っている学生たちにとっていくつかある楽しみの一つとして、「タイ文化」は必要とされている。しかしそれは、「ポノ」Aの公式見解としては「罪」なのである。

(「ポノ」Aのイスラム学)

ここで「ポノ」Aで教えられているイスラム学の概要を紹介しよう。

一般に「ポノ」での学習はテキスト(「キタブ」「リサラ」[28])本位に行われている。つまり、ある講義は、必ず一冊の本をすこしずつ読む、という仕方で進んでいく。

本の内容は、大きく三つの領域に関わっている。第一は、イスラムの内容について整理した専門科目とでもよぶべき領域、第二は、「アル・クルアーン」とその解釈に関する領域、第三は、アラビア語に関する領域である。

第一の分野は、さらに大きく、タウヒード、ペコ、タサウフの3つに分かれる。

「タウヒード Tawhid」は、「ウスルディーン Usul al-Din」とも呼ばれるが、これは、神・天使・教典・預言者・終末・神の掟など、信仰の対象となる事柄についての知識である。日本では「イスラム神学」と紹介されている(例えば [日本イスラム協会編 1982: 87-88])。

「ペコ Pekoh」(アラビア語読みではフィクフ Fiqh)は、信仰告白・礼拝・断食・巡礼・喜捨などに関する知識である。日本では「イスラム法学」と紹介されていることが多い(例えば [ibid.: 94-95])が、「法学」というよりも広く、

第4章　南部国境地帯・パタニ県A村の「地域文化」と「進学」

写真4-9　「ムソルリ Munyat al-Musalli」(Dawud bin Abdullah 1826a) 表紙

写真4-10　「ムソルリ Munyat al-Musalli」(ibid.) 本文

日常生活における行動規範全体を含むものである。

「タサウフ Tasawwuf」(スーフィズム) は、日本では「イスラム神秘主義」と紹介されていることが多い (例えば [ibid.: 89-90]) が、内容的には倫理学をより哲学的にしたようなもので、「心の状態」についての学だ、ともいう。

「ポノ」Aで多くの講義を開いて力を入れているのは、「ペコ」と「タサウフ」である。特に「バボ」は南部国境地帯でも「タサウフ」の第一人者とされており、必修講義でしばしばイマーム・ガザーリーの著作[29]を取り上げている。

この分野に関して、ジャーウィ本、すなわちジャーウィ語 (アラビア文字表記のマレー語) で書かれたテキストが数多く使われている。調査時に「ポノ」Aで読まれていた主なテキストを、学生たちが使う略称、正式名称の順でを挙げるならば、「ムソルリ Munyat al-Musalli」(写真4-9, 4-10) (Dawud bin Abdullah 1826a)[30]、「ムトライン Mutla'a al-Badrayn」(Muhammad bin Ismail Dawud 1885)[31]、「ファリダ Faridat al-Fara'id fi Ilm al-Aqa'id」(Ahmad bin Muhammad Zain

217

1895)³²、「デュルサミン al-Durr al-Thamin」(Dawud bin Abdullah 1816)³³、「ミンハジ Minhaj al-Abidin ila Jannat Rabb al-'Alamin」(Dawud bin Abdullah 1826b)³⁴「ブギヤ Bughyat al-Tullab li-Murid Ma'rifat al-Ahkam bi-al-Sawab」(Dawud bin Abdullah 1810)³⁵などである。これらはいずれも、シャイク・ダウッド (Dawud bin Abdullah) に代表されるパタニ周辺地域の歴代イスラム学者³⁶が著したものである。かつてはメッカやカイロ、次いでシンガポールやペナンで印刷されていたが (Madmarn 1990: 107–108)、現在ではパタニの印刷業者が供給している。

　第二の分野は、「アル・クルアーン」そのものの学習とその解釈書である「タフシール」の学習である。「ポノ」Aでは後者に力を入れており、やはり夕方の礼拝後の必修講義で取り上げている³⁷。それにくらべ「アル・クルアーン」の学習は学生に任せられてきたが、1995年には年長学生による暗唱（ハフィズ）の授業が、初学者を対象として早朝にもたれるようになった。

　第三の分野は、一般的な文法（「ナフー Nahu」）と活用形（「サラフ Saraf」）の大きく２つに分かれる。テキストの半分程度はアラビア語なので、この学習がかかせない。これも「ポノ」Aの学習の中心といってよく、「バボ」は教えていないが「ウスタズ」の講義や年長者の自発的な講義のいくつかがこれに関わっている。その水準は、ソンクラーナカリン大学のアラビア語科の学生がおそれるほどである。そこでは、「マトゥン・ビナー Matn al-Bina wa-al-asas」「ジュルミヤ　Matn al-Jurrumiyah」³⁸などのテキストが用いられている。

　つまり、「ポノ」Aのイスラム学は、ジャーウィ語とアラビア語の知識を基礎として、「ペコ」・「タサウフ」および「タフシール」などを知識の柱とする、という特徴がある。

（「スコラ」と呼ばれる授業）
　先に、「ポノ」は、近代的な「学校」とはかなり異質な編成をとっている、と述べたが、「ポノ」Aの内部には、近代的な「学校」に近いものも導入されている。それは初心者向けに一日１時間ずつ行われている授業である。「スコラ」と呼ばれているこの授業には半年単位の学年ないしクラスがあり

(Kelas Satu, Kelas Duo, Kelas Tigo) 学期ごとに試験があって、一つずつ上昇していく。整列した机と椅子を用いたり、当てて読ませたり、ということも行われている[39]。教師は「ウスタズ」に指名された年長の学生たちである。

テキストとしては、ジャーウィ語のものを中心として、イスラムの基本、アラビア語の初歩などを学んでいる（例えば『宗教の光 Sinaran Agama 1』[Ismail Dawud 1965][40]『宗教の光2 Sinaran Agama 2』[Abdul Rahman et al 168][41]『ルミ語を学ぶ Belajar Rumi 1』[Mahmood Ahmad 1975] [42]『読み方1 Perintis Bacaan 1』[Ismail Abdul Rahman n.d.]『読み方2 Perintis Bacaan 2』[Ismail Dawud 1973][44]『ナフー教本 Pelajaran al-Nahu al-Arabi』[Abdulaziz 1960] [45]『サラフ教本 Sullamu al-Saraf』[Abu Lukman 1979][46]）。これらもジャーウィ本同様、主としてパタニの印刷業者が供給している。

これらのテキストは、ジャーウィ語の習得とそれに基づくイスラム知識の初歩を学ぶことを目的とするものである。しかし、『宗教の光1』『宗教の光2』の一部（「アハラク」）が示すように「近代派」イスラムの考え方を反映するものであるし、『読み方1』『読み方2』の内容の一部（「サッカー」「耕耘機」「消防車」「病院」「貯蓄銀行」「郵便局」「テレビ」「ゴム園での仕事」）が示すように近代的な社会への導入をしようという意図を含むものである。しかし、「ポノ」Aの「スコラ」の授業では、こうした近代的な志向性はかなり押さえられている。既に述べたような「ポノ」Aのイスラム学の導入となるテキスト（『宗教の光1』『宗教の光1』の「タウヒード」「ペコ」の部分、『サラフ教本』『ナフー教本』など）に時間が割かれ、そうでないテキスト（たとえば『宗教の光1』の「アハラク」の部分、『読み方1』、『ルミ語を学ぶ』など）は軽くふれる程度か、あるいは全くふれないままである。

この授業は、「ポノ」登録と関連して行われているものだが、やっと1991年になってはじめて行われるようになったばかりである。対象も、「アリフ・バー・ター」（アラビア語のABC）のあまり読めない者（約30人。全学生の5％程度）のみである。「ポノ」Aは、宗教知識の初歩を教える「タディカ Tadika」[47]や普通科・宗教科併設の「私立イスラム教学校」の卒業者が大部分なので、「スコラ」は単に便宜的に設けられているに過ぎない。従って、「ポノ」Aの主たる学習方式は、上の6つの特徴（学年・クラスの不在、卒業の不在、試験の不在、

219

自由度の大きさ、床に座っての授業、挑戦を許容する授業)をもっているということができる。

第4項　「ポノ」Aをささえる人的基盤

(「ポノ」A内部のネットワーク)

　「ポノ」A運営の中核となっているのは、「バボ」とその義理の息子たちである(図4-7参照)。つまり、「バボ」が2人の妻との間につくった娘に、「ポノ」Aの学生の中から優秀な者を選んで婿(menantu)とし、「ポノ」運営のための仕事を負わせる。その婿が既に出た「ウスタズ(先生)」である。

　運営上の仕事として最も重要なのは、「ポノ」での講義である。それぞれ、得意な分野、得意な言語を使って思い思いの時間に講義を開講している。次に、経費の徴収や小屋の維持管理などは一人の婿(「ウスタズ」C)が管理している。三つ目に、学生たちの生活をささえると同時に「ポノ」の収入源ともなる店の経営である。「ポノ」Aの中には主に日用品や食材を売る雑貨店が3軒、主に茶菓を出す喫茶店が1軒、使用テキストなどを売る書店が1軒あるが、村人の雑貨店1軒を除いて全て婿が経営している。四つ目に、村との関係を担当する係である。これは一人の婿D氏が、モスクの主催者「ト・イマーム」を引受けている。

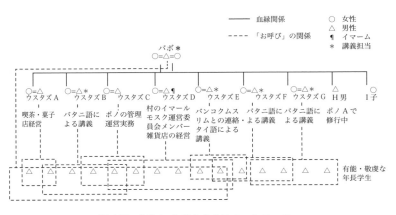

図4-7　「ポノ」Aをささえるネットワーク

これらの人々は、元々は村外出身者であるが、婚姻により強い血縁関係で「バボ」と結ばれている。また、住むのも「ポノ」の敷地内に家をたてて住んでいるから、「屋敷地共住」的な「集団」という性格をもっている。
　しかしそれ以外にも、「バボ」や「ウスタズ」たちを支え、日常の連絡（例えば新しいバライの建設や大規模な食事の準備といった事業の）人集めなどを担当しているのは、年長の学生たちの中で多少とも有能と見込まれた者である。この中には、自分の小屋での自発的講義に大勢が集まるぐらいの者から、目立って熱心に勉強しているぐらいの者まで様々なレベルがある。「バボ」や「ウスタズ」たちは、時折それぞれ自宅でご馳走を振る舞ったりすることがあるが、こうした者には学生づてに連絡がいく。この恩恵にあずかれる学生は毎回少しずつ違っており、その度ごとに出身地・小屋の近さなどの「ネットワーク」が作用している。こうした「お呼び」の最も高度なものとして「バボ」の娘との結婚や、他の「ポノ」への就職が存在しているから、日頃の活動の中で「有能さ」を示し、このネットワークのより中心に近い位置を確保することは、学生たちにとってきわめて重要である。
　すなわち、「ポノ」Aをささえるネットワークは、「ウスタズ」の範囲においては、血縁的であると同時に「屋敷地」的な地縁関係にもとづくものである。この「屋敷地」的な地縁関係は学生たちの住む無数の小屋に及ぶものでもあるが、その上にさらに「お呼び」の関係が密接なネットワークを構築していることになる（図4-7）。
　村長は、「ポノ」Aの運営とは全く関係がない。彼の普段の服装は、白い縁なし帽こそかぶっているものの、黒いズボンに柄もののシャツという出で立ちで、先に触れた「ポノ」Aが理想とする敬虔なムスリムの服装からはかけはなれている。このような態度は、子どもを「スコラ」に「進学」させるタイプの村人や、小学校の先生たちに共通するものである。

（「ポノ」AとA村）
　村長と疎遠であるにもかかわらず、「ポノ」Aは、A村と深い関わりを持っている。しかし、それは、A村が「ポノ」Aをささえる、というよりは、「ポノ」AがA村をささえる、という関係である。

写真4-11　祭りの際原っぱでものを売る学生たち。

第一に、金曜日の礼拝の際には「ウスタズ」Dが「ト・イマーム」として礼拝をリードする。また学生たちも大挙して村のモスクを訪れ、一緒に礼拝した後若干おしゃべりして帰る。説教を行うコティブやアザンを行うビラルも「ポノ」Aの学生が行う。「ウスタズ」Dは礼拝後のモスク評議会にも参加する。

第二に、結婚式や葬式の際に「バボ」や「ウスタズ」が礼拝をリードしたり、しばしば学生たちも招かれて礼拝に参加したりご馳走になったり布施を受けたりする。

第三に、周囲の村々の子どもは、かつて、数年間は「ポノ」Aで学ぶことが多かった。既に述べたように調査時点においても半数近くが小卒後ここで学んでいる。

第四に、週に1度夜9時から外部の「バボ」などを招いて話を聞くが、村人たちはバイクやトラックで話を聞きに来る。夜店が出てさながら小さな祭のようである。また金曜午後にも「バボ」の村人向け公開講義がある。

第五に、預言者生誕祭などの祭りのときにも、村人は「バボ」や「ウスタズ」や学生を家に招いて、預言者賛歌の合唱や預言者の伝記を朗唱を依頼するかわりご馳走し、布施を与える。「ポノ」Aでの預言者生誕祭には村人も招かれる。広場に舞台が設置され、演説から語り物まで様々な催しが行われるが、それには普段よりも多くの村人たちが訪れる（写真4-11）。

つまり、「ポノ」Aは、A村の宗教的活動を強力に支えている。より正確にいえば、以上のような関わりは、A村にとどまらず前述の「影響範囲」内の近隣の村々にも及んでいる。既に述べたように、「バボ」や「ウスタズ」や学生の多くは遠方から来た者であるし、村人たちも「ポノ」の運営にまでは口出しできない。しかしモスクや各家における宗教活動に、「ポノ」は知識と人員を提供し、代わりに村人たちは金や物資を提供するという関係にある。こ

のように、「ポノ」Aは、外部的な要素をもちながらも、宗教的活動を通してA村（および近隣の村々）との深いつながりを保っている。

すなわち、「ポノ」Aをささえるネットワークは、A村の宗教的側面をささえるネットワークにもなっている。しかし、A村の世俗的な側面を担う村長までも含むネットワークにはなっていないのである。

第5項　「ポノ」AとA村学校、「ダッワー」

（「ポノ」AとA村学校）
「ポノ」Aが村人と密接な関係を保っているのとは対照的に、A村学校と多くの村人との関係はそうではない。A村学校はたしかに村の子ども全員が通う場所とはなった。しかし、子どもたちは授業が終わると直ちに家にかえってしまう。先生たちの中には、仏教徒（6人）だけではなくムスリム（4人）もいるが、やはり放課後には車に乗って町に帰っていくのである。そのため、授業がない時の校庭はじつにがらんとしている。モスクのある村の中心（A-f）からも「ポノ」Aからも離れており（A-h）、村長はしばしば訪れているようであるが、多くの村人にとっては集まりにくいのである。

校長は、バンコクの大学を出たとはいえ隣の郡出身のムスリムであるから、親近感があるかといえば、そうでもない。彼は金曜の礼拝に来るが、礼拝が終わると帰ってしまい、モスクの運営には携わらない。服装からして多くの村人と異なり、村長同様ワイシャツズボン姿の近代的な出立ちをしている。

最初に述べたように預言者聖誕祭などの宗教行事の際にご馳走をふるまったり経典の朗誦をしたりすることはどの村人も行うことであるが、小学校では行わない。村の一員という感じになっていないのである。

当然のことながら、「ポノ」AとA村学校の間に直接の接触は全くないようである。

（「ダッワー」［布教活動］）
第1節で紹介したように「ダッワー」は、国際的な広がりをもって行われ

(写真4-12) トラックでダッワーに出発する。

ている布教運動[48]なのであるが、これは「ポノ」AやA村とどのように関わっているのだろうか。

　調査時点前10年の間に「ポノ」Aは「ダッワー」に熱心になった。その形態としては、週に1度「ポノ」から直接出ていく1泊ものと、休暇の前後に、ヤラー市にある本部 (markaz) に集合した後3日、10日、40日と出ていくものがある。いずれも「ポノ」Aからピックアップ・トラックに数人〜十数人のって出かけるのである。これは調査時点より10年前まではそれほど盛んでなく、数年に1度義務がまわってくるという程度のものだった。しかし調査時点では、1ヶ月に1度ダッワーに出ることが望ましいと本部は主張しており、学生の一部は、その考え方に従って熱心に布教活動を行いかつ他の学生たちをそれに参加させようとしている。しかし、勉強に熱心なタイプの学生の中には、活動に熱心でない学生も多い。活動の最中は講義にも出られないし、お金もかかるので、あまり行きたがらないのである。そのため活動派学生と勉強派学生の間ではしょっちゅう言い合いをしている。前者は「活動をしなければイスラムの勉強をしても意味がない」と言って説得しようとし、後者は「イスラムを十分理解していなければ活動をしてもしょうがない」と反論するのである。「ポノ」Aの「バボ」や「ウスタズ」たちも毎週金曜日の本部での集合礼拝にはしばしば参加しているが、かといって布教に熱中するほどでもない。

　「ポノ」Aから直接でかける1泊ものの「ダッワー」が出かける先は、A村から車で30分程で到着する近くの村の「ポノ」や「モスク」であることが多い。「ズフル」（昼の礼拝）の後トラックに数人の学生たちが乗って（写真4-12）目的地に到着すると、早速お金（10〜20バーツ程度）を出し合って多少いつもよりぜいたくな食事の準備をする。食事を終えた後の夕方の礼拝には村人たちも集まってくるので、それを相手に学生たちは日頃の知識を総動員して

「説教」を行う。翌朝は、礼拝と食事を終えると、早々にトラックに乗って帰って勉強を続けるのである。

これはもちろんイスラムの「布教活動」でもあるのだが、ある面では学生のピクニック、ある面では前述の「ポノ」Aの影響範囲を確保しておく活動でもある。

A村の村人に対しては、農閑期には40日のダッワーに行くことが「ポノ」の活動派学生によって呼び掛けられるが、これも多額の費用がかかるので、ごくたまに参加する人が出る、という程度である。

ヤラーの本部には、巨大な集合礼拝所の他に、神学校が設けられている。ここでは、「アル・クルアーン」の暗唱（ハフィズ）に重点を置いたカリキュラムが組まれている。これは「近代派」イスラムを重視する「スコラ」とは異なるタイプのものだが、「ジャーウィ本」による「伝統派」イスラムを重視する「ポノ」ともまた異なる考え方にたつ[49]。しかしいずれにしても、ここに子どもをやっている村人は一人もいない。

「ダッワー」は「イスラム教徒としての義務」を主張して迫ってくるのであるが、そのやり方は、金銭的に考えても、多くの学生や村人の親しむイスラムの考え方からしても、いくぶん迷惑なものと考えられている部分がある。

第3節　「ポノ」Aと「進学」

最後に、「ポノ」Aは「進学」という観点からどのようにとらえられるか、述べておくことにしよう。

第1項　「ポノ」Aを出た後の「進路」

まず、「ポノ」Aを出た後の「進路」を描き出してみよう。第2節第3項では、「ポノ」での学習に「卒業はなく、何らかの事情が学習をストップしないかぎり、10年でも20年でも反復的、継続的に勉強しつづける」と述べた。その「何らかの事情」はいくつかある。

第一に、どこかの「ポノ」の教師すなわち「バボ」や「ウスタズ」やモスクの責任者「ト・イマーム」として迎えられていく場合である。これが最も名

誉あるストップであり、大半の学生がこれを目指して勉強している。父の職を継ぐ場合もあるが、そうでない場合はどこかの「バボ」や「ウスタズ」の目にとまって話をもってきてもらう必要があるから、ある程度自信がついたら子どもの先生役を引き受けたり説教を引き受けたりして自分の知識の高さや敬虔さを表現しなければならない。

　この場合、特に重要なのが「ポノ」Ａの「バボ」や「ウスタズ」の目にとまることである。「ポノ」Ａは評判の「ポノ」なので、特に近くの村々は影響範囲となっているので、宗教関係の役職の紹介依頼が舞い込むことがあるのである。

　第二に、より多いのが「結婚」である。親や親戚や「バボ」が探してくれた適切な相手（自分で探すこともある）と結婚し、家庭をもつ。学生たちは全員独身であり、既に30代の者もいるので、結婚したくてしょうがない。だからそういう話があれば、「バボ」になる夢が達せられていなくとも喜んで引き受ける。ただしこの結婚話も、かなりの年数勉強していないとまわってこないのが普通である。イスラムは結婚や家庭生活についての知恵も多く含んでいるから、「ポノ」での学習は花婿花嫁修業の意味も含んでいるのである。「バボ」や「ウスタズ」になる場合も結婚がセットになっていることが多い。つまり、行く先の村の「バボ」や「ト・イマーム」の娘と結婚して「義理の息子」になっていく。もちろん、学んでいる「バボ」の娘と結婚する場合もある。7人の「バボ」はすべてそうして「ウスタズ」になったあこがれの的である。「バボ」には未婚の娘Ｉ子がもうひとりいるから、年長の学生たちはその婿になろうといっそう勉強にはげむことになる。とはいえ、より可能性が高いのは、親や親戚が探してくれたＡ村近辺の相手と結婚することである。

　第三に、単に働くために出ていく場合も多い。つまり、「ポノ」に数年いて適度なイスラムの知識を身に付け、今度は世俗の世界（ドゥンヤー）で飯のたねをかせぐ、という場合である。「ウスタズ」として教えられるだけの学識を身に着けることは非常な年数を要するので、適当なところで見切りをつけ、外の世界に入っていく場合がしばしばある。それでも、「ポノ」で何年か勉強したということあるいは「アル・クルアーン」を何章か暗唱できイスラムの教えについて一言言えるということはムスリム社会で働く際に役立つので、

「ポノ」での学習が無駄になるわけではない。

　第四に、中東諸国に留学してより高いイスラム知識を学ぼうとする場合がある。かつて「ポノ」出身者の留学先は圧倒的にサウジアラビアであったが、サウジアラビアの近代化とともに、現在ではエジプトあるいはパキスタンなどになってきている。ただ、これは非常に高額の費用を要するので、この道に進むケースは少なく、親にかなり財産がある場合である。

　つまり、「ポノ」Aは、タイ政府が定義する意味での「進学」先ではないわけだが、さらに深く学ぶ機会につながるという意味では「進学」先であり、そこで得た知識が、イスラム教師であれ通常の結婚であれ、何らかの実生活につながる「進学」先なのである。

　そして、そこには明確な「学歴」というものがないために、何かの称号を取得して官庁や会社に勤める、というような性格の「進学」先ではない。イスラム教師の口であれ、結婚先であれ、「ポノ」Aや親戚や出身村の知り合いに紹介されたところにいくのがせいぜいである。希に一時的に外国を経る場合があるにしても、A村出身者であれば、殆どの場合にはA村ないしその近辺での生活につながっていく。「ポノ」Aとは、そうした「進学」先である。

第2項　「スコラ」との違い

　既に述べたように、A村学校卒業後、4分の1ほどの子どもは「スコラ」に通うことになる。ここで、「ポノ」Aの「進学」先としての意味合いをよりはっきりさせておくために、通う先のひとつである「スコラ」Bの概要を紹介し、それとの違いを描いてみることにしよう。

　「スコラ」Bは、乗合自動車で20～30分いったところにある。「スコラ」Bも伝統ある「ポノ」だったが、先代の「バボ」の考えで1980年代に「スコラ」になるという選択をした。両者は交渉を保ってはいるが、その形態は全く異なるものとなっている。

　（「スコラ」の外観）
　「スコラ」のそばを通ってまず目につくのは、2～3階建ての白い大きな建物である。そこにヒジャブ（髪被い）とスモックをまとった女生徒や黒い帽子

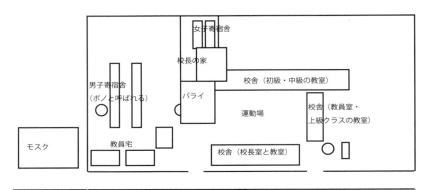

図4-8　「スコラ」B略図

に白いワイシャツ、ズボンを着た男生徒が数多く出入りしているので一見して「スコラ」である、ということがわかる。建物の形からしても、「学校」というイメージに近い。校舎の壁には、タイ文字と同時にアラビア文字でも学校の名前が大きく書かれている。校舎のそばには煉瓦造りの長細い建物が数棟立っているが、これは寄宿舎であるが、ここから通学するのはごく一部で、たいていの学生は徒歩や乗合自動車を使って通学してくる。

　ここも、明確に近代的「学校」のスタイルを採用している（図4-8参照）。寄宿舎は「ポノ」と呼ばれてはいるものの、学校で割り振った学生の4人部屋なので、近代的な「寮」に近い。

（「スコラ」の生活・学習）
　多くの学生は家で早朝の礼拝と食事をすませてからやってくるので、「スコラ」の朝は朝礼から始まる。厳格なイスラムでは音楽を禁じているので数人の男生徒の校歌斉唱がそれを告げ、中庭に男女別に整列、先生たちの話を聞く。それが終わると午前の授業すなわちイスラム教の諸教科の授業が50分を1時限として4時限行われる。この時間中の用語は、学生達が日常的に話しているパタニ・マレー語である。教科書は、「ルミ語」（マレー語のローマ字表記）や、アラビア語（上級クラスのみ）である。
　教室の中で女生徒男生徒は一つの教室で学んでいるが、教室の真ん中に前

第4章　南部国境地帯・パタニ県A村の「地域文化」と「進学」

後についたてが連ねて置いてあるので相互に見えないようになっている。しかし先生がいなくなるとついたてはずらされ、性別に関係なくおしゃべりが始まる。

昼休みには学生達は家に食べたり近くの店や屋台で買ったりして昼食を済ませる。午後は、タイ語の諸教科つまりタイ語算数理科社会などの科目が教えられる。パタニ・マレー語で教える先生もいるが、タイ語が使われることも多く、教科書は全てタイ語で書かれている。これらが終わると、夕方学生たちは家路につく。

以上の生活・学習の特徴を、「ポノ」と対比させながらみると以下のようになる。

第一に、生活よりも授業中心である。通学生である大半の生徒にとって「スコラ」は単に授業を聞きに行く場所である（写真4-13）。礼拝を一緒にするのは昼と午後だけであるし、一緒に食事をつくって食べることもない。

第二に、イスラムの性格については、近代イスラム的である。それはイスラムを軽視するということではなく、サウジアラビア等で始まったイスラムの新しい解釈を厳格にまもるようになったということである。それは例えば、男生徒のワイシャツ・ズボン着用も長いものであれば容認するなど、近代西欧文明と融合しうる解釈である。教科書についても、インドネシアやマレーシアのものを積極的に採用している。

第三に、「学校」システムの採用である。それは、制服・制帽を定め、学年制と進級試験の制度を採用した。従って「ポノ」とは異なり卒業の制度がある。普通科については中1から高3に至る6学年（「スコラ」によっては3学年のみ）、宗教科については第1学年から第10学年に至る10学年（「スコラ」によっては7学年のみ）、である。但し、学年ごとのカリキュラムは、午後の授業についてはタイ政府（教育省第二管区）の定めに基づき、午前の授業についてはサウジアラビアのカリキュラムに基づき、たてられている。教室では個人別の机と椅子と黒板を採用した（写真4-14）。そのためか、一斉教授ではあるが先生はしばしば学生にあてて答えさせ、学生からもときどき質問が出る。こうした方式は「ポノ」では殆ど見られなかった。

従って、学生の年齢は20才前後までに限られており、「ポノ」のように30

〜40代の学生はいない。当然ながら、60代以上の老人を受け入れる役割もしていない。ここはやはり「学校」なのである。

　第四に、「学歴」制度の採用である。「スコラ」では3年次を終えればタイの中卒の資格を、6年次を終えればタイの高卒の資格を得る。またイスラムの課程に関しては、「イブティダイヤ」(小学校相当4年)、「ムタワシタ」(中学校相当3年)、「サナウィヤ」(高校相当3年) という資格を取得することができる。これをもっていれば例えばサウジアラビアの学校にもすんなり留学できる。

　このように「スコラ」は、タイ政府との融和を受け入れることと引替えに、イスラム近代主義に従うイスラム教の拠点をタイ国内に建設することを選んだのである。

(「スコラ」のイスラム学)
　「スコラ」Bは、「ポノ」であった頃は「ポノ」Aと同様の書物を教えていたが、「スコラ」への改編と同時に、イスラム学に関しても新しい教育内容を導入することとなった (数字は全課程の時間数合計)。

　第一に、宗教学 (al-Ulum al-Diniyah) の分野で、科目名としては、「アル・クルアーン [32]」「アル・クルアーン朗読 (タジュウィド) [4]」「アル・クルアーン解釈 (タフシール) [18]」「預言者言行録 (ハディース) [23]」「イスラム神学 (タウヒード) [26]」「イスラム法学 (フィクフ) [35]」などと呼ばれる科目がある。

　第二に、言語の分野で、アラビア語関係の「文法 (ナフー) [6]」「活用形 (サラフ) [4]」「文法規則 (コワイド) [18]」「読解 (ムトラア) [20]」「表現 (タルビヤ) [4]」「書き取り (イムラ) [17]」「書き方 (コット) [14]」「会話 (ムハダサ) [10]」「記憶 (マフザ) [4]」「修辞学 (バラゴ) [5]」「文学 (アダブ) [10]」など、マレー語関係の「読み (キラアン) [9]」「書き取り (イムラ) [9]」「作文 (インシャ) [12]」、そして「英語 [3]」がある。

　第三に、社会科学として、「預言者の生涯 (シラ) [12]」「倫理学 (アハラク) [15]」「イスラム教史 (タリク) [10]」「イスラム文化 (サコファ) [6]」などがある。

　テキストとしては、マレーシアなどから輸入されたルミ語 (ローマ字表記マレー語) の本、中東から輸入されたアラビア語の本が中心である。

　以上はサウジアラビアの教育省からの認可証を受けたカリキュラムであ

る。これを「ポノ」Aのイスラム学と比較するならば、次の点が指摘できる。

　第一に、「スーフィズム（タサウフ）」が教えられないこと。内容的に近い「倫理学（アハラク）」はあるが、時間配当は「イスラム法学」「イスラム神学」に比べ少なく、最上級の「サナウィヤ」では教えられない。

　第二に、前節第六項で述べた「ジャーウィ本」が用いられないこと。その代わりアラビア語教育に力を入れており、またルミ語の文献も多用されていること。

　第三に、「歴史」「倫理学」「心理学」といったヨーロッパ的な区分に基づく科目が設けられていること。

　即ち、「スコラ」Bは、普通教育においてタイ語による「学校」式教育を導入しているだけではなく、宗教教育においてもサウジアラビアやマレーシアなどをモデルとする「学校」式教育を導入しており、「ポノ」では中核をなす「スーフィズム」は教えられていない。教育の内容全体において、近代的な傾向を色濃く示しているのである。

（「スコラ」Bを運営する人々）

　「スコラ」Bでは41人の宗教教師と40人の普通科教師が教えているが、それは給料により雇われる人々である。「スコラ」Bは生徒から学費を徴収し、タイ政府からも援助を受けているため、十分に給与支払いが可能である。そのうち多くのマレー人教師は、校内または近くの村に家を持っているが、単なる被雇用者に過ぎない。ただ調査時点の校長は、「ポノ」B（「スコラ」Bの前身）の「バボ」の長男にあたり、「バライ」に接続する大きな居宅を構えている。彼はインドネシアのジョクジャカルタにあるイスラム大学を卒業して、この「スコラ」Bの校長に就任した。宗教教師の一人は、彼がジョクジャカルタから連れてきたインドネシア人である。タイ人教師は、パタニ市内などから通勤してくる。

　校長をはじめ宗教教師たちは「ダッワー」にも関心をもっており、週1度のヤラーの集合礼拝には必ず出ている。

（「卒業」と「進路」）

　「スコラ」Bも、「ポノ」Aがそうであるのと同様に、様々なタイプの学生が

おり、それに応じて様々なタイプの進路がある。最も多いタイプは、高3までで勉強を終え、就職するタイプである。この場合には在学中から職業高校での実習（タイプなど）に積極的に参加している。この場合には「イスラム教」の学習は、単にムスリムとしての生活上の必要のためにすぎない。

　高3のある男生徒は、週に1度「スコラ」Bの選択科目として、市内の職業高校にタイプの勉強に出かけている。高3を終えたら会社にでも就職したいと考えているという。

　高卒後も進学する場合は、大きく2つあり、一つは、「スコラ」B内の上級宗教クラス（サナウィヤ即ち第8〜10学年）に引き続き在学し続ける場合である。この場合は将来的には地元の私立イスラム教学校や中学校の宗教教師を目指すことが多い。

　例えば第10学年に在学するある女生徒は、クラス10を終えたら、この「スコラ」Bの宗教教師になりたいと思っている。しかしなかなか難しいので、それが無理なら別の「スコラ」か「タディカ」（注47参照）の教師でもよいと考えている。「ポノ」を開くのはお金がないので無理だが、もともと「ポノ」は規則がうるさいので行きたくなかったという。

　サウジアラビアなどへの留学に出る場合もある。例えばやはりクラス10に在籍する別の男生徒は、卒業後はエジプトに留学したいと考えている。というのも勉強はまだ足りないと思うからである。その後どうするかはまだ考えていないという。また、ソンクラーナカリン大学などタイの大学に進学する場合もある。これは入試に通らねばならないので一般の学部学科は難しいが、ソンクラーナカリン大学に新設のイスラム学科には何人もの「スコラ」B出身者が入学している。この場合は、留学や宗教教師と同時に政府のイスラム関係職にも道が開かれる。

（「ポノ」と「スコラ」）

　以上のような「ポノ」Aと「スコラ」Bとの違いを明瞭にするために、短期間ではあるが参与観察的に調査した「スコラ」Bと「ポノ」Aの違いを一覧にまとめたのが表4-1である。

　表4-1にみられる「ポノ」Aと「スコラ」Bの違いは大きく3つある。第一

第4章　南部国境地帯・パタニ県A村の「地域文化」と「進学」

表4-1　「ポノ」A／「スコラ」B対照表

	「ポノ」A	「スコラ」B
居住形態	敷地内に小屋をたてて住む。	通学が主。一部は寮に寄宿。
学習場所	モスクと新旧のパライ、先輩学生のポノ。	二、三階建て校舎の教室。
学習姿勢	床に思い思いに広がる。	整列した机と椅子に座る。
教授方法	テキストに関する一方的講義。	テキスト又はプリントと黒板を用いた講義と問いかけ。
学習内容	宗教科目のみ。	午前は宗教科目・午後は普通科教（タイ語算数理科社会）。
教授言語	パタニ・マレー語。	宗教科目はパタニ・マレー語、普通教科はタイ語も使用。
授業料	なし。	年1900バーツ（普通科年1200バーツ、宗教科年700バーツ）。
宿泊料	年間電気代100バーツ、小屋賃貸料一回限り1500～3000バーツ。	通学者の場合はかからない（寮は年間200B）。
交通費	なし。	毎日往復10バーツ。
服装	マレームスリム式（襟なしシャツにサロン）または中東式（スモック）、頭には女子はヒシャブ、男子はサラバン	近代イスラム式（男子は黒の縁なし帽。襟シャツに黒ズボン、女子はスカーフにスモック）。
学生の年齢	全年齢。	20歳前後まで。
学級編成	入門段階のみ。	全段階、学年制を採用。
試験実施	入門段階のみ。	全段階、学期ごと。
イスラム学の内容	伝統マレー型（ペコ、タウヒード、タサラフの三区分を特徴とする）。	イスラム近代主義型（イスラム法学・イスラム神学・文法学・歴史学・心理学・倫理学（タサウフに代わる科学）といった科目編成に基づく）。
学ぶ語学	アラビア語、ジャーウィ語（アラビア文字表記マレー語）。	アラビア語、ルミ語（ローマ字表記マレー語）、タイ語、英語。
学歴証明	特になし。	宗教科のイブティダィヤ・ムタワシタ・サナウィヤ、普通科の中卒・高
卒業後進路の例	バボ・ウスタズ就任、結婚、世俗就職、パキスタン留学	大学進学、「スコラ」教師。サウジ・エジプト留学

は、本章第1節で紹介したように、「スコラ」Bは、「タイ語による普通科目」を入れるということだけではなく、「学校システム」を取り入れている、ということである。逆にいえば「ポノ」Aは、西野（1990）や服部（1995; 2001）が描き出した、「伝統派」・「近代派」を問わず学校制度を取り入れつつあるインドネシアの「ポンドク・プサントレン」とは異なり、古いタイプの「ポノ」システムを引き継いでいることになる。西野の用語でいえば、「上級サントリによる……指導と管理」や「出入りの自由と遍歴の伝統」などを基本とするシステムで運営されているのである。

233

写真4-13　「スコラ」Bの校舎と通学する学生

写真4-14　「スコラ」B最上級クラスの教室

またそのことは、タイの上級学校やサウジアラビアの上級学校へのさらなる「進学」が容易な「スコラ」Bと、そうでない「ポノ」Aという違いをつくりだしている。

第二に、「スコラ」Bは、教授内容として「近代派」イスラムを採用している、ということである。親世代が勉強してきたジャーウィ本や、それによる「伝統派」イスラムの「ペコ」「タサウフ」は教えられない。特に、「ポノ」Aの「バボ」が力を入れている「タサウフ」という分野は、「スコラ」には存在せず、「アハラク（倫理学）」という科目に縮小されてしまっている。このことについて、村人の間には戸惑いがある[50]。しかし、これもまた、「スコラ」Bから中東の上級学校に「進学」する際には好都合なものである。

第三に、「スコラ」Bは多額の授業料、そして毎日の交通費（または年間200バーツの寄宿料）や教科書代・制服代がかかる、ということである。1回限りの小屋賃貸料（知り合いの学生の小屋に泊まれば無料）と電気代しか徴集せず普段着でよい「ポノ」に比べてかなり金がかかる。たしかに「学歴」はもらえるが、そのためには親の豊かさが前提となる。

すなわち、「スコラ」Bは、この村におけるイスラムの学び方や考え方からしても、経済的にみても、村人にとって遠い存在に感じられる一方で、上級学校への「進学」にとっては整った制度をもっている。逆に「ポノ」Aは、村人のイスラム観に近く、経済的でもあるが、上級学校への「進学」は困難な場所なのである。

第4節　小結

　以上の論述を、これまでと同様に「地域文化」のネットワーク、「地域文化」と「進学」の関わり、そして二つの仮説についての結果という順でまとめてみよう。

第1項　「地域文化」のネットワーク

　まず、A村においては古い「ポノ」システムによる「伝統派」イスラムが非常に重みをもっている。そしてそれをささえているのは「バボ」やその婿、年長の学生を中心とするネットワークであり、このネットワークはしっかりした経済的基盤ももっていた。「学校」システムを採用した「スコラ」の「近代派」イスラムは、この村ではあまり重要性をもっていない。それは「伝統派」イスラムと内容的に異なるばかりでなく、「ポノ」と疎遠な村長らによって担われている。前者は国際的布教運動である「ダッワー」と、後者は、テレビや小学校などタイ文化の入り口と接点があり、「ポノ」的なものと「スコラ」的なものの間には明確に断絶が存在している。

　歴史的にいえば、「ポノ」にかかわるネットワークは、A-e地点にあるスラウを中心として古くから存在していたが、1931年の「ポノ」A設立によって新しく強いネットワークを獲得し、「バボ」系ネットワークがつくられていくこととなった。1964年のA村学校設立を契機として、はじめてタイ政府色の濃い村長が登場したが、「バボ」系ネットワークの優位がゆらぐことはなかった。

　従って、「ポノ」と「スコラ」の相違は、単に「宗教科目のみ」か「宗教科目も普通科目も」かという違いだけとは捉えられておらず、イスラムの学習方法の相違、内容的相違や費用面の相違が重要なものとして捉えられており、両者は全く異なる人々によって担われている。歴史的経緯の違いにより、インドネシアとは異なって[51]、「学校」システムや「近代派」イスラムと村人の間には距離が生まれてしまったのである。西野（1990: 68）は、「マドラサ」即ち「学校」システムへの移行を、「生徒の増加と教育の組織化の観点」から

「発展段階」とみる見方を紹介しているが、これはタイにはあてはまらない。

「伝統派」イスラムの中心のひとつである「ポノ」Aは、バンコク政府の「国家信条 ratthaniyom」による同化政策が強まって分離運動が再燃した時期（第1章第3節第2項）である90年ほど前に設立された。「伝統派」イスラムのテキストであるジャーウィ本が主として書かれた19世紀も、パタニ王国の全域を支配下においたバンコク政府に反発の強かった時期である[52]。すなわち「ポノ」Aやそれが保持しようとしている「伝統」は、そうした状況を背景として「創造」されてきた。さらにこの「伝統」は、30年ほど前から盛んになった布教活動（「ダッワー」）という新しい習慣によっても強化されている。

第1章第1節第5項で述べた図示の方式にしたがって「地域文化」のネットワークを粗視図で示すと（図4-9）のようになる。すなわち、球形は「地域文化」の諸要素（「伝統派」イスラム、「近代派」イスラム、布教活動、「タイ文化」）を、円錐および円柱はそれをささえるネットワークまたは個人（「バボ」系ネットワーク、村長、「ダッワー」）およびその経済的基盤を、角柱はA村学校を表す、といった具合である。その特徴は次の三つほどである。

まず、「地域文化」の強い要素としては、「伝統派」イスラムのみが存在し、経済的基盤の強固な「バボ」系ネットワークが「伝統派」イスラムをささえている。そのほかに、「近代派」イスラム、布教活動、「タイ文化」などもあるが、その影響力は小さいし、ささえるネットワークも小さい。グラフ理論の用語を使っていえば、最大のクリークは「伝統派」イスラムにかかわるネットワークであり、他には大きなクリークがないということである。

次に、「バボ」系ネットワークは、布教活動を支える「ダッワー」のネットワークとは関係があり、「近代派」イスラムやタイ文化を支える村長とは無関係どころかむしろ敵対的である。グラフ理論の用語を使っていえば、A村のネットワークは連結グラフではなく、サブグラフに分裂している、ということになる。

三つ目に、「A村学校」は、村長や彼の支える「近代派」イスラムや「タイ文化」とは近い位置にあるが、「バボ」系ネットワークとは無関係である。

一言でいうならば、A村の「地域文化」のネットワークは、密度の低いグラフである。それは、H村やN村に比べて「地域文化」の多様性が小さい

上に要素間の関係が小さく、「地域文化」が二つ（A村学校を入れれば三つ）に分裂しているためである。従ってメインである「伝統派」イスラムや「バボ」系ネットワークの影響力は大きいものの、全体としてはきわめて不安定なネットワークになっている、とい

図4-9　A村の「地域文化」のネットワーク

うことができる。A村の若い世代の意識についてみても、「ポノ」的なものの影響を強く受けている反面、バボたちが「罪」とする「大衆文化」などのタイ文化にもひそかだがたしかな関心をもっている部分がある。

　この図においては「国民国家」的なものは、A村学校、「近代派」イスラム、村長といったところにあらわれているが、村の中軸を担う「伝統派」イスラムや「バボ」系ネットワークは離れたところに存在しており、その村内での存在感は、希薄である。

　他方で、H村やN村の「国際NGO」にあたる「ダッワー」の存在は、A村学校よりも村内でのプレゼンスが大きいといえるが、その接点は「バボ」系ネットワークに限られており、H村やN村に比べると全体からの支持を得られている度合いが低い。

第2項　「地域文化」と「進学」のかかわり

　次に、「進学」に関していえば、タイの学校体系の中では「ポノ」は「非進学」、「スコラ」は「進学」という扱いになる。それだけ考えると「スコラ」の方が圧倒的に有利な選択肢のように思われそうだが、そこには、それ以上に、文化的立場と経済的豊かさの違いが関わってきてしまうのである。

　「ポノ」と「スコラ」の違いは同時に「地域志向」に関する違いにもつながってくる。図4-10に表現されるように、「ポノ」学生である場合には、A村（および近隣の村々）とのつながりが強くなる。反対に、「スコラ」学生の場合には、A村近辺に留まることも可能ではあるが、パタニ市やハジャイ市やソン

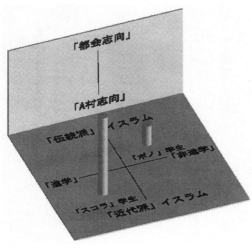

図4-10　A村出身学生のタイプ

クラー市など都会の大学への道が開かれ、場合によってはバンコクの大学（例えば、ラムカムヘン大学やマヒドン大学）に「進学」することも不可能ではない。しかし、この2つの選択肢のどちらがよいかということについては、「宗教」や「民族」、「経済」などの観点からみた時、どちらが望ましいか必ずしも明らかではないし、「ポノ」しか選択できない、という場合もあるのである。

本章第1節で述べたように、従来の研究成果によると、「ポノ」は次第に「スコラ」に転換されていくという印象であったにもかかわらず、統計的には「ポノ」は減少せず、中1「進学」率も十分に上昇していなかった。その背後には、こうした事情があるものと考えられる。

第3項　二つの仮説についてのA村の結果

このことは、「文化的不平等」論の二つの仮説に関する、A村の結果を示している。

一つ目に、「『進学』は当事者にとってプラスである」という仮説があてはまらない場合が見出された、ということである。「ポノ」学生は、「ポノ」を選択することによって自動的に「進学」という選択肢をすてているわけであるが、このことは、Bourdieuらがいうような「自己排除」といった性格のものではない。当事者にとってプラスでないとはいいきれないのである。なぜなら、ひとつに、主観的にいえば、従来の考え方からである「伝統派」イスラムを学ぶことのできる唯一の場所である「ポノ」を選択することは、A村の村人のイスラムに対する考え方からすれば当然な選択である。むしろ「進

第4章　南部国境地帯・パタニ県A村の「地域文化」と「進学」

学」の可能な「スコラ」や「中学校」に行くことのほうがよほど思い切った選択である。また、客観的にみても南部国境地帯の経済的地理的な豊かさを考えたとき、あえて高い授業料を払って「スコラ」にいったり、周囲からの非難のリスクをおかして「中学校」に行ったりすることの実利性があるとも考えにくいということである。むしろ「ポノ」で知識を身につけて村での尊敬を受けつつ農業で暮らすことのほうが得な生き方であるというイメージが存在している。この事態は、「『都会への進学』が当事者にとってプラスである」という付随仮説にもあてはまらないことになる。

二つ目に、「『地域文化』が『進学』にとってマイナスである」という仮説に反する事実は特に見出されなかった、ということである。「伝統派」イスラムを中心とするA村の「地域文化」は、まさしく「進学」に対して逆立しようとするのであって、A村は、この2番目の仮説に非常によくあてはまる事例である。たしかに「スコラ」Bの場合には、イスラムでありつつ「進学」の可能性を開いているのであるが、そこで採用されているのは「近代派」イスラムであって、A村の「地域文化」とはいえないものである。

以上の事情を「地域文化」のネットワークとの関わりでとらえれば、次のようになる。A村の「地域文化」のネットワークは、「伝統派」イスラムと「バボ」系ネットワークの独壇場とでもいうべきもので、しかもA村学校はそれと非常に遠い距離にあるようなものである。このことが、「進学」と「地域文化」の関係が極度に対立する関係にあるものとし、全体としても「進学」の価値がマイナスに保たれるという事情を生じさせている、とみることができる。

この村についても、「進学」の状況は、「地域文化」のネットワークと関わらせることでよく理解できる。

第4章注

1　タイは、仏教徒の人口が9割以上を占めており、ムスリム（イスラム教徒）は全体で4％程を占めているとされている。そのうち約半数は南部国境4県（パタニ、ヤラー、ナラティワート、サトゥーン）に住み、この4県では人口の過半数がム

スリムとなっている（1995年）。

表4-2　南部国境4県のムスリムとモスク

県名	ムスリム数（人）	モスク数（）	人口比（%）
ナラティワート	529,387	486	85.5
パタニ	489,395	551	85.5
ヤラー	230,792	312	57.8
サトゥーン	112,444	148	46.0

（出典）(Kromkansasana 1996) より作成。

　その歴史的経緯については橋本（1987）などに詳しいので省略するが、簡単にいえば、マレー半島中部には15世紀以来マレー系のイスラム国があったが、アユタヤ時代以来タイ人王朝の勢力下に置かれ、最終的には1909年のイギリス・シャム通商航海条約で現在の国境のもとでタイ領となる。その後、1970年代まで分離運動は継続し、1980年代には沈静化するが、その後も学校や警察が放火されたりといった事件は散発的に起こっており、2001年以降、教員や警察官が殺害されるなど、再び被害の程度が増大する傾向がある。

2　この言葉はアラビア語の「funduq」に由来している。これは「宿泊のための小屋」という意味である。

3　「ポノ」「スコラ」という呼び分けは村人によるものである。「スコラ sekolah」という呼び方は、マレーシアで「学校」のことが、宗教学校も含めて「スコラ」と呼ばれていることからきていると考えられる。教育省の呼び方としてはあくまで「私立イスラム教学校」である。

　調査後、教育省は、「スコラ」すなわち普通科・宗教科併設の「私立イスラム教学校」の中で、建物・図書室・教員など設備の整ったものを「15条1項校」と認定し、それ以外の「15条2項校」と区別して、より手厚く援助するようになった。それによると、「15条1項校」と認定されれば、普通科教員を自ら選任することができ、「15条2項校」の（生徒1人1日当たり）数倍の予算がもらえるようになった。

4　実際は、登録すらしていない「ポノ」も存続しつづけている。また、本来あってはならないはずのその事実を、教育省の役人もうすうすはしっている。

5　Rung (1968) は、当時教育省に登録していた「ポノ」206箇所のうち既に「改編 prapprung」を受け入れた「ポノ」98箇所のト・クルーを研究対象として設定し、さらにその中でバンコクのセミナーに参加した40人のト・クルーをサンプルとしてアンケート調査を行っている (ibid.: 11-12) ので、研究対象自体「ポノ」全体の中で「改編政策」賛成派に偏っているばかりでなく、研究対象の中ですらバンコク政府に親近感をもっているト・クルーをサンプルとしている。

第4章　南部国境地帯・パタニ県A村の「地域文化」と「進学」

また、調査票を用いたデータ収集の方法については、次のように述べている。

> 大部分のト・クルーはタイ語の知識が非常に少なかったので、筆者はアンケートでなくインタヴューの方法を選択した。というのも、インタヴューであれば、説明を加えたり疑問に答えたりできるからである。そのため、多くのト・クルーたちはアンケートよりもよく答えることができた。にもかかわらず明らかになったのは、インタヴューは何人かのト・クルーの場合にはマレー語に翻訳しなければならなかった。筆者はマレー語の知識を若干もっているからである。翻訳は質問の意味を変質させてしまった可能性がある。しかし、ト・クルーが理解できるように、できるだけ説明を加えるようにし、ときには、わかるように新しい質問にかえた。マレー語への通訳を使わなければならない場合には、筆者の友人（イスラム教徒、ヤラー出身、バンコクで通訳の勉強中）にさせた(ibid.: 13)。

このように、南部国境県出身ではあるが仏教徒でマレー語の知識も不十分な筆者が、かなり苦労をしてデータ収集を行っている。

問題意識も、「タイムスリムの民衆が、長い間タイの国土に生まれ生活してきたにもかかわらず、タイ人としての自覚がない。その重要な理由の一つは、タイムスリムが宗教への信仰をあまりにも強く信じているからというべきである」(ibid.: 1) と、あらかじめ仏教徒ないしバンコク政府の視点にたったものである。

従って、サンプル選択においても、データ収集においても、初発の問題意識においても、かなりのバイアスがかかっていると考えられるものの、こうした調査がそれ以前には殆どなかったこともあり、「ポノ」研究においては画期的な意味をもつこととなった。

6　教育省第二管区の下に設けられた Sun phatthana kan suksa (1969) は、「ポノ」を改編するという目的のもとに、次のような項目について網羅的な調査を行っている。(1)登録・未登録ポノ、「私立イスラム教学校」の数と住民の必要を調べる。(2)土地、建物、教室、教員数、生徒数、教育の効果と価値を調べる。(3)教育の内容、教科書、授業時間、学年編成、時間割、教育方法と評価方法を調べる。(4)登録ないし「私立イスラム教学校」に改編したポノについて教育の質を比較検討する。(5)政府が援助した種々の資金の使途と効果を調べる。(6)「私立イスラム教学校」に改編した「ポノ」に対するタイ・ムスリム住民の態度を、登録・未登録ポノに対する態度と比較する。(7)国王陛下からの就学金やポノ援助金やバンコク視察の機会や国王陛下女王陛下面会の機会を与えられたタイ・ムスリム住民の態度を

241

調べる。(8)ポノ教育に対する、ト・クルー、教師、保護者、一般タイ人、南部国境のタイ仏教徒やタイムスリムや公務員の態度を調べる (ibid.: 2-3)。こうした項目設定により明らかになるのは、実施中の「ポノ改編政策」の効果について実に詳細にデータを集め、慎重にすすめていこうという態度である。

　データ収集の具体的方法は、(1)各機関のもつ統計のサーベイと(2)調査票を用いたインタヴューとされている。(2)に関しては実に11種類もの調査票が作成されている。そのうち(1)「ポノ」に関しては256箇所から、(2)ト・クルーに関しては全体の約30%のにあたる78人、(3)宗教教師に関しても全体の約30%にあたる130人、(4)普通科教師に関してはも全体の約30%にあたる55人、(5)「ポノ」学生に関しては全体の約5%にあたる1016人、(6)「ポノ」学生の保護者に関しては186人、(7)「ポノ」就学経験者に関しては448人、(8)様々な資金や機会を与えられた「ポノ」学生に関しては106人、(9)「ポノ」に子どもをやったことのないムスリム一般に関しては188人、(10)ムスリム村に住むタイ仏教徒に関しては108人、(11)公務員に関しては185人を対象として実施されたという (ibid.: 9-13)。

　これは Rung (1960) の研究に比べるとはるかに網羅的であるが、やはり「タイ語ができない」等の理由で調査対象のごく一部からしかデータを集めることができておらず、ここでも同様のバイアスがかかっている。

7　「ジャーウィ語」とは、マレー語をアラビア文字で表記したものである。後に述べるように「ポノ」で用いるテキストはこれによるものが多いので、一定以上の年齢層では、読み書き能力はこれに限られているのである。

8　Soemsak (1983) は、1980年度における「私立イスラム教学校」211箇所全て（宗教のみ90箇所、普通科宗教科共修121箇所）を対象として、学校の実態（学校数、教師数、生徒数、政府の援助）と経営者（ト・クルー）の考えに関するアンケート調査を行った。しかし、やはり次のように限界について述べている。

　今回の研究は、いくつかの限界をもつ。1.経営者の態度と考え方についてのデータ収集は、網羅的には (thua thu'ng) できなかった。アンケートをジャーウィ語に翻訳しておき、現地の人を調査者に採用したにもかかわらず、調査者の身の安全に問題があったこと。2.いくつかの資料源からのデータに矛盾があるかもしれないので、筆者は、「私立イスラム教学校」を管轄する官庁の資料を用いたこと (ibid.: 15)。

　また、この211箇所という数は、「宗教のみ」「普通科宗教科共修」両方を含んでいるとはいえ、当時の登録ポノの数358箇所に比べると半分以下であり、「ポノ」全体にははるかに及ばない。Soemsak の調査によれば「経営者」は政府の種々の政策に「賛成 hen duai」または「わからない mai nae cai」という答えをしたと報告

第4章　南部国境地帯・パタニ県A村の「地域文化」と「進学」

されている (ibid.: 152-154) が、それがト・クルーの実態を反映していたかどうかは不明である。

9　Pitsuwan (1985) は、次のように述べる。近代国家では宗教と政治の分離が前提とされてきたが、古いタイプの社会ではこの分離を行うことがしばしば非常に困難であった。このことはトルコのようにイスラム社会から世俗国家を樹立しようとする場合にもみられたが、仏教的なコスモロジーに基礎づけられたタイという国家のマイノリティとして存在しなければならなくなったムスリムの場合にもあてはまる、というのである。すなわち、タイという国家は、過剰に仏教と関わっているので、1902年の統合以来「マレー・エスニック・ナショナリズム」が、「イスラム」を強く意識せざるを得なくなったのではないか、という理論的な仮説をたてて研究を行っている (ibid.: 10-15)。第2章では、パタニが東南アジアにおけるイスラム教の「揺り籠 cradle」であり、その感覚に基づいて1902年から1922年の間に既に反乱が起きたこと (ibid.: 27-68)、第3章では、1922年から1945年の間に、部分的な参加が認められつつも同化が強制されたこと (ibid.: 62-110)。第4章では1945年から1957年の間にナショナリズムが強まり、ウラマー（イスラム知識人）を中心とした政治運動がおきたこと (ibid.: 111 -165)、第5章では、1957年から1973年の間にタイ政府の統合努力がなされたこと (ibid.: 166-215)、第6章では、1973年から1982年の間に古い分離運動が新しい組織に生まれ変わり、タイ共産党やマレー共産党とむすびついたり「ダッワー（布教運動）」や「タリーカ（神秘主義運動）」とむすびついたりする中で、再び暴力事件を起こしたことが述べられている (ibid.: 216-268)。

　Pitsuwan に先立つ研究としては、スタンフォード大学に留学した Dulyakasem (1981) の博士論文がある。Dulyakasem は、以下の6つの仮説をたて、それぞれについて量的および質的な方法で検証しようとした。6つの仮説とは、(1)近代教育の発展は、エスニックナショナリズムに肯定的に作用する、(2)辺境地域での国家の活動がエスニックナショナリズムに肯定的に作用する、(3)近代的な経済活動がエスニックナショナリズムに肯定的に作用する、(4)国家の官僚機構へのマレームスリムの参加は、エスニックナショナリズムに否定的に作用する、(5)ポンドックなど教育機関へのマレームスリムの参加は、エスニックナショナリズムに否定的に作用する、(6)マレームスリムの人口とエスニックナショナリズムの間には関係がない、というものである (ibid.: 37-38)。結果としては、(1)近代教育の仮説については検証されたとし、(2)国家活動(3)近代的経済活動(4)政治参加(5)教育機関については微妙であるとし、(6)人口については、逆に増えるほどエスニックナショナリズムに結びつく、という結論が出されている (ibid.: 187-194)。ここで興味深

いのはむしろ、1981年に書かれた論文において、ポンドックがエスニックナショナリズムに否定的に作用するという(5)の仮説をたて、結論にいたってはじめて「ポンドックはエスニック的連帯の一形態であり、地域の文化的アイデンティティを保持している」という見解が示されている点である。そのぐらい一般タイ人の南部国境県問題の認識は低かったのである。

10 橋本 (1987) は、南部国境県の問題を「マレー・ムスリム統合政策」の観点から紹介した論文の中で、「ポノ改編政策」について取り上げた。その取り上げ方は、まずピブーン政権時代の「宗教学校閉鎖」を「文化的同化政策」と描いた後、「ポノ改編政策」については、「政府の管理とひきかえに金銭面での補助があるとはいえ、タイ語教育、普通教育などカリキュラムへの大幅な介入は、生徒の負担を増加させ、宗教教育を質量ともに低下させ、宗教教育機関としてのポーノ [ママ] の性格を大きく変化させている。またポーノに高度なイスラーム教育を期待できなくなったため、マレーシアや中東への留学生が増加した」(ibid.: 243) と描いており、「民族」と「宗教」に対する侵害という面を強調している。

また、小野沢 (1987) の場合も、ピブン政権を「排外的タイ文化至上主義」によって特徴付け、1960年代以降の政策についても、「対イスラム教徒文化的同化政策」として描きつつ、「私立イスラム教学校」について次のように書く。

> かたくなに登録を拒否するポンドックがある一方、同化を志向するポンドックの指導者たちは、様々な試行をはじめている。ポンドックの伝統的な教育を午前中だけに限定し、午後は隊伍による一般教育を行っている学校、旧来のポンドックを維持しながら、タイ語の成人教育用教科書をつかう集中授業を行って、国家試験にそなえる学校等々がみられる (ibid.: 251-253)

つまり、「ポノ改編政策」はあくまで「同化政策」の一種であり、それに応ずる「ト・クルー」は同化主義者、ということになる。この部分を「タイ政府の同化政策とマレー系イスラム教徒の民族集団としての自己保存の運動がまっこうからせめぎあう闘争場裡になっている」と結ぶ (loc. cit.)。やはり「宗教」と「民族」の2つについての同化政策という視点があらわれている。

11 「近代派イスラム」の主張は、「(1)『アル・クルアーンとハディースの精神』に再び依拠し、二次的な注釈書と法学書を強調しないこと、(2)イスラムを変化する社会の社会的、政治的、経済的問題に関連させようとすること、(3)西洋の方式に基づく学年制学校制度に置き換えること、の主張であった。」という (西野1990)。

12 西野 (1990) は、インドネシアの主としてジャワのプサントレン (ポノにあた

第4章 南部国境地帯・パタニ県A村の「地域文化」と「進学」

る）を対象とし、文献資料とフィールドワークの2つの方法を併用して、歴史的な変化を描き出した (ibid.: 10-14)。それによると、伝統的な教育機関であるプサントレンは、普及するようになった近代学校にとってかわられたのではなく、近代学校的な要素も取り込みながら、伝統的な要素（学生主体の学習、農村で高度な教育段階まで学ぶ）を維持した宗教教育機関が形成されてきている、という (ibid.: 464-466)。服部 (1995) は、同じくインドネシアの西スマトラ州のひとつのプサントレンについて長期滞在型のフィールドワークを実施した。それによると、1923年に創立されたそのプサントレンでは、当初から「机や椅子」をもつ「新しい学校」として設立されて (ibid.: 86)、その後学級学年制を導入して学年数を増やし (ibid.: 87)、教育内容としても「女性を男性と同じ権利をもつ」という近代的な観点からの女子宗教教育が行われてきている (ibid.: 89) という。

13　Pitsuwan (1985) の研究が、主として文書資料に基づく歴史研究であったのに対して、Madmarn (1990) の研究は、文献研究に加えて、のべ4ヶ月間にわたるフィールドワークをいくつかの「ポノ」で行った上での記述なので、その意味でもより「ポノ」の実態を伝えているといえる。

14　奥川 (1990) の研究は、既存の研究と文書資料にもとづいた政策史研究としてすぐれたものであるが、実態の把握には弱みも残している。例えば「ポーノの宗教教育関係者は、教育省への登録によって中央政府による統括管理の中に巻き込まれるのだということを認識した上で登録をおこなったというよりも、むしろ政府による財政支援をして登録を受け入れたと考えられるだろう」と述べている。これは全体につながるかなり思い切った主張であるが、それについての根拠は殆ど示されていない。ただ、それまでの日本人の研究が、概して「民族」と「宗教」に関する統合政策であると捉えていたのに対して、1960年代に展開されたのは「開発を通しての統合」政策である、と主張した点に新しさと価値がある。なぜなら、実状としても、南部国境県の人々の全てが「民族」や「宗教」を強く意識しているというわけではなく、経済的な感覚で行動している人も少なくないからである。

15　橋本 (1991-92) は、1983年の4ヶ月の調査にひきつづいて1990年の3週間の調査をおこない、この間における変化をまとめている。それによると、この時期にドリアン、ロンコンといった果物の栽培による収入が増え、経済的に好転してきた。家が新しくなり、衛生状態もよくなってきた。役所への抵抗感がうすれ、タイ語能力や教育も普及するようになった、というのである (ibid.: 186-187)。「マレー人」であるよりも「タイ人」であることを自覚するようになった (ibid.: 188)。以上の記述で、奥川 (1990) 同様に、経済開発が統合問題を好転させる、という見方を示しているといえる。ただ、橋本の場合には、それに加えてこうした変化

245

が、1980年代における農村電化というインフラ整備（1976年の22%から1990年の93%）を土台としたテレビの普及が重要だった、という見方を提起している点が特徴である (橋本 1992: 363-364)。タイ国軍が「新しい希望 khwam wang mai」計画によって配布したカラーテレビ（タイ語放送にチャンネルを固定）が、タイ語教育とあいまって、マレー語放送からの視聴傾向の変化をひきおこした。そのことがさらにタイ語普及をもたらしている、というのである (ibid.: 367-368)。この橋本に先行する研究としては、例えば Suraphong (1979) のものがある。これは「新しい希望」計画が実施されようとしている時期に、行政面と宗教面という2つの面でのマレー・ムスリム指導者層を対象としてメディア接触とその影響についてアンケートを行ったものである。それにより、宗教的に敬虔であろうとなかろうと、従来の遅れたイメージとは異なり、ラジオやテレビも含め広くメディア接触に関心をもつ人々であるということを明らかにしている。

16　例えば、Madmarn (1990) は次のように述べる。

　　従って、ゆるやかな構造をもつマドラサ式の学校システムがムスリム宗教リーダーの機敏な対応策となったのである。つまり、ポンドックにみられるイスラム学習の伝統を守るためと同時に、教育や教育政策の近代的傾向に自分たちの学校を適応させるための対応策に、である (ibid.: 165)。

　　これは、この論文での Madmarn の主要な論点のひとつであるが、ここには、同時に「近代」をある種の「発展」ととらえる Madmarn の感覚もあらわれている。この感覚は、「近代的教師」には共通する感覚であって、たしかに存在する事実なのであるが、「伝統的教師」のもつ感覚とは異なるものである。

17　Che Man (1990) は、自らの理論枠組みを述べている部分のところで「エスニシティの持続性 the persistence of ethnicity」をおいている。これは、「接触している他者と共有されない、一組の伝統を共有している自己保存的な人々の集団」と定義される「エスニックコミュニティ」が、古くから現在に至るまで「人間組織やコミュニケーションのモデルとなってきた」という仮定である。そしてそれが、近代的な「国民国家」やそれをモデルとした「植民地主義」との対抗関係に入る、という理論的前提をおいている (ibid.: 2-3)。そのため、本文で述べたように、実際の記述においても、「フィリピンのモロ人」や「パタニのマレー人」は何か共通の特性をもった実体として論ずることにつながってくる、と考えられる。こうした Che Man のような想定は、「国民国家」対「マイノリティ」あるいは「エスニシティ」という図式で論ずる多くの論考にみられる特徴である。さらにいえば、Che

第4章 南部国境地帯・パタニ県A村の「地域文化」と「進学」

Man が、実態調査を行わず、もっぱら文献的に行っていることも、こうした特徴をうみだすのに関与していると考えられる。

18　スラウとはモスクまではいかない小規模の礼拝堂のことである。タイ人の村には必ず仏教寺院ワットがあるように、マレー人のムスリム村には必ずモスクないしはスラウがある。イスラムの掟として、金曜日には男性は地域社会単位の礼拝所で礼拝をしなければならない。

19　その他に、南アジア・中央アジアに多いハナフィー派、北アフリカに多いマーリク派などがある。

20　実際、ヤラーの共同礼拝所では、夏休みの長期布教先（40日間）としてパキスタン、インド、バングラデシュの名前も挙げられていた。「ダッワー」の考えによれば、現在のイスラム世界では宗教が乱れてきているので、それを元通り厳格にしなければならない、ということになる。タイ政府の融和政策についても「世俗化」の一環として批判的である。政府資金による中央モスクとは別に共同礼拝所をつくるのもそのためである。

21　木の名前に即して地名が付けられるのは、この地域ではよくみられる。ヤリン郡のマレー名ヤム Jambu, ヤラー市のマレー名ニボン Nibong はそれぞれ木の名前である。

22　「ト・パケ」とは、学生のことであるが、ト・ファキール To Faqir からきているという説が普通である。ファキール faqir とはアラビア語で法学者の意味であるという。ト・ファキヒ To Faqih（貧しい者）という説もある。

23　イスラムを教える地位を得、かつ「ポノ」の主宰者となった者を「バボ」と呼ぶ。「ト・グル」とも呼ぶ。タイ語では「ト・クルー To Khru」となる。「ト To」というのは、マレー人の敬称「ダトゥ Dato」の省略形であるという。従って、「ト・パケ」という呼び方はかなり学生に対する尊敬を含んだ言い方である。ウスタズ Ustadh とは、アラビア語で「教師」のことであるが、「ポノ」A では、「バボ」を助けて教える者を意味する。

24　ただ、純粋に助け合いだけによって構成されているわけでないことは言うまでもない。「ポノ」で生活するのは、少ないとはいえやはりお金がかかる。店での買い物、書物の購入（これも「ポノ」の中に時間制の店がある）そして何より、一番最初に1軒又は半軒のポノを「バボ」の養子から買わなければならない（1500〜5000バーツ）。学生のほとんどは、これらの費用を親などからの仕送りに頼っている。しかし、いったんポノを手にしてしまえば、電気代（50バーツ年2回）以外の授業料は徴収されず、店での価格は安いし（ナシ・カブル1食2バーツなど）村人達が「サデカ Sadekah（布施のようなもの）」としてお金をくれたりするので、

247

親にかける負担はそう多くはない。
25 タイ語を母語とする中部県や非国境南部県などの出身者にとっては、パタニ・マレー語が難しく、講義を聞く際のハンディキャップとなっている。テキストの使用言語は主に2つであり、一つは（注7）で触れたジャーウィ語で、もうひとつはアラビア語である。後者によるテキストも多いが、4〜5年以上の年長者でもなければアラビア語をすらすらよむことはできない。
26 もちろん、礼拝はしなければいけないが、旅先のモスクでいつもの時間に済ませばよい。
27 学生数の比較的少ない中規模以下の「ポノ」では、学生に質問を投げかけたり、学生が質問をしたりすることがある。
28 「キタブ」とは製本された分厚いものを、「リサラ」とは簡単に綴じてある薄いものを指す。
29 11世紀中東のイスラム学者で、スーフィズムの大成者とされている。「バボ」はそのスーフィズム論のひとつ「ミンハジ (Minhaj al-Abidin ila Jannat Rabb al-'Alamin)」（ジャーウィ語訳は [Dawud 1826b]）を夕方の礼拝後の必修授業で繰り返し取り上げてきた。
30 「ムソルリ Munyat al-Musalli」(Dawud bin Abdullah 1826a)（B5判、37頁）は、礼拝の仕方、すなわちどのような文句を唱え、どのような動作をするのかについての本であり、もっとも基本的なテキストといえる。パタニの Muhammad Nahdi 社のものが使用されている。分野としては「ペコ」になる。朝の礼拝後すぐのウスタズの授業で取り上げられており、主として年少の学生が聴講していた。
31 「ムトライン Mutla'a al-Badrayn」(Muhammad bin Ismail Dawud 1885)（B5判、235頁）は、信仰のあり方、神の統一性、裁判の手続きなどについて書かれている。「タウヒード」と「ペコ」が主に扱われているわけである。これは午後の必修授業の後ウスタズによって取り上げられ、年少・中堅の学生が聴講していた。パタニの Muhammad Nahdi 社のものが使用されている。
32 「ファリダ Faridat al-Fara'id fi Ilm al-Aqa'id」(Ahmad bin Muhammad Zain 1895)（B5判、24頁）は、神の統一性すなわち「タウヒード」について書かれた基本的なものである。これ調査時点では年長学生の夕食前の自主的な講義で読まれており、年少の学生が聴きに来ていた。パタニの Muhammad Nahdi 社のものが使用されている。
33 「デュルサミン al-Durr al-Thamin」(Dawud bin Abdullah 1816)（B5判、103頁）は、信仰のあり方や神の統一性について書いたもので、「タウヒード」という分野についてのものである。調査時には、夜の必修授業のあとの年長学生の自主

的講義で読まれており、中堅以上の学生が聴講していた。パタニの Muhammad Nahdi 社のものが使用されている。

34 「ミンハジ Minhaj al-Abidin ila Jannat Rabb al-'Alamin」(Dawud bin Abdullah 1826b) (B5判、148頁) は、イマーム・ガザーリーの著作によりながら「スーフィズム」について解説したものである。調査時には夕方の礼拝の後のババの必修授業でアラビア語版とともに取り上げており、全ての学生に聴講が義務づけられていた。パタニの Muhammad Nahdi 社のものが使用されている。

35 「ブギヤ Bughyat al-Tullab li-Murid Ma'rifat al-Ahkam bi-al-Sawab」(Dawud bin Abdullah 1810) (A4判、336頁) は、アラビア語の Minhaj al-Talibin への注釈を基本としながら、イスラム法について解説した、「ペコ」に属する本である。調査時には昼の礼拝の後のババの必修授業で取り上げられていた。パタニの Muhammad Nahdi 社のものが使用されている。

36 最も多いのは Dawud bin Abdullah (1816; 1826a, b)、Muhammad bin Ismail Dawud (1885)、Ahmad bin Muhammad Zain (1895) などパタニ出身学者の著作であるが、マレーシア北部のトレンガヌやインドネシア出身の学者のジャーウィ本も取り上げられている。例えば、インドネシア北スマトラ出身の Abdulqadir Abdul Muthalib の著作は、夜の必修講義後のウスタズの講義や年長学生の講義で読まれていた。

37 これについては、Tafsir al-Jalalayn と呼ばれる大部の著作 (B5判、280頁) が使われていた。Madmarn(1990: 37-38) によれば、これは、Jalal al-Din Muhammad ibn Ahmad al-Muhalil [1389-1459] と Jalal al-Din Abd al-Rahman ibn Abu Bakr [1445-1505] によるアル・クルアーンの注釈であるという。

38 「マトゥン・ビナー Matn al-Bina wa-al-asas」は、活用形に関するもの、「ジュルミヤ Matn al-Jurrumiyah」は、文法に関するものである。

39 「第一クラス Kelas Satu」は、バライの一階にある部屋で机と椅子、そして黒板を使って授業をしている。「第二クラス Kelas Duo」と「第三クラス Kelas Tigo」は二階に上がって、黒板は使うものの、床に広がって授業をきいている。朝9時から10時まで続くこの授業に参加する人数は各クラスとも10人前後で、年齢は10代半ばまで、小学校や中学校を卒業したぐらいの少年たちである。3ヶ月ほどの授業をきいたのち試験がある。既に勉強した箇所についてのペーパーテストである。成績には順位がつけられ、優秀者には賞品が贈られる。進級ができず、出席回数も少なかった学生は、モスクでの必修授業の際にポノ学生全員のまえに引き出されて体罰を加えられる。つまり、近代的な学校とかなり似通った運営がなされている。時間数は少ないものの、自動進級的でない点では、ふつうのタイの学

校より厳しい運営がなされているとすらいえる。

40 「宗教の光1 Sinaran Agama」(Ismail Dawud 1965)（A6判、86頁）は、タウヒード、ペコ、アハラクの3分野について、箇条書きにジャーウィ語で書いてある。タウヒードについては21章で「タウヒード」「六信」「神に関する信仰」「神の存在の信仰」「神の唯一性の信仰」「神の比較不能性の信仰」「神の創造物」「天使への信仰」「さまざまな天使」「聖典への信仰」「使徒への信仰」「さまざまな使徒」「預言者ムハンマドは神の使徒である」「最期の審判への信仰」「神の規則への信仰」「天国」「地獄」「さまざまな義務」「神に必然的な特性」「神にはありえない特性」「神の恩恵」までの21章、ペコについては「ペコ」「五行」「信仰告白」「成人の証」「礼拝」「礼拝の条件」「小さな汚れ」「清めの基本」「清めで望ましいこと」「清めの仕方」「大きな汚れ」「水浴の仕方」「不潔なもの」「不潔なものの洗い方」「行列」「礼拝の時間」「礼拝のときの衣装」「礼拝の原則」「正しい礼拝」「礼拝のときの心」「礼拝の仕方」の21章でまで、アハラクについては「アハラク」「清潔」「身体と衣装の清潔」「食べ物と家の清潔」「食べ物と飲み物のマナー」「学校と心の清潔」「親に対するときのマナー」「先生に対するときのマナー」「弟妹に対するときのマナー」「家族に対するときのマナー」「友達に対するときのマナー」「隣人に対するときのマナー」「お客に対するときのマナー」「老人に対するときのマナー」「敬意と軽蔑」までの15章が述べられている。

　分野の分け方が、伝統派の特徴である「タウヒード、ペコ、タサウフ」ではなく、近代派の「タウヒード、ペコ、アハラク」になっている。パタニのSaudara Press社から出されている。

　授業では、「タウヒード、ペコ、アハラク」の3つの部分それぞれについて、それぞれ週2回、2回、1回ずつ、20-30分を費やして行われていた。

41 「宗教の光2 Sinaran Agama 2」(Abdul Rahman et al 1968)（A6判、111頁）も、やはりタウヒード、ペコ、アハラクの3分野について、箇条書きにジャーウィ語で書いてある。タウヒードについては「わたしたちの宗教、イスラム」「信仰の原則とイスラムの原則」「アッラーを知る」「アッラーに必然的な特性」（3章にわたる）「アッラーにはあり得ない特性」（4章にわたる）「アッラーに適切な特性」「神の特性の要約」「天使の名前と任務」「使徒を信仰する」「預言者と使徒の違い」「さまざまな預言者と使徒」「預言者アダム」「預言者ムハンマド」「使徒に必然的な特性」「使徒に適切な特性」「使徒の特性の要約」「アッラーのいくつかの書物を信ずる」「慈愛に満ちたアル・クルアーン」「終末の日を信ずる」「奇跡」までの27章である。ペコについては「清潔にすること」「不潔なもの」「不潔なものの洗い流し方」「清めの基本」「清めで望ましいこと」「清めを適切にすること」「義務的な水浴」「義務的お

第4章　南部国境地帯・パタニ県A村の「地域文化」と「進学」

よび望ましい水浴」「動作の条件」「汚れた人がしてはいけないこと」「基本の礼拝」「礼拝の条件」「礼拝」「祈願の章句」「最後の信仰告白の章句」「朝礼拝の章句」「礼拝を適切にする」「礼拝における男女の違い」「金曜の礼拝とその条件」「金曜の礼拝を正しいものとする条件」「断食とその条件」「断食の無効」「断食をするのが望ましい日」「断食をしては行けない日」の26章である。アハラクについては「身体と衣装の清潔」「家の清潔」「心の清潔」「遊びのマナー」「就寝のマナー」「飲食のマナー」「排便のマナー」「親を大切にすること」「先生に対するマナー」「弟妹に対するマナー」「家族に対するマナー」「友達に対するマナー」「老人に対するマナー」「国の法律に対する態度」の15章である。つまり、「宗教の光1」より多少詳しいものの、同様の記述が多い。つまり、続編というより別の著者による同様のテキストである。パタニのTeman Pustaka Press 社から出されている。

42 「ルミ語を学ぶ」(Mahmood Ahmad 1975) (A6判、48頁) は、「大文字（ローマ字）」「小文字（ローマ字）」「筆記体の大文字（ローマ字）」「筆記体の小文字（ローマ字）」「ジャーウィ語との対比（子音）」「ジャーウィ語との対比（母音）」「綴り」「身の回りのもの」「A Ayam（鶏）」「B Baju（シャツ）」「C Cawan（カップ）」「D Durian（ドリアン）」「E Ekor（しっぽ）」「F Filem（フィルム）」「G Gajah（象）」「Gh Ghani（ガニ）」「H Harimau（虎）」「I Ikan（魚）」「J Jala（網）」「K Kerbau（水牛）」「Kh Khemah（テント）」「L Lem（牛）」「M Meja（机）」「N Nasi（ご飯）」「Ng Nganga（開く）」「Ny Nyamuk（蚊）」「O Ombak（波）」「P Payong（傘）」「Q Quran（アル・クルアーン）」「R Raga（籠）」「S Sekolah（学校）」「S Syling（シリング硬貨）」「T Tinju（ボクシング）」「U Ular（蛇）」「W Wayang（あやつり人形）」「Y Yu（鮫）」「Z Zalim（残酷）」といったように、ローマ字表記のマレー語を学んでいくテキストである。最初にジャーウィ語がでてくることにも示されるように、ジャーウィ語を既に知っているという前提で編纂されている。取り上げられる題材は、おおむね南部国境の村人にとって身近なものであるが、「フィルム」「学校」「シリング硬貨」のように近代的な世界への導入を意図したと考えられるものもある。パタニのTeman Pustaka Press 社から出されている。

　実際の授業では、テキストは買わされたものの、全く取り上げていなかった。

43 「読み方1 Perintis Bacaan」(Ismail Abdul Rahman n.d.) (A6判、64頁) は、「子音」「母音」「文字」「発音」「綴り」「数字」「身体の名称」「指示」「身の回りのもの」「乗り物」「料理」「歯磨き」「水浴」「衣類」「市場」「アリーの家族」「勤勉な少年」「花」「球技」「人柄」「曜日の名前」「ポンドク（ポノ）」「礼拝」「モスク」「学校」「なぞなぞ」「ハリラヤ（ハリラヨ）」「パタニ」「教師の忠告」の30章からなる。ジャーウィ語のみでかかれたジャーウィ語の入門テキストである。内容的には、「水浴」「家族」「ポンドク（ポ

251

ノ)」「礼拝」「モスク」「ハリラヤ (ハリラヨ)」など古いイスラム生活を前提したものと、「乗り物」「歯磨き」「球技」「学校」など新しいイスラム生活を前提としたものが入り交じってかかれている。ジャーウィ語のテキストでありながら、近代的な世界への適応をうながすものとなっているわけである。

44 「読み方2 Perintis Bacaan 2」(Ismail Dawud 1973) (A6判、95頁) は、「学校」「学校の農園」「ハジの家でのアル・クルアーン勉強」「マドラサ」「体操」「ポンドク (ポノ)」「耕耘機」「消防車」「病院」「貯蓄銀行」「月のイスラム名」「中央郵便局」「イスラムの祝日」「乞食」「動物を飼う」「テレビ」「ゴム園での作業」の17編の読み物からなっている。やはりジャーウィ語のみで書かれたジャーウィ語であり、「読み方1」を終えた学生向けのものといえるが、その内容は上の目次からも明らかなように、より明確に近代的世界への適応をうながすものとなっている。パタニのMuhammad Nahdi 社が出している。

実際の授業では、テキストは買わされたものの、ごくたまに取り上げられるだけであった。

45 「ナフー教本 Pelajaran Al-Nahu Al-Arabi」(Abdulaziz 1960) (A6判、60頁) は、ジャーウィ語でかかれたアラビア語入門書である。「文とは何か」「文の集まり」「名詞」「動詞」「前置詞」「動詞の形」「未完了形」「命令形」「行為者」「受動態」「主語と述語」「名詞文と動詞文」「語末母音の変化と不変化」「男性形と女性形」「単数形、双数形、複数形」の16章からなっている。パタニの Muhammad Nahdi 社が出している。実際の授業では、週2回20-30分を費やして教えられていた。

46 「サラフ教本 Sullamu al-Saraf」(Abu Lukman 1979) (A6判、24頁) は、アラビア語の活用形を学ぶための本である。短いものだが、殆どがアラビア語で記されているので、初学者には難しいものである。マレーシア・クランタン州の出版社が出しているものである。実際の授業では、週2回20-30分を費やして教えられていた。

47 「タディカ」は、多くのムスリム村が近年設けるようになった施設で、「ポノ」に入る前の初級の段階つまり、アリフ・バー・ターとイスラムの知識の初歩だけを「学校」方式で教える場所である。小学生ぐらいのムスリムの子どもが学校の終わった後や学校のない日に勉強しに来る。教師は、「ポノ」や「スコラ」の年長学生や卒業生である。「Tadika」とは、「Taman Didik Kanak-kanak」(幼稚園) の略で、マレーシア的な言い方である。

48 本研究の定義 (第2章注25) では、これも「国際NGO」と呼んでおくことができる。

49 「バボ」が早朝のアル・クルアーン暗唱クラスを設けるようになったのも、「ダ

ッワー」幹部に批判されたからだ、という。
50 「近代派イスラム」の主張は、パタニにおいては次のような論争点をもった。Madmarn (1990: 30-31) によれば、パタニにおける「近代派イスラム」の主要人物であるアブドゥル・ガニ・フィクリは、(1)葬礼の際に唱える章句の一部、(2)毎回の祈りの際に唱える章句の一部、(3)ある女性を3回離婚してもう一度結婚するために、別の人と形式的に結婚させるという習慣が、アル・クルアーンの定めに反すると厳しく批判した。しかしこの主張は、マレー・ムスリム社会に広まっていた慣行を否定することになり、反発を招いてしまった、という。つまり、「近代派イスラム」の主張が、この地域に伝わるイスラムを否定する側面をもっていたのである。
51 序論で紹介したように、インドネシアでは、既に今世紀の初頭から、学年制をともなう「学校」システム(「マドラサ」)、あるいは「近代派イスラム」の思想が広く普及していった(西野1990, 服部1995; 2001)。しかしタイでは、「ポノ」的なものが「南部国境地帯」の精神的寄り処となり、かつ「スコラ」的なものは政府の統合政策と結びついてやってきたがために、異なる道筋を辿ったものと考えられる。
52 バンコク朝は、1789年に、それまで半ば独立していたパタニ王国を制圧して支配下においた。しかしそれに対しても、1832年、1895年の反乱に象徴されるように、反感が持続的に存在していた(橋本1987: 236)。そのためもあり、Dawud bin Abdullahなどのイスラム知識人は、主としてメッカで、ジャーウィ本を執筆・出版した(尾中1997: 85-86)。

第5章　結論

　ここまで、序論で提起した主題と方法にしたがって、三つのタイ農村での調査と分析の結果を述べてきた。その中で得られた知見の第一は、「進学」の「文化的不平等」論の二つの仮説は必ずしも妥当しない、ということであり、第二に、「進学」という現象は、「地域文化」のネットワークに着目することで理解が可能、ということである。

　本研究が序論で提起した主題は、「成長」論からのものであれ「平等」論からのものであれ「進学＝善」を自明の前提とする考え方を批判的にみる地点に立ちつつ「進学」について論ずる、というものであった。

　研究史的にいえば、「家族」などの「社会経済的条件」に着目する「社会経済的要因」説から、「文化的再生産」論や「トラッキング」論など「文化的不平等」に着目する「文化的要因」説に至る「進学」研究が編み出してきた視点を継承しつつ、同時にこれまでの「文化的不平等」論がもっている偏り、すなわち「国民国家」中心主義、「学校」中心主義、「われわれ／よそもの」図式、「政策論的・統計的方法」の偏重を修正しようとする研究として行われた。

　それにあたり、「文化的要因」説の中で注目されてきている「地域」という変数を視点として採用し、「地域社会学」の諸成果にもとづき、かつ後期 Husserl の「Erde（大地）」や Merleau-Ponty の「間身体性」という概念もふまえつつ、定義を行った。さらに、この定義およびこれまでの「文化」についての諸定義の検討に基づいて「地域文化」という概念を提示し、これと「進学」の関連を焦点とした「厚い比較」による研究として、本研究は行われた。

　より具体的には、「進学」の「文化的不平等」論に含まれる二つの仮説、すなわち「「進学」は、当事者にとってプラスの価値をもつ」「「地域文化」は「進学」にマイナスに作用する」という二つの仮説について検討を行った。

　「厚い比較」の具体的方法としては、参与観察と質問票によるインタヴューを混用した「長期滞在調査」を三つのタイ農村で行い比較する、というも

のを用いた。

　その結果をより詳しく述べるにあたって必要となるのは、三つの軸である。

　第一に、「進学」/「非進学」という軸である。すなわち、本研究に関していえば、小学校卒業時点または中学校卒業時点で、「進学」を選択するか、そうしないと選択するか、という違いである。この場合「進学」にも様々なタイプやレベルがあるわけだが、それでも「進学」するかしないかという違いが、最も重要なものとしてあらわれてきていた。

　第二に「都会志向」/「地元志向」という軸である。すなわち、本研究に関していえば、「将来どこに住みたいと思うか」という問いについて、バンコクやチェンマイやコンケンやハジャイのような大都市に住みたいとおもうか、それともある範囲[1]で考えられた「地元」に住みたいと思うか、という軸である。これは具体的には「進学」先の選択、あるいは「非進学」の場合の見通しのようなものとして表れていた。

　第三に「地域文化志向」/「非地域文化志向」という軸である。「地域文化志向」とは、「地元の地域文化に対する積極的な関心をもつ場合」であり、「非地域文化志向」とは、「地元の地域文化に対する積極的関心をもたない場合」である。既にみてきたように、「地元の地域文化」といっても様々な種類のものがあり、その作用は一様ではないから、それぞれの「地域文化」一つ一つについて考えていく必要があることになる。

第1節　「文化的不平等」論の二つの仮説について

　このような図式に基づきつつ、「文化的不平等」論の二つの仮説は妥当性をもつのか（すなわち、三つのタイ農村にあてはまるのか）という問いについての結論を述べることにしよう。

第1項　「進学」は当事者にとってプラスの価値をもつか

　まず、「『進学』は当事者にとってプラスの価値をもつ」という仮説については、次のように述べることができる。

第 5 章　結　　論

　たしかに、多くの場合には「進学」が当事者にとってプラスの価値をもつと考えられたのであるが、重要なのはそのことではなく、そうとはいえない事例がH村とA村において見出された、ということである。
　まず、H村についていえば、「もうひとつの発展」系中学生のD, E高専への進学志向を示していたわけだが、そのことは、「大学進学」の拒否という意味も含んでいた。にもかかわらずそれは「もうひとつの発展」の理念に基づく積極的な選択を意味していた。すなわち、逆に言えば「大学進学」は、「もうひとつの発展」系中学生にとっては、マイナスの価値をもつのである。
　また、この判断は、「H村志向」とも結びついていた。それはたまたまそうであったというだけではなく、「村で暮らそう」という「もうひとつの発展」の理念からしてそうなのである。すなわち、この判断は、単に「大学」というだけではなく「都会への進学」にもマイナスの価値を見出す判断なのである。
　さらに、これらは決して不合理な判断というわけではなく、高専で一定の職業的知識を身につければ、H村を基盤として彼らの価値観からして納得のいく生活を保証するものと考えられるのであって、「大学に進学しないこと」は、客観的にみても十分にプラスの価値をもつと考えられた。
　次に、A村についていえば、「ポノ」に通うことは、「進学」を否定する意味をもっていた。それは段階として中学または高校の段階から「進学」を否定するものであり、当然のことながら「都会への進学」をも自動的に否定するものである。「進学」のこうした徹底的な拒否は、南部国境地帯に特徴的な「伝統派イスラム」をみっちり学べる場所である「ポノ」の存在、そしてこの地域が経済的地理的に一定の豊かさをもっていることを考えると、当事者にとって十分に「プラス」の価値をもっていると考えられる。
　まとめるならば、「『進学』は当事者にとってプラスの価値をもつ」という第一の仮説は、「都会への進学」という付随仮説も含め、扱った事例に関してはあてはまらない場合がある、という結論になる。

第 2 項　「地域文化」は「進学」にマイナスに作用するか
　次に、「『地域文化』は『進学』にマイナスに作用する」という仮説について

は、次のように述べることができる。

たしかに、多くの場合には「地域文化」が「進学」にマイナスに作用していたのであるが、重要なのはそのことではなく、「地域文化」がプラスに作用する場合もある、ということである。

まず、H村についていえば、「もうひとつの発展」系中学生のD, E高専への「進学」志向は、「地域文化」が一定の仕方で「進学」に対してプラスの作用をしている例としてとらえることができる。この志向は、「大学進学」についていえば「進学」を否定する志向であるが、「高校段階」への「進学」についていえば「進学」を肯定する志向なのである。

次に、N村についていえば、「モーラム好き」女生徒が、「進学」の傾向をもっていた。のみならず、母親がモーラムである場合には、子ども特に娘の「進学」に積極的である傾向がみられた。

しかも、「モーラム好き」女生徒の志向は、同時に「都会志向」をも帯びているものであった。すなわち、単に「進学」というだけではなく「都会への進学」に対しても「プラス」の作用を示しているのである。

まとめるならば、「地域文化」が「進学」にとってマイナスに作用する、という第二の仮説は、扱った事例に関してはあてはまらない場合がある、という結論になる。

第3項 「文化的不平等」論についていえること

二つの結論から、「文化的不平等論」について何がいえるのだろうか。

第1章第1節第6項で述べたように、この二つの仮説は、「文化的不平等」論が基礎としていることの重要な部分を構成している。一つ目の仮説は、その論理的な前提を構成しているし、二つ目の仮説は、経験的な命題の一部を構成している。それがこの3つのタイ農村ではあてはまらない例があったということは、少なくともある特定の範囲については、「文化的不平等」論により記述することは不適切な可能性が高い、ということになる。もちろん、この二つの結論が得られたからといって「文化的不平等」論の有効性全体が否定されたと考える必要はないわけだが、少なくともタイ農村の範囲では、「文化的不平等」論があてはまりにくいと考えるべきなのである。またそうだと

第5章 結　論

すると、タイ農村のほかにもあてはまらない場合が存在する可能性もある。
　「文化的不平等」論がタイ農村にあてはまりにくい理由であるが、以上の結果からすると、この論が共通してもつある種の「共同体」図式が影響しているのではないか、と考えることができる。
　というのは、一方で、「『進学』は、当事者にとってプラスの価値をもつ」という仮説に反する二つの事実は、突き詰めていえば、H村とA村が、「学校」（H村学校とA村学校）というものを中心にした「共同体」をつくっているわけではない、という事実から生じているものだからである。H村学校はH村のなかで重要な位置を占めているものの、「もうひとつの発展」からは批判的なまなざしが向けられていた。また、A村学校は、存在こそ認められているものの、尊敬を集めているとはとてもいえなかった。
　他方で、「『地域文化』は『進学』にとってマイナスの作用をする」という仮説を否定する二つの事実は、突き詰めていえば、H村とN村の「地域文化」が、「村」を「共同体」として維持するようにのみ作用しているわけではない、という事実から生じているものだからである。「もうひとつの発展」は、「伝統医療」や「伝統音楽」などの知識を大切にするものの、他方でD, E高専で教えられている「学校」的知識も重視するようなものであった。H村の「もうひとつの発展」は、「学校」的なものに批判的でありながら、完全に排除しようとするわけではなく、部分的にはそれと連携しようとするようなものだったのである。また、N村における「モーラム」は、N村に深く根ざしたものでありながら、「都会」へのあこがれを強くもつものであった。
　「文化的不平等」論の場合には、「進学」の「平等」を主張することからも明らかなように、「国民国家」が全体として「学校」を中心とした「共同体」になるべきだと考え、「地域文化」はそれに対立する別種の「共同体」を構成する傾向があると考える。しかし、タイ農村の場合には、第1章第2節第3項で紹介したように、ネットワーク的な性格が強く、こうした図式があてはまりにくい性格をもっていたのではないかと考えられる。
　もちろん、こうした論があてはまりやすい社会もあるだろう。そこにおいては、これまで通り、「文化的不平等」論を展開していくことが高い価値をもつであろう。しかし、本研究の結果明らかになったのは、こうした論があて

はまりにくい社会もあるということであり、そこにおいては、また別の論をたてる必要があるのではないか、ということである。

第2節　代替的なパースペクティブ

　そこでここでは、「共同体」図式があてはまりにくい社会について、代替的に提示しうるパースペクティブについて述べておくことにしよう。各章の末尾で二つの仮説についての結果をネットワークの視点から説明しておいたが、それをひとつの「パースペクティブ」としてまとめてみようというものである。
　それは、「進学」の「地域文化ネットワーク」説とでもよぶべきものである。それは、「家族」などの「社会経済的要因」が「進学」をきめているという「社会経済的要因」説、趣味や嗜好などの「文化的要因」が「進学」をきめているという「文化的要因」説の知見をひきつぎながらも、従来とはかなり異なった仕方でとらえようとする見方である。それは、大きく三つの特徴をもつ。それは第一に、「ネットワーク」という観点、第二に、「地域文化」という観点、第三に、「歴史性」という観点、である。
　第一に、「ネットワーク」という観点である。「ネットワーク」という観点は、第1章第1節第4項、同第1節第5項で紹介して「地域文化」を描く際に活用することを宣言し、本論において活用してきた方法であるが、これをより積極的に明示して、「進学」研究に活用しようということである。
　この観点のひとつの意義は、「共同体」図式から距離をとる、ということである。従来の「進学」研究の中でも特に「文化的要因」説は、「共同体」図式を基本においている面がある。すなわち、「文化」の背後にある「共同体」によって人間の意思決定は左右されている、という図式である。それに代えて「ネットワーク」という基本図式を採用してはどうか、という観点である。第1章第2節第2項で定義した「ネットワーク」とは、「個人が他者ととり結ぶ関係性の総体」であり、「共同体」という想定を避けたものとなっている。
　「文化的不平等」論のみならず「地域社会学」の諸潮流、すなわち「構造分析」であれ（「Gemeinschaft」[2]）、「コミュニティ」論であれ（「コミュニティ」[3]）、

第5章 結　論

「新都市社会学」であれ(「場所」[4])、なにほどか「共同体」的な図式を中核においていることが多い。北原(1996: 27-63)が論ずるように、「共同体」図式は、社会学誕生期の西欧から戦前の日本、そしていわゆる「ポストモダン」思想に至るまで、脈々と受け継がれてきた。それらを批判する北原ですら、最終的に必要性を訴えるのは「等身大の共同体論」である(ibid.: 200)。しかし、この「共同体」図式をおかないほうが、現象をよくとらえられるのではないか、という観点である。そして、第1章第2節第2項で述べたように、こうした観点にこそ、「ネットワーク」的性格が強いとされているタイ農村の理論的可能性がある。

他方、「ネットワーク」という観点のもうひとつの意義は、「共同体」図式の対極にある「個人主義」図式[5]、すなわち「社会」を個人にまで還元してとらえようとする考え方と距離をとらせてくれる、ということにある。この考え方は、「進学」研究の中では特に「社会経済的要因」説に強い。なぜなら、「社会経済的要因」説は、例えば「家族」の状況や経済的地位などといった外的条件が「個人の自由」を制約してしまう、という発想において問題をたてていることが多いからである。それに対して、「ネットワーク」という観点は、「個人」やその選択に注目しながらも、「他者ととり結ぶ関係」を重視する観点である。

すなわち、「ネットワーク」という観点は、従来の「進学」研究に含まれる「共同体」図式と「個人主義」図式双方から距離をとるための手段になると考えられるのである。

第二に、「地域文化」という観点である。これは本研究の中心的な焦点となっていたわけだが、この説の中でも重要な役割を果たすことになる。というのも、これらの「ネットワーク」は、それがささえている「地域文化」の影響力の強さがあって初めて形成され、維持され、変容されるものだからである。実際に、本研究で論じた「ネットワーク」は、「血縁」や「地縁」のように「客観的」に捉えられる(と考えられることの多い)ものではなく、「地域文化」にかかわる活動を通してはじめて創出され維持されているようなものだったからである。本論でみてきたところによれば、「もうひとつの発展」にせよ「モーラム」にせよ「タイ仏教」にせよ「伝統派」イスラムにせよ「近代派」イスラ

ムにせよ、それぞれの仕方で多くの人々を惹きつけ動かすことのできるだけの深さと広さを持ち合わせたものである。

これらはいうまでもなく単に「文化ネットワーク」とも表現できるわけだが、そこをあえて「地域文化ネットワーク」とするのは、第1章第1節第4項で述べたような、「地」という言葉のもつ「ひろがり」という含意に着目しようとすることによっている。

第三の「歴史性」という観点は、第1章第1節第4項で紹介したように「構造分析」系「地域社会学」に顕著にみられるものであるが、「コミュニティ」論系の「ネットワーク」論には欠落する傾向があったし、これまでの「進学」研究にも不十分にしか存在しなかった。「教育の歴史社会学」系の「進学」研究（例えば［天野編1991］、［吉田・広田編2004］）は、豊富な歴史資料にもとづくわけだが、そうした事実的意味での「歴史」ではなく、理論的に抽象化された「歴史性」の観点である。ただし「理論的」といっても、どこからか「天下り式」に導入されるようなものではなく、この「歴史性」は、三つの村の「厚い比較」にもとづいて「データ対話的 grounded」(Glazer & Strauss 1967) に提示されるものである。本研究では第1章第1節第5項の方針にもとづいて「地域文化」の歴史的な経緯の記述も行ってきたわけだが、それらは各村のネットワークの現状を記述する上で重要な意味をもっていた。

ここでは、以上のような特徴をもつ「進学」の「地域文化ネットワーク」説を提出しようとするわけであるが、こうした見方は、Merleau-Ponty の「間身体性 intercorporeité」の観点と「地域」という視点を結びつけようとする本研究の立場からいっても適切なものである。なぜなら、ここに組み込まれた「ネットワーク」という概念は、人と人との関係に注目する「間身体性」という観点を具体化するもののひとつだからである。また、この見方は、「身体」および「地域」という視点を通して、後期 Husserl のいう「Erde（大地）」という観点につながるものでもある。

そして、こうした見方の提示は、大規模な統計調査に基づく相関係数の算定によって行われるものではなく、「地域社会学」あるいは「タイ農村研究」が実践してきたような、ある「地域」へのインテンシブなフィールドワークを通して得られた様々な種類の質的なデータと量的なデータ、質的方法と量

第5章　結　論

的方法の混用によってはじめてなされ得るものではないか、というのがここでの見方である。

そうした立場から、以下のようなパースペクティブを提示しておくことができる。

第1項　タイ農村の「歴史性」についての見方

「構造分析」系「地域社会学」が提示した「前近代」「近代」「現代」という区分を参考にしながらも、基本的には各章で記述してきた「略史」の記述をデータとして、「データ対話的 grounded」に、タイ農村に関する歴史区分をたててみることにしよう。

まず、「前近代」については、これまでの「タイ農村研究」と同様今回の調査でも、結束力の強い「共同体」ではなく、「二者関係」的ネットワークがひろがっていたにすぎないような村のあり方が示された。しかも、既に1910年代〜1930年代において、周囲の村々や町と交渉があったことが明らかになっている。つまり「構造分析」でいう「小宇宙としての共同体」が存在したとはいえないのである。三つの村から「前近代」を定義するとすれば、「小宇宙としての共同体の時代」ではなく「相対的に密度の低いネットワークの時代」ということになる。

次に、「近代」としては、1940年代〜1950年代の変化に着目することができる。H村においてはトウモロコシや落花生やライチやラムヤイ、N村においてはケナフやキャッサバといった商品作物が栽培され、近くの町に売りに行かれるようになった。この区分は、「産業都市」に包含される農村、という「構造分析」の区分に近いものといえる。もちろん、それ以前からある綿花の栽培においてもこうした意味合いはあるのであるが、わざわざ歩いて売りに行くようなことはなかった。したがって、三つの村から「近代」を定義するならば、「近くの小都市を含んだネットワークの時代」ということになる。この時期には1950年代前後から保健所や（寺から独立した）学校が設立されて「国民国家」の影響力があらわれてくる時期である。

三つ目に「現代Ⅰ」としては、1980年代後半以降の変化に着目することができる。この時期に農業組合銀行スタッフが村で融資を開始し、電気や水道

といったインフラストラクチュアも整備されてくる。これは、「構造分析」でいう「国民国家を中軸とする管理的組織社会」の登場という色彩をもっている。これは、前の時期から現れていたものであるが、1980年代後半の変化はより徹底したものということができる。バンコクをはじめとする都会への出稼ぎも、1960年代頃からあらわれていたが、この時期に特に盛んになってくる。したがって、三つの村から「現代Ⅰ」を定義するならば、「国民国家によるネットワークの管理が徹底される時代」ということになる。

　四つ目に、その後にもうひとつ別の区分として「現代Ⅱ」を見出すことができる。それは、「新都市社会学」系「地域社会学」が指摘した「国際化」あるいは「グローバル化」の時代にあたる区分である。本研究で取り上げた三つの村においては、特に1990年代にみられた。すなわち、H村については国際NGOの支援を受けた「ナーンを愛する会」の活動が開始し、N村については国際NGOであるA財団やB財団が奨学金活動を開始し、A村については、国際的な布教団体である「ダッワー」の活動が開始した。もちろん、1960年代以降の保健所や学校の建設において既に背後に国際機関の後ろ盾があったのであるが、直接的には政府が担っていた。国際組織が頻繁に村を訪れるようになるのは、1990年代になってからである。三つの村から「現代Ⅱ」を定義するならば、「国際組織によるネットワークの管理が徹底される時代」と定義しておくことができる。

　共通してはこのように「前近代」「近代」「現代Ⅰ」「現代Ⅱ」を区別できるものの、当然、村ごとに訪れる時期に若干の違いがある。「近代」が訪れるのはH村が最も早く（1940年代）、次いでN村（1950年代）、A村で最も遅い（1960年代）。「現代Ⅰ」が訪れるのはH村とN村では1980年代だが、A村では1990年代に入ってからである。「現代Ⅱ」についてはN村が最も早く（1980年代）、H村とA村ではそれよりも遅い（1990年代）。

　また、「前近代」「近代」「現代Ⅰ」「現代Ⅱ」という区分は、論理的なものであって実体的なものではない。現在のそれぞれの村は、各区分の要素をあわせもっている。

　こうした区分を前提とした上で、「地域文化ネットワーク」説の内容に入っていこう。それは、先に「文化的不平等」論について論じた、「地元志向」

/「都会志向」、「進学」/「非進学」という変数について「地域文化ネットワーク」の観点からとらえようとする見方である。

第2項　「地元志向」/「都会志向」についての見方

　まず、「地元志向」/「都会志向」という対立軸であるが、これについては「地域文化ネットワークの安定性」とでも呼ぶべきものが影響する、という見方を提示することができる。

　第1章第1節第5項で述べたように、各章で掲載したネットワークの粗視図のポイントは、ひとつに、「地域文化」の諸要素、諸個人とそのまとまりを、それぞれ大きさと形を持った図形として表現し、それらを「結節 node」とするネットワーク図により「地域文化」の実態を表現しようとすることであり、いまひとつに、「地域文化」の諸要素を、諸個人およびその集合のネットワークにより「ささえられる」ものとして表現することで、このネットワーク図に一定の力学的な意味合いを持たせようとすることであった。そこにおいて、「ネットワークの安定性」というものを定性的な指標として考えようというものである。

　この「ネットワークの安定性」は、グラフとしての特徴からいえば、密度の高いグラフがより安定なはずである。

　H村の場合、(1)「地域文化」の強い要素が多数あり、かつそれらが相互に結びついている。(2)「地域文化」を支えるネットワークが相互に密接に結びついており、(3)かつそれらは一つ以上の「地域文化」を支えていることが多い。また(4)それらのネットワークは私的な経済的基盤と同時に NGO 経由の共通の経済的基盤ももっている (図2-17)。以上のために、すべてのネットワークがつながりあっており、H村の「地域文化ネットワーク」は安定性が高い、ということができる。

　N村の場合、(1)「地域文化」の強い要素は二つあるが、それらは相互に結びついていない。(2)「地域文化」を支えるネットワークが経済的基盤をもっており、一部は結びついているものの、主要な二つのネットワークは関係が薄い。(3)「地域文化」を支えるネットワークが、複数の「地域文化」を支えていることが少ない。(4)二つのネットワークは、それぞれ安定した、しかし

別々の経済的基盤をもっている(図3-15)。以上のために、全体としてN村の「地域文化ネットワーク」は二つに分裂しており、安定性が低い、ということができる。

A村の場合、(1)「地域文化」の強い要素が一つしかなく、他の弱い要素とあまり結びついていない。(2)「地域文化」を支える、経済的基盤をもったネットワークが多くなく、しかも相互にあまり結びついていない。(3)それらのネットワークは、一つまたは二つの「地域文化」にしか関わっていない。(4)それらのネットワークは、それぞれ安定した、しかし別々の経済的基盤に支えられている(図4-10)。以上のために、A村の「地域文化ネットワーク」は二つ(A村学校を入れれば三つ)に分裂しており、やはり安定性が低い、ということができる。

粗視図をもとにしてグラフの密度を計算すると、H村が約0.27、N村が約0.18、A村が0.21で、やはりH村の安定性が高いという印象と一致する[6]。

「地元志向」と明確に結びついているとみられたのがH村の「もうひとつの発展」活動であるのに対し、N村の「モーラム」とA村の「ポノ」は、それほど明確に「地元志向」と結びついてはいなかった。その違いは、上記のような「地域文化ネットワーク」の安定性[7]の違いから説明できると考えられる。

第3項 「進学」/「非進学」についての見方

次に、「進学」/「非進学」に関しては、「地域文化ネットワーク」内での「学校」の中心性が、「進学」/「非進学」の志向を決めている、という見方を提示することができる。各章の末尾で図示したように、「学校」は「地域文化ネットワーク」の中に組み込まれていたが、その組み込まれ方は、村によって大きく異なっていた。各章末尾で行った粗視図が示すつながり方を調べることで、「地域文化ネットワーク」内での「学校」の中心性を判断することができるはずであるが、その中心性が「進学」/「非進学」に影響する、という見方である。

第一に、H村の場合、「もうひとつの発展」の諸活動やネットワークは、活発に活動を展開すると同時にある程度の経済的背景をももつものであったが、これらは、Sr氏を通してH村学校やその後の進学先と結びついていた

(図2-17)。ただし、「もうひとつの発展」が学校教育に批判的であることもあって、「地域文化ネットワーク」内での「学校」の中心性は高いものではなかった。そのことは、「もうひとつの発展」系中学生の「進学」志向をD, E高専という限定付きの中途半端なものにしていることにつながっているとみることができる。

　第二に、N村の場合、「モーラム」のネットワークは、公演活動などを通して活発さを保つと同時に、経済的な基盤をももっていた。そのネットワークが、St氏を通してN村学校と結びついている（図3-15）。しかもこの場合N村学校は、Cl先生を通して「複合農業」のSr氏や「若者歌謡」のMn男、Kt男の関係も強く、「地域文化ネットワーク」内での「学校」の中心性はH村に比べても高かった。そのことは、「モーラム好き」女生徒が「進学」志向をもっていることにも結びついているとみることができる。

　第三に、A村の場合、「バボ」系ネットワークは、大規模な「ポノ」を運営することで強い結束力を持つと同時に、堅固な経済的基盤を築いていた。しかしこのネットワークは、A村学校と無関係であるだけでなくかなり離れた位置にあった（図4-10）。しかも「スコラ」との関係もそれほど強固なものではなく、「地域文化ネットワーク」内での「学校」の中心性はきわめて低いものであると考えられた。ここでは「ポノ」学生は明瞭に「非進学」を選択している。

　グラフ理論によれば、ある結節の「中心性」は「標準化された次数」によって比較可能な形で表現できるとされている（安田 2001: 78-79）。これに依拠するならば、「学校」という結節が「地域文化ネットワーク」においてもつ次数をネットワークの大きさにより標準化したものを、「地域文化ネットワーク」内での「学校」の中心性を示す指標であると考えることができる[8]。

　この指標に基づくならば、「地域文化ネットワーク」内での「学校」の中心性は、H村においては0.1、N村においては0.3、A村においては0である[9]。このことが「進学」志向の程度がN村＞H村＞A村の順であることと関連している、という見方は不思議なものではない。

　すなわち、本研究の結果から、「地域文化ネットワーク」内での「学校」の中心性が高ければ高いほど「進学」への志向が高まる、という見方を提示す

ることができる。

第4項　「地元志向」的「進学」および日本との差異についての見方
　「都会志向」/「地元志向」、「進学」/「非進学」という、通常は平行と考えられている二つの軸を交差させてみたときに特に興味深いのは、「地元志向」的な「進学」という領域である。最も典型的にはH村のD, E高専への「進学」においてみられたが、N村でもそれに近いものはみられた。
　「進学機会拡大策」を含めて現在の「進学」システムは、「進学」すればするほど都会へ都会へと移動していかなければいけない仕方で構築されている。この「地元志向」的な「進学」は、H村では辛うじてその暫定的なルートをみつけたけれども、現在のシステムの中では最終的には宙に浮いてしまう志向として存在している。
　もちろん、「都会志向」的な「進学」への志向も様々な形でみることができた。それらには、「社会経済的」または「文化的」な困難はあるにしても基本的には現在の「進学」システムが応えていることになっている。しかしそれとは対照的なタイプの「進学」志向が存在することは無視することはできない。さらにいえば、「持続可能な発展」という観点からすれば、「地元志向」的な「進学」こそが重視すべきものと考えられる。なぜなら、これは「持続可能な発展」に近い考え方をしていた「もうひとつの発展」系の村人が支持していたものだからである。
　吉田 (2003) は、「地元志向」や「非進学」という筆者の指摘（尾中 2002: 144-146）に対して、「日本も半世紀ほど遡れば、タイと同様に、進学を望まない者も地元志向の者も数多くいたが、今や誰もが進学を視野に入れる時代になった。そうした過程をたどった日本に住む者からすれば、今後さらに近代化の波を受けることを余儀なくされるであろうタイの村々において、いつまで地域文化が進学の説明要因でありつづけるのか」と疑問を投げかけている。この疑問については、二つの仕方で答えておくことができる。
　第一に、吉田は「地元志向」と「進学」を対立するものと考えており、本研究の指摘が伝わっていない面がある。すなわち、吉田は「近代化」は必然であるという前提をおきつつ、「進学」は「近代化」の側にあり、「地元志向」は

第5章 結　論

反対の側にある、という見方をしている。しかし、本研究の結果見出されたことのひとつは、「地元志向」的な「進学」という現象である。

　第二に、仮に「地元志向」的な「進学」の存在を認めたとしても、吉田はそれも「近代化」の中で重要性を失っていく、という主張をするだろう。しかし、それは必ずしもそうとはいえないのではないか、というのが本研究の結果提示される見方である。それは、日本とタイで生じたことの差異に関する見方でもある。

　「地域文化ネットワーク」説によると、「地元志向」的な「進学」が成立するためには、二つの条件が必要である。ひとつは「地域文化ネットワーク」の安定性であり、いまひとつは、「地域文化ネットワーク」内での「学校」の中心性である。この二つは、矛盾する場合もあるが、常に矛盾しているわけではない。特にH村は、二つの安定性がある程度両立している事例と考えられたが、N村においてもこの両立はある程度みることができた。

　さらに、こうした両立が今後も持続していくと考えられる理由の一つ目は、伝統的慣習によるものであり、先の区分でいえば「前近代」にかかわるものである。仏教徒であり火葬を行うH村N村でも、ムスリムであり土葬を行うA村でも、親類縁者の遺骨およびその正式な参り場所は、生まれた村に位置している。H村の場合には寺の境内と葬地林に、N村の場合には寺の壁と葬地林に、A村の場合にはモスクの墓地に埋葬されてあり、明治以降急速に火葬化がすすんだ（森 2000: 175）日本で使用される「骨壺」のように軽々と移転しうる仕組みになっていない。村人の骨や遺骸は、その土地に文字通り「埋め込まれ」てしまうのである[10]。そのことは、一般にタイの村人と生まれた村の結びつきが強い理由のひとつとなっているが、ここでいう「地元志向」的な「進学」の根強さの背景にもなっていると考えられる。

　二つ目の理由は、先の区分でいえば、「現代Ⅰ」に関連するものである。それはすなわち、「地元志向」的な「進学」は、「国民国家」によってもささえられている、ということである。このタイプの「進学」が表現するのは、単純な「国民国家」への「抵抗」といったものではない。なぜなら「国民国家」の敷設した「進学」システム（H村やN村の場合には中学校や高校や高専、A村の場合には「スコラ」）を利用する側面があるからである。すなわち、「国民国家」の制度に

269

ある程度はのりながら、完全にはのりきることなく「地域」にとどまり続けようとするのが、「地元志向」的な「進学」のもつ意味合いであるといえる。

このことは、「職業」の重要性という観点からもとらえることができる。1990年代以降において「村」に住み続けることは、単に家や田畑をもっているだけではなく何らかの「職業」的知識があってはじめて無理のないものとなった。それらは既に「地域文化」の一部と呼ぶことすら可能なものである。しかるに、そうした「職業」的知識は、「進学」システムを通してはじめて手にすることができる。例えばそれは「農業」「商業」「技術」に関する知識である場合もあれば、「公務員」「警察官」「ウスタズ」といった実際の「職業」である場合もある。すなわち、「地域」で暮らす必要条件が、「国民国家」が用意した「進学」システムによって提供されているのである。

三つ目の理由は、吉田のいう「近代化」(仮に今も「近代化」途上とすれば)が、今日新たなステージに入っている、ということにある。これは先の区分でいえば、「現代Ⅱ」に関連する事態である。すなわち、現在の「近代化」はグローバリゼーションという形をとって起こっており、「国民国家」をこえるつながりが様々な形で生じている。そうしたつながりが二つの条件を満たす方向に作用している面がある。

H村で「地元志向」的な「進学」を生み出している「もうひとつの発展」的諸活動やそのネットワークは、Sr氏や「ナーンを愛する会」を通して、「国際NGO」の資金や思想や知識を得ている。また、そうした支援を受けながら、Sr氏や「ナーンを愛する会」はH村学校で「もうひとつの発展」関連の行事を行っている。

N村では「モーラム好き」男生徒に「地元志向」的な「進学」を行う場合があったが、「国際NGO」のA財団は、一方でN村学校に教材の支援を行いながら、他方では「モーラム」St氏がリードする村指導層の会議で奨学金の配分を行っている。

すなわち、この二つの村では、「国際NGO」が「学校」と「地域」の両方に支援を行うことで、「地域文化ネットワーク」の安定性およびそこにおける「学校」の中心性という両者をもたらすようにはたらいている。

A村では、グローバルな布教団体(「ダッワー」)が、「ポノ」AやA村モスク

において思想的な教化を行っている。これは、上の見方によれば、「地域文化ネットワーク」を安定させ、少なくとも「地元志向」を高める効果はもっていることになる。

したがって、「近代化」の過程での一時的な現象ともみえる「地元志向」的な「進学」は、少なくとも今日のタイにおいては、「前近代」的な基礎（伝統的な慣習）と同時に「現代Ⅰ」的な基礎（「国民国家」のネットワーク管理）および「現代Ⅱ」的な基礎（「国際組織」のネットワーク管理）によってささえられており、安定しているばかりでなく、日本とは異なって今後も強まっていくのではないか、という見方をしておくことができる[11]。

逆にこれを日本についてのごく抽象的で一般的な見方としていえば、日本は「地元志向」的な「進学」が相対的に弱かった社会ではないか、というものになる。すなわち、日本においては、「現代Ⅰ」（「国民国家」の影響力が強まる時期）が早く（1920年代～1930年代）に訪れ、「現代Ⅱ」（「国際組織」の影響力が強まる時期）がごく最近になるまで到来しなかった。そのため、「都会志向」的な「進学」が安定的に成立し、「地元志向」的な「進学」が相対的に弱い社会として形成されてきたのではないか、という見方である。さきの二つの安定性の図式を用いていえば、「学校」などを通した「国民文化」の影響力が強かったため「地域文化ネットワーク」の安定性が十分成立せず、「学校」が「地域文化ネットワーク」において中心性を獲得しやすかった。そうしたことから「都会」中心的に構築された「学校」システムがつくりだす、「都会志向」的な「進学」が安定的に成立したのではないか、という見方である。上記の吉田のような主張が出てくるのにもこうした背景があると考えられるが、しかし、こうした日本の「近代化」経験が、どのような地域、どのような時代にもあてはまる、と考えるのは明らかに早計である。

第3節　得られた結果が示唆する検討課題

第1項　理論的な検討課題

本論の内容がもつ、「文化的再生産」論についての意味や、代替的に提示すべきパースペクティブの内容は既に述べたとおりであるが、その他の理論的

な検討課題について少し考えてみよう。

　第一に、竹内（1997）の「加熱」・「冷却」という論について、理論的な前提を再検討する必要性が示唆されている。この論は、都会に出ていこうとする青年の成功や失敗、再挑戦とささやかな満足、あるいはそこに作用する様々な文化的要因を捉える図式となっている。ただ竹内の図式を以上の事例にあてはめると、ナーン県の「もうひとつの発展」などというのは、「成功し損ねたもの」を「冷却」する文化である、ということになる。しかし、事例においてみてきたように、そこでなされている選択は、決してあるところで「失敗」したために止むを得ずなされたものではない。小学校から中学校にかけてのある時期にC氏やSr氏の活動に関心を覚えて積極的に関心をもつようになったことが、結果的にそうしたルートを選ばせるようになった、ということである。またパタニ県での「ポノ」という「非進学」ルートの選択も同様である。それは中学受験に失敗したからではなく、経済状況や価値観との関わりでなされている選択なのである。竹内の「加熱」・「冷却」の議論は、「都会」への上昇を理想とする人生イメージをあまりにも普遍的なものとして捉えすぎている部分がある。そうした考え方は、戦前戦後の日本においてはある程度普遍的であったかもしれない（それについても本当は十分な検討が必要である）が、現代タイの村においては必ずしもあてはまらないのである。

　第二に、第1章第2節第2項で提示した「タイ農村研究」における論争点の一番目、「市民社会」論について、適用の仕方を再検討する必要性が示唆されている。「もうひとつの発展」が注目されて以後のタイ農村論は、第1章同箇所で述べたように「市民社会」論という方向に進んでいき、「NGO」や「出稼ぎ」が重要な焦点となっていった。それは十分に理由のあることだが、本研究での考察が示しているのは、都市住民すなわち「市民」ということを必ずしも前提にしなくとも、十分まともな社会がつくれるのではないか、ということである。つまり、農村という「地域」においても、選択性の高いネットワーク組織をつくることができ、それにささえられた種々の豊かな「地域文化」をつくることができる。それは、「市民社会」論者が「成熟した市民社会」などと呼んでいるものとさして違いのないものではないだろうか。

　第三に、同じく「タイ農村研究」における論争点の二番目、すなわち「コ

第 5 章 結　　論

ミュニティ」的要素の重要性という重富（1996）の論点について、再検討する必要性が示唆されている。たしかに、寺や祠から「学校」に至るまで、村人たちの活動が「コミュニティ」にみえる場面は少なくない。しかし「参加型開発」といえる H 村の「主婦グループ」・「貯蓄組合」などは、一見「コミュニティ」組織という体裁をとっていても、その運営や加入に関して、やはり二者関係的な「ネットワーク」が重要な役割を果たしていた。名前に「コミュニティ」的なものがついていても、実態はそれとは異なるのである。「モーラム」一座をささえているのも、「ポノ」の運営を実際上ささえているのも「ネットワーク」と呼ぶべきつながりであった。「世俗的なもの」が「二者関係のネットワーク」で、「世俗をこえるもの」が「コミュニティ」といいきることもできない。問題は、「ネットワーク」的なものがどのような場合には単に「ネットワーク」として現れ、どのような場合には「コミュニティ」として現れるのか、ということであろう。本研究の知見によれば、「コミュニティ」という外見とは、「地域文化ネットワーク」の組み合わさり方のひとつの効果である、ということになる。

　第四に、同じく「タイ農村研究」における論争点の三番目、農村開発においてが重要となるという見方について、再検討する必要性が示唆されている。これに関しては、仏教とは異なる文化要因の重要性を指摘しておくことができる。それは具体的には「芸能」である。この要因は、「仏教」的理念を強調する論者が多いなかで忘れられてきた。一見何の役にもたたない娯楽のようだが、H 村においては、農村開発に村人の関心を集める上で、「芸能」は大きな役割を果たしていた。一般的にはそうしたものに分析を加えることは決して珍しいことではなくなってきているが、これまでの農村開発研究においては十分ではなかったように思われる。

　このことは、「タイ農村研究」における最後の論争点、すなわち「もうひとつの発展」の可能性についての本研究の含意とも関連している。「もうひとつの発展」が可能かどうかという点については、H 村における実施年数の浅さからいっても、N 村という失敗例からいっても、結論を出すことは不可能である。ただいえることは、従来日本では「開発僧」関連で紹介されてきたこの運動について、出家経験のない C 氏のような人物、「伝統音楽」や経済性

など仏教的とはいえない要素が重要をもつことが示されている。

　第五に、普遍的理念とされがちな「多文化主義的国民統合論」について再検討する必要が示唆されている。村田らは、「同化主義」を基本イメージとしてきた従来の教育論のイメージを一新する役割を果たした。しかし、そこで提示される「多文化」のイメージは、地域に定位してみたときの「多文化」のイメージとは大きく異なっていた。最も顕著に表れるのは、先ほども触れたA村の例である。「多文化主義的国民統合論」の観点からすれば、「スコラ」はタイ文化とイスラム文化を「共生」させるすばらしい政策だ、ということになる。しかしA村の多くの村人には、かならずしもそう思われてはいなかった。

　すなわち、「多文化主義」をあらかじめ「国民統合」という文脈と結び付ける必然性はどこにもないのである[12]。「多文化主義」をとるにしても、それは様々なレベルの「地域」について(例えば「村」について。また例えば「大陸」について。さらに例えば「Erde (地球)」について)[13]、主題化さるべきものだろう。

　第六に、「グローカリゼーション」論について再検討する必要が示唆されている。最近では、「グローバル化」とともに「ローカル化」が進むとしばしば指摘され、「グローカリゼーション」という表現も用いられている。しかしながら、そこでいわれているのは、「グローバリゼーション」(例:マクドナルドの進出)の過程で、「ローカリゼーション」(例:提供や受容の国ごとの違い[14])が起こるということである (前川 2004: 18-51)。しかし、この議論には二つの点で違和感がある。第一に、以上の過程が「グローバリゼーション」本位的にとらえられている面が強いという点であり、第二に「ローカル」の意味が「国民国家」の意味でとらえられる面が強いという点である。本研究においてみられたのは、「ローカル」なもの (例:「地域文化ネットワーク」)がみずから「グローバル」なもの (例:「国際NGO」)を引っ張ってきて味方につけている事例であり、「ローカル」なものとしては「国民国家」よりも「小さな地域」が重要性をもっている事例であった。

第2項　実践的な検討課題

　実践的な面で結果が示唆する検討課題についてはさまざまなことが考えられるが、ここではひとつだけに絞ってのべておきたい。

第 5 章　結　　論

　それは、1999年教育法によって実施されたタイの「教育改革」についての再検討である。
　第1章第1節第1項で述べたように、1990年に UNESCO、UNICEF、UNDP、世界銀行などの国際機関が主催してタイで実施されたジョムティエン会議で、「すべての人に基礎教育を Basic Education for All」という世界宣言が出された。タイは、その開催地であると同時に国連本部の事務所があることもあって、いわばそのモデル地区として改革が進んでいるように思われる。1999年に制定された教育法には12年間の「基礎教育」という理念が盛り込まれることとなった。これが、その見かけ上の体裁とは反対に、「地域文化」と「学校」を完全に切り離すものという効果をもっている。具体的な実施方法として、学区 (khet) の数を12から大幅に増やして176とし県よりも小さな学区に分けるという方針は、「学校」の中に「地域文化」を反映する目的であると思われがちであるし、1999年教育法の中には実際にそのようにうたっている箇所もある[15]。しかし、それらの「学区」や「学校」や「生徒」が問われるのは、「教育の質全国評価 pramoen khunnaphap kan suksa radap chat」あるいは「National Educational Testing (NET)」と呼ばれる全国学力テストでの成績なのである (尾中 2005: 336)[16]。つまり、実施のあり方は「小さな地域」に近づいたけれども、「評価」のあり方はこれまでよりいっそう「国民国家」的になったのである。そのことは、「学校」と「地域文化」との距離をさらに広げている可能性がある。
　「基礎教育」という目標を国際的に定め、その具体的な実施形態については各国の実状にあわせて検討するというこの方針は、「グローバリゼーション」本位的で「国民国家」本位的な「グローカリゼーション」論を実践するものであり、結果として「国民国家」の権限を増大する可能性が高い。
　本研究の結果提示されたパースペクティブによれば、こうした改革は、ひとつに、「地域文化ネットワーク」における「学校」の中心性を弱めることによって、「進学」への志向をそぐことになる可能性が高い。いまひとつに、「地域文化」の諸要素を弱めることで「地域文化ネットワーク」を不安定にし、若い世代の「地元志向」を低める可能性が高い。したがって、1999年教育法以降の教育改革は、「すべての人に基礎教育を」という意図とは逆に、若い世

代が進学することなく都会に出稼ぎをしにいくという傾向を促進し、不安定就労者をふやしてしまう可能性がある。

　もしほんとうに、それぞれの地域に生きる人々が、必要な知識を習得しながら豊かに暮らしていくことができるようにするためには、そしてまた「持続可能な発展」を行っていくことができるためには、「地域文化ネットワーク」を活用したもっと別の方策を行うことが必要なのではないだろうか。

　第1章第1節第2項冒頭において、「進学」という用語が、社会学の中では「上級学校に進むこと」という意味で用いられることを述べ、この研究で一貫してその意味で使ってきた。しかしそれは、この言葉のもともとの意味ではない。『日本国語大辞典第二版』によれば、その第一義は「学問にすすみ励むこと。また、学問をすすめはげますこと」（日本国語大辞典第二版編集委員会他編 2001: 549-550）である。それによれば、本研究で用いてきた「上級学校に進むこと」は、この言葉の第二義（「上級の学年や学校に進むこと」[loc. cit.]）に含まれるものである。

　言葉上そうであるだけではない。本研究の結果が示していることは、「学を進めること」という意味での「進学」のためには、常に「上級学校に進むこと」が必要であるとは必ずしもいえない、ということである。それよりも、「地」の上にある様々な人々やものごとを、いかに「学」に結びつけていくか、ということのほうがより重要なのではないか、ということである。

第4節　残された課題

　以上で論じることのできた範囲はごくわずかであり、残された課題は多い。

　まず、この三つの村が今後どのように変化していくか追跡調査する必要がある。滞在していた1995年〜1997年の後も、短期ではあるが1〜2年に一回程度の割合で、訪問を続けている[17]。その間に生じた様々な変化について記録を続けているが、それらを整理してまとめる作業を今後行っていく必要がある。そうすることによって「厚い比較」の厚みをさらに増すことができるだろう。

第 5 章 結 論

それと並行して、他地域の事例や歴史的な視野を含んだ「広い比較」を行っていく必要がある。それらによって初めて、「文化的再生産」論の批判や本研究の提示する「パースペクティブ」をより明確に主張することができるし、そこにとどまらずさらに射程の長い研究につなげていくことが可能になるだろう。

同時に、この「地域文化ネットワーク」説については、Putnam らの「社会関係資本 social capital」論などを視野に入れつつ、理論的に洗練されたものにしていく必要もあるだろう。

それらの研究を蓄積していくことによってはじめて、もともとの意味での「進学」、すなわち「上級学校に進むこと」ではなく「学を進めること」という意味での「進学」のためにどのようなことが必要であるのかについて、理論的かつ実践的に有効な仕方で検討していくことができるようになるだろう。

第5章注
1 この場合の「ある範囲」は、それぞれの村とないしその近辺を含んだ範囲とみるのが妥当である。H村の場合もN村の場合も「地元志向」はまず「H村志向」、「N村志向」としてあらわれてきていたし、加えて普段から行き来する村々を含んでいる。A村の場合も、A村に加えて近くの村々に広がる「ポノ」Aの影響範囲がそれにあたっているとみることができる。この三つの村はそれぞれエスニシティと結びついた地理的範囲（H村では「北タイ」、N村では「東北タイ」、A村では「南部国境地帯」）をもっているが、これは必ずしも重要性をもっていなかった。
2 例えば、蓮見 (1991) は次のように書く。

> 人類社会の黎明期においては、土地も、道具もすべて小宇宙としての共同体のもとにあった。夫婦とその子供などを中心にした家族と呼ぶべき集団の分化はみられ、それが居住や消費の単位をなしてはいたものの、その独立性はまだきわめて弱かった。農耕などの生産活動は共同体の共同の活動として行われ、その生産物も共同のものであった。これが Gemeinschaft といわれる段階である (蓮見 1991: 18)

277

ここで「Gemeinschaft といわれる段階」が神話的な色彩をもつことはみやすいであろう。

3 「地域性」と「コミュニティ感情」に基礎づけられた「コミュニティ」の存在が「コミュニティ」論の基礎となっていることは、第1章第1節第4項で紹介した通りである。

4 「場所」という言葉の「場」という文字は、もともと「まつりのためにはらい清めた土地」(小川他編 1968: 220)という意味であり、すでに「特定の区域」あるいはそれを指定する共同体の存在を想定するものである。英語の「local」の原語である「locus」も、第1章第1節第5項で触れたように「広場」という意味で、町なり村なりが指定する「特定の区域」を意味しているといえる。このように「場所」という概念にはあらかじめ「共同体」的な想定が入り込んだものなのである。

5 現代におけるその代表は「リベラリズム」系社会理論であろう。例えば、『新社会学辞典』では「自由主義 liberalism」は、「個人の自由の普遍的価値を主張し、それを阻む外的拘束を打破しようとする近代市民社会の中心思想」と定義されている(庁 1993: 644)。また盛山(2006)は、「古いか新しいか、古典的か現代的かを問わず、さまざまなリベラリズムに共通する特徴は、何といってもその『個人主義』にある。リベラリズムは『個人』を究極的に唯一の実在とみなす」(ibid.: 31)と述べている。

6 第1章第1節第5項で述べたように、ネットワーク密度は、理論的に存在可能な「線」の数で実際に存在する「線」の数を除して計算される(安田 2001: 39)。すなわち、

$$\text{ネットワーク密度} = \sum_{i=1}^{n} 2(n_1) / n(n-1)$$

これに基づくと、H村のネットワーク粗視図(図2-17)のネットワーク密度は、

$$2 \times \frac{12}{10 \times 9} \approx 0.267$$

N村のネットワーク粗視図(図3-15)のネットワーク密度は、

$$2 \times \frac{10}{11 \times 10} \approx 0.182$$

A村のネットワーク粗視図(図4-10)のネットワーク密度は、

$$2 \times \frac{6}{8 \times 7} \approx 0.214$$

となる。ただしもちろん、以上の数値は「粗視図」に関するものであり、通常の概念に基づく「ネットワーク密度」とは異なる。

7 三つの村のうちH村で最もネットワークのつながり具合がよかったのは、Sr

氏の活躍も大きかったわけだが、次のような事情もかかわっているだろう。すなわち、「もうひとつの発展」が「森林」や「川」や「農業」など「地域」そのものに関わる運動であったという事情である。同じ「地域」に住んでいるということは、必ずしも常につながりの形成を保証するものではない。それどころか、同じ「地域」に住んでいても異なる関心をもちつながりがないと、例えばA村でそうであるように、それらは深刻な敵同士としてあらわれることになる。しかし、「もうひとつの発展」的諸活動のように「地域」を強く意識している場合には、かつては対立があった相手同士（C氏系とI氏系）すらつながらざるを得なくなる。すなわち、H村の「もうひとつの発展」的諸活動においては、「地域」そのものが「地域文化ネットワーク」の安定性をささえるものとなっていると考えられる。

8　ある結節の「次数」を最大可能な次数で除したものが、「標準化された次数」となる。具体的には、結節 n_i の次数を $Cd(n_i)$ とし、結節の個数をgとするならば、

$$結節 n_i の中心性 = Cd(n_1)(g-1)$$

となる（安田 2001: 78-79）。

9　上の式に基づくならば、H村学校の次数は1、結節の数は11なので、

$$H村学校の中心性 = \frac{1}{11-1} = 0.1$$

N村学校の次数は3、結節の数はやはり11なので、

$$N村学校の中心性 = \frac{3}{11-1} = 0.3$$

A村学校の次数は0、結節の数は8なので、

$$A村学校の中心性 = \frac{0}{8-1} = 0$$

となる。ただしもちろん、これは「粗視図」について計算された「中心性」なので、必ずしも厳密なものではない。あくまで参考として使えるのみの数値である。

10　正確にいえば、タイ仏教徒の場合には「骨壺」がある。しかし、葬地林で火葬された骨の一部はその地面に残されるし、「骨壺」に入れられた骨も、数年後の法要の際に寺のどこかに納められたり撒かれたりする。日本にみられる「位牌」にあたるものとしては死者の写真があり、これは持ち運ぶことができるものであるが、「遺骨」の一部が村の地面に「埋め込まれ」て移動できない状態になっていることには変わりがない。

11　Clifford (1997) は、非西欧人を「ネイティブ」として特定の地域と結びつけようとする人類学の戦略 (ibid.: 24) を批判して、「旅する人々 traveler」のほうに注意を向けようとする。そのほうが「より広いグローバルな世界の間文化的な輸出入」

(ibid.: 23) をよくとらえられる、というのである。それはたしかにそのとおりだが、しかし他方で、グローバルな相互関係が強まる中で、むしろそのゆえに「旅しないこと」を選択する人々がいるということにも注意を向ける必要がある、というのが本研究の指摘である。

12　吉野（1997）、Yoshino (1999) は、「日本人論」の「消費」という過程を通したナショナリズムの再構築を描き出した。それを参考にするならば、「多文化主義的国民統合論」の数多くの文献は、その消費を通して、いわば「多文化主義的ナショナリズム」を創出・再構築している、とみることもできる。

13　繰り返し述べたように、本研究における「地域」という視点は、後期 Husserl の「Erde（大地）」という観点を基礎としているが、この「Erde」という言葉のもうひとつの意味は「地球」である。

14　例えば前川（2004）は、ジェームズ・ワトソン編『マクドナルドはグローバルか』によりながら日本には「チキンタツタ」「てりやきマックバーガー」があり、北京には「マクドナルドおばさん」があり、台湾のメニューにある「あんかけご飯」があることなどを指摘して、「日本のマクドナルド、中国のマクドナルド、台湾のマクドナルドなのだ」(ibid.: 31) と述べている。

15　例えば、1999年国家教育法38条では、学区委員会の構成を「コミュニティ組織の代表、民間組織の代表、地域行政組織の代表、教員会の代表、教育管理職の代表、PTA の代表、教育・宗教・芸術・文化の専門家」とし (Samnak ngan khana kammakan kan suksa haeng chat 2000: 42)、本研究でいう「地域文化」の関係者を含みうる規定になっている。この規定は2002年の改正国家教育法でも維持されている (Krasuwang suksathikan 2002: 19)。

16　この全国学力テストは、小3、小6、中3、高3（または高専3）で行われることになっている。その成績は、大学入学者選抜を行う点数の何割かを占めるものとされることも決まっている (ibid.: 337)。

17　ただし A 村については、調査期間終了後、南部国境地帯が学校放火や警察署襲撃など治安の悪化が続いているため、再訪問ができなくなっている。

《参考文献》

(和文)

間場寿一編　1998　『地方文化の社会学』世界思想社。

天野郁夫　1977　「学歴社会の病理」麻生誠・潮木守一編『学歴効用論』有斐閣、153-176頁。

天野郁夫編　1991　『学歴主義の社会史――丹波篠山にみる近代教育と生活世界』有信堂高文社。

Anderson, B. R. O'G. 1991 *Imagined Communities: Reflections on the Origin and Spread of Nationalism, Revised Edition,* London ; New York: Verso, (＝白石さや・白石隆訳『増補想像の共同体――ナショナリズムの起源と流行――』NTT出版、1997年).

新井郁男　1968　「アジアにおける初等教育のWastage ――タイ国の初等教育の発展とWastage ――」『国立教育研究所紀要』第62号、101-142頁。

馬場雄司　1995　「農村をとりまく環境変化と民間信仰――北タイ、ナーン県の事例――」『同朋福祉（人間福祉編）』同朋大学社会福祉学部、第1号、35-54頁。

Bachelard, G. 1963 *La terre et les rêveries du repos,* Paris: Librairie José Corti, (＝饗庭孝男訳『大地と休息の夢想』思潮社、1970年).

Bourdieu, P. 1979 *La distinction: critique sociale de judgement,* Paris: Éditions de Minuit, (＝石井洋二郎訳『ディスタンクシオン』Ⅰ・Ⅱ、藤原書店、1990年).

――――― 1980 *Le sens pratique,* Paris: Éditions de Minuit, (＝今村仁司・港道隆訳『実践感覚1』みすず書房、1988年、今村仁司・福井憲彦・塚原史・港道隆訳『実践感覚2』みすず書房、1990年).

――――― 1987 *Choses dites,* Paris: Éditions de Minuit, (＝石崎晴己訳『構造と実践――ブルデュー自身によるブルデュー――』新評論、1988年).

Bourdieu, P., et J. C. Passeron 1964 *Les héritiers: les étudiants et la culture,* Paris: Éditions de Minuit, (＝石井洋二郎監訳『遺産相続者たち』藤原書店、1997年).

――――― 1970 *La reproduction: éléments pour une théorie du système d'enseignement,* Paris: Éditions de Minuit, (＝宮島喬訳『再生産』藤原書店、1991年).

Bourdieu, P., J. C. Passeron et M. de Saint Martin 1965 *Rapport pédagogique et communication,* Paris: Mouton & Co., (＝安田尚訳『教師と学生のコミュニケーション』藤原書店、1999年).

Chatthip Natsupha 1984 *Setthakit Muban Thai nai Adit,* (＝野中耕一・末広昭編訳『タイ村落経済史』井村文化事業社、1987年).

地域社会学会編　2000　『キーワード地域社会学』ハーベスト社。

庁　茂　1993　「自由主義」森岡清美・塩原勉・本間康平編『新社会学辞典』有斐閣、644頁。

Cicourel, A. V., & J. I. Kitsuse 1963 *The Educational Decision-Makers,* Indianapolis: Bobbs-Merrill, （＝山村賢明・瀬戸知也訳『だれが進学を決定するか――選抜機関としての学校』金子書房）.

────────────── 1977 "The School as a Mechanism of Social Differentiation", in Jerome Karabel & A. H. Halsey, (eds.) *Power and Ideology in Education,* London: Oxford University Press, （＝「選抜機関としての学校」潮木守一・天野郁夫・藤田英典編訳『教育と社会変動』有信堂、1984年）.

Clifford, J. 1988 *The predicament of culture: twentieth century ethnography, literature, and art,* Cambridge: Harvard University Press, （＝太田好信他訳『文化の窮状：二十世紀の民族誌、文学、芸術』人文書院、2003年）.

Clifford, J., & G. E. Marcus 1986 *Writing culture: the poetics and politics of ethnography,* Berkeley : University of California Press, （＝春日直樹他訳『文化を書く』紀伊国屋書店、1996年）.

Collins, R. 1977 "Functional and Conflict Theories of Educational Stratification", in Jerome Karabel & A. H. Halsey, (ed.) *Power and Ideology in Education,* London: Oxford University Press, （＝「教育における機能理論と葛藤理論」潮木守一・天野郁夫・藤田英典編訳『教育と社会変動』有信堂、1984年）.

──── 1979 *The Credential society: An historical sociology of education and social stratification,* New York: Academic Press, （＝新堀通也監訳『資格社会――教育と階層の歴史社会学――』東信堂、1984年）.

Dore, R. P. 1976 *The Diploma Disease: Education, Qualification, and Development,* London: George Allen & Unwin Ltd., （＝松原治郎訳『学歴社会――新しい文明病』岩波書店、1990年）.

福井捷朗　1988　『ドンデーン村――東北タイの農業生態』勁草書房。

福武直　1954　『日本農村社会の構造分析』東京大学出版会。

────　1976　『日本村落の社会構造　福武直著作集第5巻』東京大学出版会。

福武直・日高六郎・高橋徹編　1988　『社会学辞典』有斐閣。

Geertz, C. 1973 *The Interpretation of Culture: Selected Essays,* New York: Basic Books, （＝吉田禎吾・細川啓一・中牧弘充・板橋作美訳『文化の解釈学』Ⅰ・Ⅱ、岩波書店、1987年）.

Gilroy, P. 1992 "Cultural Studies and Ethnic Absolutism", L. Grossberg, C. Nelson, P. Treicheler (eds.), *Cultural Studies,* New York: Routledge, （＝阿部小涼訳「カルチュラルスタディ

ーズと民族絶対主義」『思想』No. 854、岩波書店、1995年、83-102頁).

Glaser, B. G., & A. L. Strauss 1967 *The Discovery of Grounded Theory: Strategies for Qualitative Research,* Chicago: Aldine Publishing Company, (=後藤隆・大出春江・水野節夫訳『データ対話型理論の発見——調査からいかに理論をうみだすか——』新曜社、1996年).

権藤与志夫・安藤延男 1973a 「タイ農村住民の価値観」『九州大学比較教育文化研究施設紀要』第23号、58-70頁。

—————— 1973b 「タイ国初等教育における原級留置の規定因に関する分析——特に親の教育意識との関連における」『九州大学比較教育文化研究施設紀要』第23号、71-105頁。

権藤与志夫 1976 「タイ国・学校児童の進路意識に関する比較研究」『九州大学比較教育文化研究施設紀要』第26号、1-15頁。

後藤誠也 1967 「進学問題」日本教育社会学会編『新教育社会学辞典』東洋館出版社、599-601頁。

Grossberg, L. 1996 "Identity and Cultural Srudies: Is that all There is?" in Stuart Hall & Paul du Gay, (ed.) *Question of Cultural Identity,* London: Sage Publications, (=宇波彰他訳『カルチュラルアイデンティティの諸問題——誰がアイデンティティを必要とするのか』、大村書店、2001年、151-186頁).

Halsey, A. H., J. Floud, A. C. Anderson (eds.) 1961 *Education, Economy and Society,* New York: The Free Press, (=清水義弘他訳『経済発展と教育——現代教育改革の方向』東洋館出版社、1963年).

濱嶋朗・竹内郁郎・石川晃弘編 1977 『社会学小辞典』有斐閣。

橋本卓 1987 「タイ南部国境県問題とマレー・ムスリム統合政策」『東南アジア研究』25巻2号、東南アジア研究センター、233-253頁。

—————— 1991-92 「南タイ国境県におけるムスリム社会の変容と政治——経済発展とマス・メディアの影響——」(一)、(二)、(三)、『北九州大学法政論集』第一九巻第二、三、四号、北九州大学、175-195、361-375、457-473頁。

蓮見音彦編 1983 『地方自治体と市民生活』東京大学出版会。

—————— 1991 『地域社会学』サイエンス社。

蓮見音彦・似田貝香門・矢澤澄子編 1990 『都市政策と地域形成——神戸市を対象に——』東京大学出版会。

服部美奈 1995 「女子イスラーム教育における『近代性』の創出と展開——インドネシア・西スマトラ州のケース・スタディ——」日本比較教育学会編『比較教育学研究』第21号、83-93頁。

―――― 2001 『インドネシアの近代女子教育――イスラーム改革運動の中の女性――』勁草書房。
広田照幸 1992 「戦前期の教育と〈教育的〉なるもの――「教育的」概念の検討から――」『思想』(812)、岩波書店、253-272頁。
―――― 2001 『教育言説の歴史社会学』名古屋大学出版会。
広田照幸・森直人・寺崎里水 2003「旧制工業学校卒業生の社会移動に関する研究――山形県立鶴岡工業学校を事例として」『東京大学大学院教育学研究科紀要』42、65-97頁。
Hobsbaum, E., and T. Ranger (eds.) 1983 *The Invention of Tradition,* Cambridge: The University of Cambridge Press, (＝前川啓治・梶原景昭訳『創られた伝統』紀伊国屋書店、1992年).
Hoggart, R. 1958 *The Uses of Literacy: The Changing Patterns of English Mass Culture,* London: Penguin, (＝香内三郎訳『読み書き能力の効用』晶文社).
星野龍夫 1990 「東北タイのモーラム管見」藤井知昭・馬場雄司責任編集『民族音楽叢書1――職能としての音楽』東京書籍、203-234頁。
細辻恵子 1998 「都市の文化と地方文化」間場寿一編『地方文化の社会学』世界思想社、2-23頁。
Husserl, E. 1940 „Grundlegende Untersuhungen zum phänomenologischen Ursprung der Räumlichkeit der Natur", in Marvin Farber (ed.) *Philosophical Essays in Memory of Edmund Husserl,* Cambridge: Harvard U. P., (＝新田義弘他訳「自然の空間性の現象学的起源に関する基礎的研究――コペルニクス説の転覆――」『講座・現象学③現象学と現代思想』、弘文堂、1980年、265-294頁).
Illich, I. D. 1970 *Deschooling Society,* New York: Harper & Row, (＝東洋・小澤周三訳『脱学校の社会』東京創元社、1977年).
―――― 1973 *Tools for Conviviality,* New York: Harper & Row, (＝渡辺京一他訳『コンヴィヴィアリティのための道具』、日本エディタースクール出版部、1989年).
―――― 1982 *Gender,* London: Marion Boyers, (＝玉野井芳郎他訳『ジェンダー――女と男の世界――』岩波書店、1984年).
―――― 1991 『生きる思想――反＝教育／技術／生命』藤原書店。
井上寛 1993 「グラフ理論」『新社会学辞典』有斐閣、pp. 336-337。
井上俊編 1984 『地域文化の社会学』世界思想社。
井上忠司 1984 「民俗と風俗」井上俊編『地域文化の社会学』世界思想社、25-43頁。
石井米雄 1977 「タイ国における《イスラーム擁護》についての覚え書」『東南アジア研究』15巻3号、東南アジア研究センター、347-361頁。

石井米雄・吉川利治編　1993　『タイの事典』同朋舎。

岩木秀夫　1987　「進学率」日本教育社会学会編『新教育社会学辞典』東洋館出版社、504頁。

岩永雅也　1990　「アスピレーションとその実現」岡本英雄・直井道子編『現代日本の階層構造④・女性と社会階層』東京大学出版会、91-118頁。

Jencks, C.　1972　*Inequality: a Reassessment of the Effect of Family and Schooling in America,* New York: Basic Books, (=橋爪貞雄・高木正太郎訳『不平等――学業成績を左右するものは何か』、黎明書房、1978年).

苅谷剛彦　1985　『学校・職業・選抜の社会学――高卒就職の日本的メカニズム』東京大学出版会。

―――　1995　『大衆教育社会のゆくえ』中央公論社。

河野誠哉　2000　「旧制中学校の内部過程における学業成績の実態に関する研究――山形県鶴岡中学校を事例として――」『東京大学大学院教育学研究科紀要』39、173-184頁。

川島緑　1996　「マイノリティとイスラーム主義――フィリピンにおけるムスリム身分法制定をめぐって」山内昌之編『「イスラム原理主義」とは何か』岩波書店、185-206頁。

菊地栄治　1986　「中等教育における『トラッキング』と生徒の分化過程――理論的検討と事例研究の展開」日本教育社会学会編『教育社会学研究』第41集、136-150頁。

吉川徹　2001　『学歴社会のローカル・トラック――地方からの大学進学』世界思想社。

北田耕也・朝田泰編　1990　『社会教育における地域文化の創造』国土社。

北田耕也・草野滋之・畑潤・山崎功編著　1998　『地域と社会教育――伝統と創造』学文社。

北原淳　1987　『タイ農村の構造と変動』勁草書房。

―――　1990　『タイ農村社会論』勁草書房。

―――　1996　『共同態の思想――村落開発理論の比較社会学』世界思想社。

―――　1999　「中部タイ農村社会の四半世紀――村落の変化を題材に――」『国際協力論集』神戸大学大学院国際協力研究科、73-111頁。

口羽益生編　1990　『ドンデーン村の伝統構造とその変容』勁草書房。

MacIver, R. M.　1917　*Community: A Sociological Study: Being an Attempt to Set Out the Nature and Fundamental Laws of Social Life,* London: Macmillan & Co., (=中久郎・松本通明監訳『コミュニティ――社会学的研究：社会生活の性質と基本法則に関する一試論

――』ミネルヴァ書房、1975年).
前川啓治　2004　『グローカリゼーションの人類学――国際文化・開発・移民――』新曜社.
前川健一　1994　『まとわりつくタイの音楽』めこん。
真木悠介　1981　『時間の比較社会学』岩波書店.
増田直紀・今野紀雄　2005　『複雑ネットワークの科学』産業図書.
松本三和夫　1993　『船の科学技術革命と産業社会――イギリスと日本の比較社会学――』同文館.
松本康　1995　「現代都市の変容とコミュニティ、ネットワーク」松本康編『増殖するネットワーク』第一章、勁草書房、1-90頁。
Mead, M. 1949 *Male and Female: A Study of Sexes in a Changing World,* New York: W. Morrow, (＝田中寿美子・加藤秀俊訳『男性と女性』上・下、東京創元社、1961年).
Merleau-Ponty, M. 1964 *Le visible et l'invisible , suivi de note de travail,* Paris: Éditions Gallimard, (＝滝浦静雄・木田元訳『見えるものと見えないもの 付・研究ノート』みすず書房、1989年).
箕浦康子・野津隆志　1998　「タイ東北部における中等教育普及過程と機会拡大中学校――中学進学率急上昇メカニズムを中心に――」京都大学東南アジア研究センター編『東南アジア研究』第36巻、131-148頁。
────────　1999　「中学校教育普及過程と機会拡大中学校――中学進学率急上昇のメカニズムを中心に――」箕浦康子編『タイ・バングラデシュ・日本における保健・衛生知識の普及と学校教育――心理・教育人類学的アプローチ――』平成9年度～平成10年度科学研究費補助金（国際学術研究）研究成果報告書。
見田宗介・栗原彬・田中義久編　1988　『社会学事典』弘文堂。
宮島喬　1993　「文化」森岡清美・塩原勉・本間康平編『新社会学辞典』有斐閣、1291-1292頁。
────　1994　『文化的再生産の社会学――ブルデュー理論からの展開――』藤原書店.
宮島喬・藤田英典編　1991　『文化と社会――差異化・構造化・再生産――』有信堂.
水野浩一　1981　『タイ農村の社会組織』創文社.
森重雄　1993　『モダンのアンスタンス――教育のアルケオロジー――』ハーベスト社.
森岡清志　1993　「社会的ネットワーク」森岡清美・塩原勉・本間康平編『新社会学辞典』有斐閣、644頁。

―――　2002　「コミュニティ形成の課題と展望」鈴木広・木下謙治・篠原隆弘・三浦典子『地域社会学の現在』、ミネルヴァ書房、276-293頁。

森岡清志編著　2002　『パーソナルネットワークの構造と変容』東京都立大学出版会。

森謙二　2000　『墓と葬送の現在――祖先祭祀から葬送の自由へ――』東京堂出版。

森下稔　1998　「タイにおける前期中等教育機会拡充に関する政策分析」『鹿児島女子短期大学紀要』第33号、169-191頁。

―――　1999a　「タイの1999年国家教育法にみる教育改革の動向」第三世界の教育研究会10月例会報告資料。

―――　1999b　「タイ農村児童の進路選択に関する一考察」日本比較教育学会第35回大会発表資料。

村田翼夫　1978　「タイおよびマレーシアにおける農村教育の実態と問題点」日本比較教育学会紀要編集委員会編『日本比較教育学会紀要』第4号、59-65頁。

―――　1987　「タイの国民統一と宗教・道徳教育」『第三世界における国民統一と宗教・道徳教育』筑波大学教育学系比較教育研究室、53-78頁。

―――　1990　「タイの主要文化と教育同化政策」1989年度研究費（一般研究C）中間報告書『東南アジアにおける多文化と国民教育』筑波大学教育学系、1-10頁。

―――　1991　「タイにおける言語政策と教授用語の変遷」村田翼夫編『東南アジア諸国における言語教育――多言語社会への対応』第11章、筑波大学教育学系比較・国際教育研究室、1-23頁。

―――　1994　「南タイ・パッタニー県におけるマレー系タイ人児童・生徒の使用言語と社会観――実態調査の報告」『比較・国際教育』第2号、筑波大学教育学系比較・国際教育研究室、71-80頁。

村田翼夫編著　2001　『東南アジア諸国の国民統合と教育――多民族社会における葛藤――』東信堂。

中西祐子　1993　「ジェンダー・トラック――性役割規範に基づく進路分化メカニズムについて」『教育社会学研究』第53集、東洋館出版社、131-145頁。

中西祐子・中村高康・大内裕和　1997　「戦後日本の高校間格差成立過程と社会階層――1985年SSM調査データの分析を通じて――」『教育社会学研究』第60集、東洋館出版社、61-82頁。

中筋直哉　1997　「構造分析から社会過程分析へ」蓮見音彦・似田貝香門・矢澤澄子編『現代都市と地域形成』東京大学出版会、217-235頁。

中筋由紀子　1997　『死の文化の比較社会学――死を問題化する視線――』東京大学大学院人文社会研究科博士論文。

――――　2006　『「死の文化」の比較社会学――「わたしの死」の成立――』梓出版

社。
中村高康・藤田武志・有田伸編著　2002　『学歴・選抜・学校の比較社会学――教育からみる日本と韓国――』東洋館出版社。
中園優子　1991　「タイにおける文化的同化政策と識字教育」村田翼夫編『東南アジア諸国における言語教育―― 多言語社会への対応』第11章、筑波大学教育学系比較・国際教育研究室、137-150頁。
Næss, A. 1989 *Ecology, Community, and Lifestyle: Outline of an Ecosophy*, translated and edited by D. Rothenberg, Cambridge: Cambridge University Press, (＝斎藤直輔・関龍美訳『ディープ・エコロジーとは何か――エコロジー・共同体・ライフスタイル――』文化書房博文社、1997年）．
新村出編　1987　『広辞苑』第三版、岩波書店。
日本比較教育学会編　1986　『日本比較教育学会紀要』第12号。
―――――――――　1987　『日本比較教育学会紀要』第13号。
―――――――――　1988　『比較教育学』14、東信堂。
―――――――――　1989　『比較教育学』15、東信堂。
―――――――――　1990　『比較教育学研究』16、東信堂。
―――――――――　1991　『比較教育学研究』17、東信堂。
―――――――――　1992　『比較教育学研究』18、東信堂。
―――――――――　1993　『比較教育学研究』19、東信堂。
―――――――――　1994　『比較教育学研究』20、東信堂。
―――――――――　1995　『比較教育学研究』21、東信堂。
―――――――――　1996　『比較教育学研究』22、東信堂。
―――――――――　1997　『比較教育学研究』23、東信堂。
―――――――――　1998　『比較教育学研究』24、東信堂。
―――――――――　1999　『比較教育学研究』25、東信堂。
―――――――――　2000　『比較教育学研究』26、東信堂。
―――――――――　2001　『比較教育学研究』27、東信堂。
―――――――――　2002　『比較教育学研究』28、東信堂。
―――――――――　2003　『比較教育学研究』29、東信堂。
―――――――――　2004　『比較教育学研究』30、東信堂。
―――――――――　2005　『比較教育学研究』31、東信堂。
―――――――――　2006a　『比較教育学研究』32、東信堂。
―――――――――　2006b　『比較教育学研究』33、東信堂。
日本イスラム教会編　1982　『イスラム事典』平凡社。

日本教育社会学会編　1967　『新教育社会学辞典』東洋館出版社。
西井凉子　1991　「南タイの村落政治にみられるムスリム-仏教徒関係——『サムサム』的ムスリム社会における宗教と政治」『東南アジア研究』29巻1号、東南アジア研究センター、64-104頁。
―――　2001　『死をめぐる実践宗教』世界思想社。
西野節男　1990　『インドネシアのイスラム教育』勁草書房。
―――　2001　「インドネシア——パンチャシラ教育の現実——」村田翼夫編著『東南アジア諸国の国民統合と教育——多民族社会における葛藤——』第2章第2節所収、東信堂、52-68頁。
似田貝香門　1993　「地域」森岡清美・塩原勉・本間康平編『新社会学辞典』有斐閣、982頁。
似田貝香門・蓮見音彦編　1993　『都市政策と市民生活——福山市を対象に——』東京大学出版会。
棚島次郎　1987　『神の比較社会学』弘文堂。
―――　1991　『生と死の比較社会学——先端医療技術ないし「生命倫理」との関わりの研究——』東京大学大学院社会学研究科博士論文。
野澤清司　1995　「パーソナル・ネットワークのなかの夫婦関係」松本康編『増殖するネットワーク』第一章、勁草書房、175-233頁。
小川環樹他編　1968　『角川新字源』角川書店。
岡崎友典　1999　『地域社会と教育』放送大学教育振興会。奥川由紀子　1998　『タイ国南部国境県におけるマレー・ムスリム統合政策——開発と教育の視点から——』、神戸大学大学院国際協力研究科修士論文。
Olsen, E. G.　1947　*School and Community*, New York: Plentice-Hall,（＝宗像誠也・渡辺誠・片山清一訳『学校と地域社会——学校教育を通した地域社会研究と奉仕の哲学・方法・問題——』小学館、1950年）．
尾中文哉　1992　「タイにおける受験競争——インタヴューにもとづいて」『社会科学紀要』第44輯、305-325頁。
―――　1996　「『学校』の比較社会学——南タイのイスラム道場『ポノ』を準拠点として——」井上俊・上野千鶴子・大澤真幸・見田宗介・吉見俊哉編『現代社会学講座12　子どもと教育の社会学』所収、133-156頁。
―――　1997　「ジャーウィ（アラビア文字表記のマレー語）本の社会史」『コミュニケーション学科論集　茨城大学人文学部紀要』第2号、77-88頁。
―――　1999　「進学と地域文化——東北タイ・コンケン県と南部国境地帯パタニ県の事例」『茨城大学人文学部紀要　社会科学論集』第32号、1-12頁。

―――― 2002 『地域文化と学校――三つのタイ農村における「進学」の比較社会学』北樹出版。

―――― 2005 「タイにおける接続改革――1999年教育法制定の意味すること」荒井克弘・橋本昭彦編『高校と大学の接続――選抜接続から教育接続へ――』玉川大学出版部、2005年、333-344頁。

小野沢正喜 1987 「タイのイスラム教徒における文化と教育」権藤與志夫・弘中和彦編『アジアの文化と教育』所収、九州大学出版会、182-204頁。

大澤真幸 1990-1992 『身体の比較社会学』1・2、勁草書房。

大澤真幸・北田暁大 2001 「カルチュラル・スタディーズを超えて」『大航海』No. 38、新書館、50-75頁。

大谷信介 1995 『現代都市住民のパーソナル・ネットワーク』ミネルヴァ書房。

大内裕和 1999 「「卓越性」の支配――「選択・責任・連帯の教育改革」批判――」『現代思想』27(7)、青土社、134-153頁。

―――― 2001 「象徴資本としての「個性」」『現代思想』29(2)、青土社、86-101頁。

桜井義秀 1995a 「近代・開発の言説支配と対抗的社会運動」『現代社会学研究』第八巻、28-59頁。

―――― 1995b 「宗教実践の構成と社会変容――タイ東北部農村社会における宗教伝統を事例に」日本社会学会編『社会学評論』46, 327-347頁。

―――― 2001 「東北タイ地域開発における開発NGOの課題」日本タイ学会編『年報タイ研究』No. 1, 1-18頁。

―――― 2005 『東北タイの開発と文化再編』北海道大学図書刊行会。

佐藤郁哉 1992 『フィールドワーク』新曜社。

佐藤健二 2001 『歴史社会学の作法――戦後社会科学批判――』岩波書店。

佐藤守弘・北川隆吉編 1984 『現代社会学辞典』有信堂高文社。

佐藤照雄 1986 『地域文化を探る――地域学習の課題と方法』教育出版センター。

瀬地山角 1996 『東アジアの家父長制――ジェンダーの比較社会学』勁草書房。

―――― 1997 『家父長制の比較社会学――東アジアを中心として』東京大学総合文化研究科博士論文。

盛山和夫 2006 『リベラリズムとは何か――ロールズと正義の論理』勁草書房。

柴山信二郎 2011 「タイ南部国境地域事情　地域史―その11―」『タイ国事情』45(3): 44-56。

重富真一 1996 『タイ農村の開発と住民組織』アジア経済研究所。

新澤正禎 1995 『タイの職業教育――統計資料でみる』アジア経済研究所。

志水宏吉 1994 『変わりゆくイギリスの学校――「平等」と「自由」をめぐる改革の

ゆくえ』東洋館出版社。
―――― 2002 『学校文化の比較社会学――日本とイギリスの中等教育』東京大学出版会。
―――― 2005 『学力を育てる』岩波書店。
志水宏吉・徳田耕三編 1991 『よみがえれ公立中学――尼崎市立「南」中学のエスノグラフィ』有信堂。
園田恭一 1978 『現代コミュニティ論』東京大学出版会。
住田正樹 2001 『地域社会と教育――子どもの発達と地域社会――』九州大学出版会。
鈴木規之 1993 『第三世界におけるもうひとつの発展理論――タイ農村の危機と再生の可能性』国際書院。
高橋明善 1976 「農村社会構造論の形成と展開」『日本村落の社会構造 福武直著作集第5巻』東京大学出版会、557-571頁。
竹原かるな 2012 「最南部地域の紛争――増加する軍事費と終わらない暴力――」『年報タイ研究』12: 83-100。
竹内洋 1988 『選抜社会 ―― 試験・昇進をめぐる〈加熱〉と〈冷却〉』リクルート出版。
―――― 1993 「進学問題」森岡清美・塩原勉・本間康平編『新社会学辞典』有斐閣、772頁。
―――― 1995 『日本のメリトクラシー』東京大学出版会。
―――― 1997 『立身出世主義――近代日本のロマンと欲望』NHK出版。
種瀬陽子 1990 「モーラム歌とケーン」藤井知昭・馬場雄司責任編集『民族音楽叢書1――職能としての音楽』東京書籍、189-202頁。
寺崎里水・吉田文 2000 「落第と「半途退学」にみる旧制中学校の社会的機能――山形県鶴岡中学校を事例として――」日本教育社会学会編『教育社会学研究第66集』東洋館出版社、195-212頁。
東井義雄 1972 『東井義雄著作集1――村を育てる学力』明治図書出版。
徳岡秀雄 1987 『社会病理の分析視角』東京大学出版会。
鳥越皓之 1985 『家と村の社会学』世界思想社。
―――― 1997 『環境社会学の理論と実践』有斐閣。
Trow, M. 1972 "The Expansion and Transformation of Higher Education", *The International Review of Education*, (Vol. XVIII), (＝天野郁夫・喜多村和之訳『高学歴社会の大学』、東京大学出版会、1976年）.
坪内良博・坪内玲子 1993 「あるポンドック（寄宿宗教塾）の変容 1971-1992――

避難所としての存続――」『東南アジア研究』31巻2号、東南アジア研究センター、89-103頁。

恒吉僚子　1992　『人間形成の日米比較――かくれたカリキュラム』中央公論社。

堤清二・橋爪大三郎　1999　『選択・責任・連帯の教育改革』勁草書房。

Turner, G. 1996 *British Cultural Studies: An Introduction,* London: Routledge,（＝溝上由紀他訳『カルチュラル・スタディーズ入門――理論と英国での発展』作品社、1999年）．

宇井純　2004　「チッソの企業体質と技術」『水俣学概論』第3回、熊本学園大学附属社会福祉研究所、51-72頁。

Willis, P. 1977 *Learning to Labour: How Working Class Kids Gets Working Class Jobs,* London: Saxon House,（＝熊沢誠・山田潤訳『ハマータウンの野郎ども』ちくま学芸文庫、1996年）．

山内昌之　1996　「いま、なぜ『イスラム原理主義』なのか」山内昌之編『「イスラム原理主義」とは何か』岩波書店、3-33頁。

矢野峻　1981　『地域社会教育学』東洋館出版社。

安田雪　2001　『実践ネットワーク分析――関係を解く理論と技法』新曜社。

吉田文　2003　「書評：尾中文哉著『地域文化と学校――三つのタイ農村における「進学」の比較社会学』」日本社会学会編『社会学評論』Vol. 54, No. 1, 139-141頁．

吉田文・広田照幸編　2004　『職業と選抜の歴史社会学――国鉄と社会諸階層――』世織書房。

吉田禎吾　1987　「文化」石川栄吉・梅棹忠夫・大林太良・蒲生正男・佐々木高明・祖父江孝男『文化人類学辞典』弘文堂、666-667頁。

吉野耕作　1997　『文化ナショナリズムの社会学――現代日本のアイデンティティの行方』名古屋大学出版会。

吉見俊哉編　2001　『知の教科書 カルチュラル・スタディーズ』講談社。

吉見俊哉・佐藤健二　2007　「文化へのまなざし」吉見俊哉・佐藤健二編『文化の社会学』第1章所収、有斐閣、3-25頁。

若林幹夫　2000　『都市の比較社会学――都市はなぜ都市であるのか』岩波書店。

（欧文）

Abercrombie, N., S. Hill, and B. S. Turner 1994 *The Penguin dictionary of sociology,* 3rd. ed., London: Penguin Books.

Akin Rabibhathana 1969 *The Organization of Thai Society in the Early Bangkok Period, 1783-1873,* Ithaca: Cornell University.

―――――― 1979 *A Rise and Fall of a Bangkok Slum,* Bangkok: Thai Khadi Research

Institute.

Alwin, D. F. and A. Thornton 1984 "Family Origins and the Schooling Process: Early versus Late Influence of Parental Characteristics", *American Sociological Review*, Vol. 49: 784-802.

Anuman Rajathon, Phraya, 1961 *The Nature and Development of the Thai Language*, Bangkok: The Fine Arts Department.

Aschaffenburg, K., and I. Maas 1997 "Cultural and Educational Careers: The Dynamics of Social Reproduction", *American Sociological Review*, Vol. 62: 573-587.

Bin Ngah, M. N., 1982 *Kitab Jawi: Islamic Thought of the Malay Muslim Scholars*, Singapore: Institutes of Southeast Asian Studies.

Borgatta, E. F., & M. L. Borgatta (eds.) 1992 *Encyclopedia of Sociology*, New York : Macmillan.

Bourdieu, P. 1979 *La distinction: critique sociale de judgement*, Paris: Éditions de Minuit.

Bourdieu, P., et J. C. Passeron 1964 *Les héritiers: les étudiants et la culture*, Paris: Éditions de Minuit.

—————————— 1970 *La reproduction: éléments pour une théorie du système d'enseignement*, Paris: Éditions de Minuit.

Chavivun, P. 1988 "The Role of Women in Maintaining Ethnic Identity and Boundaries: A Case of Thai Muslims(The Malay Speaking Group)in South Thailand", in A. D. W. Forbes(ed.) *The Muslims of Thailand*, Gaya, Bihar: Center for South East Asian Studies.

Che Man, W. K. 1990 *Muslim Separatism: The Moros of Southern Philippines and the Malays of Southern Thailand*, London: Oxford University Press.

Cicourel, A. V., & J. I. Kitsuse 1963 *The Educational Decision-Makers*, Indianapolis: Bobbs-Merrill.

Clark, B. 1960 "The Cooling-Out Function in Higher Education", *American Journal of Sociology*, Vol. 65: 576.

Clifford, J. 1997 *Routes: Travel and Translation in the Late Twentieth Century*, Cambridge: Harvard University Press.

Coleman, J. S., et al. 1966 *Equality of Educational Opportunity*, Washington: U. S. Government Printing Office.

Deacon, B. 2004 "Under construction: Cultural and regional formation in South-West England", *European Urban and Regional Studies*, 11(3): 213.

DiMaggio, P. 1982 "Cultural Capital and School Success: The Impact on the Grades of U. S. High School Students", *American Sociological Review*, Vol. 47: 189-201.

DiMaggio, P., and J. Mohr 1985 "Cultural Capital, Educational Attainment, and Marital Selection", *American Journal of Sociology*, Vol. 90: 1231-61.

Dobbins, L. H. 1969 "Educational and Occupational Aspirations and Expectation of High School Senior Boys in Five Louisiana Parishes", *Dissertation Abstracts International,* 29(9): 2958.

Dulyakasem, U. 1981 *Education and Ethnic Nationalism: A Study of the Muslim Malays in Southern Siam,* Ph. D. Dissertation, Stanford University.

Duncan, B. 1967 "Education and Social Background", *American Sociological Review,* Vol. 72: 363-372.

Elder, G. H. Jr. 1965 "Family Structure and Educational Attainment", *American Sociological Review,* Vol. 30: 81-96.

Epps, E. G. 1974 "Assimilation, Pluralism and Separatism in American Education", in A. Kopan & H. Walberg(ed.), *Rethinking Educational Equality,* Berkeley: McCuchan Publishing Cooperation.

Farkas, G., R. P. Grobe, D. Sheehan, and Y. Shuan 1990 "Cultural Resources and School Success: Gender Ethnicity and Poverty Groups within an Urban School District", *American Sociological Review,* Vol. 55: 127-142.

Floud J. E., A. H. Halsey, F. M. Martin 1956 *Social Class and Educational Opportunity,* London: Heinemann.

Gamoran, A., and R. D. Mare 1989 "Secondary School Tracking and Educational Inequality: Compensation, Reinforcement, or Neutrality?", *American Journal of Sociology,* Vol. 94, No. 5: 1146-83.

Geertz, C. 1960 *The Religion of Java,* Glencoe: The Free Press.

────── 1973 *The Interpretation of Cultures:* Selected Essays, New York: Basic Books, Inc.

Hamilton, C. V. 1969 "Race and Education: A Search for Legitimacy", in The Editorial Board of the Harvard Educational Review (ed.), *Equal Educational Opportunity,* Cambridge: Harvard University Press.

James, M. 1998 "The Diploma Disease: Education, Qualification and Development/ Assessment in Education. Principles policy and practice. Special Issue: The Diploma disease, twenty years on", *Comparative Education,* Vol. 34, No. 3: 356-357.

Harbison, F., and C. A. Myers 1964 *Education, Manpower and Economic Growth Strategies of Human Resource Development,* New York: McGraw Hill.

Husserl, E. 1968 „Grundlegende Untersuchungen zum Phänomenologischen Ursprung der Räumlichkeit der Natur", in Marvin Farber(ed.) *Philosophical Essays in Memory of Edmund Husserl,* New York: Greenwood Press.

Kandel, D. B., and G. S. Lesser 1969 "Parental and Peer Influences on Educatinal Plan of

Adolescents", *American Sociological Review,* Vol. 34: 213-223.

Keesing, R. M. 1976 *Cultural Anthropology: A Contemporary Perspective,* New York: Holt.

Krauss, I. 1964 "Sources of Educational Aspirations among Working-Class Youth", *American Sociological Review,* Vol. 29: 867-879.

Lee, Y., and P. Ninnes 1995 "A Multilevel Global and Cultural Critique of the 'Diploma Disease'", *Comparative Education Review,* Vol. 39, No. 2: 169-177.

Madmarn, H. 1990 *Traditional Muslim Institution in Southern Thailand: a Case Study of Islamic Studies and Arabic Influence in the Pondok and Madrasah System of Pattani,* Ph. D. Dissertation, Utah University.

Matheson, V., and M. B. Hooker 1988 "Jawi Literature in Pattani: The Maintenance of An Islamic Tradition", *Journal of the Malaysia Branch of the Royal Asiatic Society,* Vol. 61, Part 1. No. 254: 1-86.

McGrath, S. 1998 "The Diploma Disease: Education, Qualification and Development", *The Journal of Developmental Studies,* Vol. 34, No. 3: 144-145.

Merleau-Ponty, M. 1964 *Le visible et l'invisible: suivi de notes de travail,* Paris: Éditions Gallimard

National Statistical Office 1960a *Population and Housing Census: Phranakhon,* National Statistical Office, Office of the Prime Minister.

──────────────── 1960b *Population and Housing Census: Changwat Lopburi,* National Statistical Office, Office of the Prime Minister.

──────────────── 1960c *Population and Housing Census: Changwat Nan,* National Statistical Office, Office of the Prime Minister.

──────────────── 1960d *Population and Housing Census: Changwat Pattani,* National Statistical Office, Office of the Prime Minister.

──────────────── 1960e *Population and Housing Census: Changwat Khonkaen,* National Statistical Office, Office of the Prime Minister.

──────────────── 1990a *Population and Housing Census: Bangkok,* National Statistical Office, Office of the Prime Minister.

──────────────── 1990b *Population and Housing Census: Changwat Lopburi,* National Statistical Office, Office of the Prime Minister.

──────────────── 1990c *Population and Housing Census: Changwat Nan,* National Statistical Office, Office of the Prime Minister.

──────────────── 1990d *Population and Housing Census: Changwat Pattani,* National Statistical Office, Office of the Prime Minister.

──────────────── 1990e *Population and Housing Census: Changwat Khonkaen,* National

Statistical Office, Office of the Prime Minister.

National Statistical Office 1973-1992 *Statistical Yearbook, Thailand,* No. 20-39, National Statistical Office, Office of the Prime Minister.

Meggers, B. J. 1971 *Amazonia: Man and Culture in a Counterfeit Paradise,* Chicago: Aldine-Atherton. Inc.

OECD 1971 *Equal Educational Opportunity,* France: Center of Educational Research and Innovation.

Osborn, M. E. 1971 "The Impact of Differing Parental Educational Level on the Educational Achievement, Attitude, Aspiration, and Expectation of the Child", *The Journal of Educational Research,* Vol. 65, No. 4:27-30.

Pitsuwan, Surin 1982 *Islam and Malay Nationalism: A Case Study of the Malay-Muslims of Southern Thailand,* Ph. D. Dissertation, Harvard University.

Reid, A. 1988 *Southeast Asia in the Age of Commerce 1450-1680 Vol. 1. The Lands below the Winds,* New Haven: Yale University Press.

Rosenbaum, J. E. 1976 *Making Inequality: The Hidden Curriculum of High School Tracking,* New York: Wiley.

Rosenbaum, J. E., and T. Kariya 1989 "From High School to Work: Market and Institutional Mechanisms in Japan", *American Journal of Sociology,* Vol. 94, No. 6: 1334-65.

Scupin, R. 1989 *Aspects of Development of Islamic Education in Thailand and Malaysia,* Kuala Lumpur: Universiti Kebangsaan Malaysia.

Sewell, W. H., A. O. Haller, and M. A. Straus 1957 "Social Status and Educational and Occupational Aspiration", *American Sociological Review,* Vol. 22: 57-73.

Sewell, W. H., and V. P. Shah 1968a "Social Class, Parental Encouragement, and Educational Attainment", *American Journal of Sociology,* Vol. 73: 559-572.

——————————————— 1968b "Parent's Education and Children's Aspiration and Attainment", *American Sociological Review,* Vol. 33. No. 2: 191-209.

Sharp, L et al. 1953 *Siamese Rice Village: A Preliminary Study of Ban Chan 1948-1949,* Bangkok: Cornell Research Center.

Shavit, Y. 1984 "Tracking and Ethnicity in Israeli Secondary Education", *American Sociological Review,* Vol. 49: 210-220.

Sukanya Nitungkorn 1988 "The Problems of Secondary Education Expansion in Thailand", South East Asian Studies, Vol. 26, No. 1: 24-41.

Tambiah, S. J. 1970 *Buddhism and the Spirit Cults in North-East Thailand,* Cambridge: Cambridge University Press.

―――――― 1984 *The Buddhist Saints of the Forest and the Cult of Amulets*, Cambridge: Cambridge University Press.

Taylor, J. L. 1993 *Forest Monks and the Nation State: An Anthropological and Historical Study in Northeastern Thailand*, Singapore: Institute of Southeast Asian Studies.

Teeuw, A., and D. K. Wyatt 1970 *Hikayat Patani, The Story of Patani, Bibliotheka Indonesika 5*, The Hague: Martinus Nijhoff.

Turner, G. 1996 *British Cultural Studies: An Introduction*, London: Routledge.

Tylor, E. B. 1958 *The Origins of Culture : Part I of "Primitive Culture"*, New York: Harper & Brothers.

Walford, G. 1998 "Is there a 'new variant' Diploma Disease?", *Oxford Review of Education*, Vol. 24, No. 3: 405-409.

Weber, M. 1956 *Wirtschaft und Gesellschaft : Grundriss der verstehenden Soziologie*, 4. Auflage, Tübingen: J. C. B. Mohr.

Willis, P. 1977 *Learning to labour : How sorking class kids get working class jobs*, Farnborough: Saxon House.

Willms, J. D. 1986 "Social Class Segregation and its Relationship to Pupil's Examination Results in Scotland", *American Sociological Review*, Vol. 51: 224-241.

Wilson, C. M. 1983 *Thailand: A Handbook of Historical Statistics*, Boston: G. K. Hall.

Wyatt, D. K. 1984 *Thailand: A Short History*, New Haven: Yale University Press.

Yoshino, K. 1992 *Cultural Nationalism in Contemporary Japan: A Sociological Enquiry*, London: Routledge.

―――――― 1999 "Rethinking Theories of Nationalism: Japan's Nationalism in a Marketplace Perspective", in K. Yoshino(ed.), *Consuming Ethnicity and Nationalism: Asian Experiences*, Richmond: Curzon Press.

Yousof, G. S. (ed.), 1994 *Dictionary of Traditional South-East Asian Theater*, Kuala Lumpur: Oxford University Press.

(タイ文)

Bunma Nakhonin lae Sirinphon Methakul 1982 *Raingan wicai okat kan khao su'ksa nai chan prathom su'ksa ton plai*[研究報告:小学校後期課程への進学機会], Bangkok: Samnak ngan khana kammakan kan su'ksa haeng chat.

Bunphen Thani 1987 *Sathanaphap khong phu samret kan su'ksa cak rong rian prathom su'ksa sangkat thetsaban pi kan su'ksa 2528 thi dai su'ksa to lae mai dai su'ksa to* [テーサバーン管轄小学校1985年卒業者中の進学/非進学の状況], M. A. Thesis, Bangkok:

Chulalongkorn Mahawitthayalai.

Chanthana Nonthikon 1978 *Kan wikhro sathanaphap suan tua khong nak rian thi mi okat su'ksa to nai rong rian matthayom su'ksa ton ton nai phak klang camnaek tam praphet rong rian* [学校種別に見た、中部地方で中学進学できた学生の個人状況の分析], M. A. Thesis, Sinakarinwirot University.

Carun Phanitphalinchai 1978 *Okat kan khao su'ksa nai radap matthayomsu'ksa tonton camnaek tam praphet rong rian sathanaphap suan tua lae phon kan rian khong nak rian nai phak nu'a* [学校種別・個人状況・成績別に見た、北部地方の生徒の中学への進学機会], M. A. Thesis, Sinakharinwirot University.

Chatthip, N., & Phonphilai, L. 1994 *Watthanatham muban thai* [タイの村落文化], Bangkok: Sathaban chonnabot munithi muban.

Chumphon Thanimphanit 1975 *Phaen kan su'ksa to lae prakob achip khong nak rian mo. so. 5* [中学五年生の進学・就職についての計画], M. A. Thesis, Chulalongkorn University.

Chuphensi Wongphuttha 1971 *Patcai thi tham hai dek wai run thai nai chonnabot lu'ak tham ngan ru' su'ksa to* [タイの田舎の若者が義務教育終了後働くか進学するかを左右する要因], M. A. Thesis, Bangkok: Chulalongkorn Mahawitthayalai.

Kannika Nakhawachara 1982 *Khwam khatwang thang kan su'ksa khong nak rian chan matthayom su'ksa pi thi 3: su'ksa chapo karani nak rian thi pen but phu chai raeng ngan nai rong ngan uttasahakam pi kan 2535* [中学三年生の教育期待：労働者の子どもの1992年の状況に限定して], M. A. Thesis, Bangkok: Chulalongkorn University.

Klum hak mu'ang nan n. d. *Klum hak mu'ang nan* [ナーンを愛する会]（パンフレット）.

Kong phaenngan krom samansu'ksa 1995 *Phon kan wikhro attra kan rian to radap matthayom su'ksa tonplai pi kan su'ksa 2537* [1994年度における高校進学率についての分析結果].

—————— 1995 *Phon kan wikro attra kan rian to radap matthayom su'ksa tonton pi kan su'ksa 2537* [1994年度における中学進学率についての分析結果].

Krasuang su'ksathikan 2002 *Phrarajabanyat kan suksa haeng chat (chabap thi 2), pho. so. 2545* [2002年改正教育法] (http://www.moe.go.th/webld/NAMO/web-Suksa.pdf [last access: 2005. 4. 6.]).

Krasuang su'ksathikan khet 2 1985 *Khet kan su'ksa 2 kap kan su'ksa nai cangwat chai daen phak tai,* [第二管区と南部国境県の教育], Yala: Krasuang su'ksathikan khet 2.

—————— 1980 *Rai ngan phon kan patibat ngan lae sathiti kan su'ksa: pi kan su'ksa 2523, rong rian ekachon son sasana itsalam* [教育に関する統計と実施結果についての報告：1980年度、私立イスラム教学校], Yala: Khet Kan Su'ksa 2.

Krom kansasana 1996 *Rai ngan kansasana lae watthanatham pracam pi 2538* [宗教と文化につ

いての報告書1995年度］.

Nongnat Sathawarodom 1983 *Thatsana nai kan su'ksa to lae kan mai su'ksa to khong nak rian thai mutsalim lae nak rian thai phut chan prathom su'ksa pi thi 6 nai cangwat pattani*［小学六年在学中のタイ・ムスリム学生及びタイ仏教徒学生の進学・非進学についての態度］, M. A. Thesis, Bangkok: Sinakharinwirot University.

Nuansiri Phongthawonphinnyo 1986 *Khwam samphan rawang phumilang kap khwam tongkan khong naksu'ksa phuyai baep betset radap pi thi si nai krungthep mahanakon*［成人教育四年生の進学要求と背景との関連性］, M. A. Thesis, Bangkok: Chulalongkorn University.

Pakon Buddadapheng 1991 *Molam khon kaen: phleng phu'n mu'ang thi kamlang plian plaeng*, Bangkok: Thaikhadisu'ksa.

Pandit Kuphongsak 1984 *Okat nai kan su'ksa to khong nak rian chan prathom su'ksa pi thi hok rong rian pongket ratsadon anukhro ban pongket ampoe mu'ang cangwat chayaphum*［チャヤプーム県ムアン郡ポンケート村ポンケートラーサドンアヌクロ小学校六年生の進学機会］, M. A. Thesis, Bangkok: Thammasat University.

Palat krasuang su'ksathikan 1984 *Rai ngan phon kan wicai kan su'ksa sahet khong nak rian thi cop chan po hok laew mai dai rian to chan mo nung*［小六卒後中一に進学しない生徒の動機についての研究報告書］, Bangkok: Kong phaen ngan samnak ngan palatkrasuang, Krasuang su'ksathikan.

Phathanaphon Puangthong 1992 *Ongprakop thi mi khwam samphan kap kan tat sin cai su'ksa to radap matthayom su'ksa ton ton khong nak rian chao khao cangwat mae hong son*［メーホンソン県山岳民族生徒における中学校進学決定に影響する要因］, M. A. Thesis, Chiangmai: Chiangmai University.

Phon Saensawang 1978 *Kan su'ksa ong prakob nai kan su'ksa to lae mai su'ksa to khong nak rian thai-mutsalim chan prathom pi thi 7 nai cangwat yala*［ヤラー県タイ・ムスリムの小学七年生の進学・非進学の要因についての研究］, M. A. Thesis, Songkhla: Sinakharinwirot University.

Phonnipha Kantharakon 1987 *Panha lae khwam tongkan khong dek mai dai rian to thi yu nok khet thesaban amphoe sadao cangwat songkhla*［ソンクラー県サダオ郡の農村部における非進学者の抱える問題と、必要とするもの］, M. A. Thesis, Bangkok: Chulalongkorn Mahawitthayalai.

Phutthathat Phikku 1990 *Satchasan cak suan mok*［スワンモークからの真理］, Bangkok: Kong thun wuthitham.

Praowamat Nonthayathon 1977 *Khwam khatwang nai kan su'ksa to khong nakrian chan matthayom su'ksa ton plai rong rian matthayom baep prasom (comprehensive) nai krungthep mahanakhon*［バンコク綜合型高等学校の高校生の将来進学についての予想］, M. A. Thesis, Bangkok: Chulalongkorn Mahawitthayalai.

Prasit Nimchinda 1970 *Hetphon nai kan lu'ak lae mai lu'ak rian khru khong nak rian mo. so. 3 lae mo. so. 5 nai phak tai pi kan su'ksa 2512*［1969年度における南部地方の中三と中五学生の教員志望理由と非志望理由］, M. A. Thesis, Bangkok: Witthayalai wichakansu'ksa.

Prawet Wasi 1987 *Phutthakasettrakam lae santisuk khong sangkom thai*［仏法農業とタイ社会の平安］, Bangkok: Samnakphim mo chao ban.

――― 1988 *Phutthatham kap sangkhom*［仏法と社会］, Bangkok: Samnakphim mo chao ban.

――― 1990a *Phanha wikrit dan chonnabot: thang rot*［タイ農村の危機問題：その出口］, Bangkok: Samnakphim muban.

――― 1990b *Krasae yai nai sangkhom thai kap khwam mankhong khong prathet*［タイ社会の大きな流れと国家の安全］, Bangkok: Sathaban chumchon thong thin phatthana.

――― 1995 *Thammikka sangkom*［正しい社会］, Bangkok: Munithi kamonkhim thong.

――― 1996 *Patirup kan su'ksa thai*［タイ教育改革］, Bangkok: Borisat sangsu'.

Praphan, Ru'angnarong, 1997 *Bunga pattani: khatichon thai mutsalim chai daen phak tai*［パタニの花：南部国境県のタイ・ムスリムの物語］, Bangkok: Samnak phim matichon.

Prasit Nimcinda 1970 *Het phon nai kan lu'ak lae mai lu'ak rian khru khong rong rian mo. so. 3 lae mo. so. 5 nai phak tai*［南部の中学三年生と五年生が教員養成に進むか否かについての理由］, M. A. Thesis, Bangkok: Witthayalai Wichakansu'ksa.

Prayong Chunoi 1977 *Okat kan khao su'ksa nai radap matthayom ton ton camnaek tam praphaet rong rian sathanaphap suan tua lae phon kan rian khong nakrian phak tai*［南部生徒の、学校種別・個人的状況・成績による中学校進学機会］, M. A. Thesis, Bangkok: Srinakharinwirot University.

Ratri Rungrotdi 1972 *Kan su'ksa naeonom khong kan lu'ak rian to sai saman lae sai achip khong nak rian chan matthayom su'ksa pi thi sam cangwat ranong*［ラヨーン県中学三年生の普通科・職業科への進学傾向についての研究］, M. A. Thesis, Bangkok: Witthayalai Wichakansu'ksa.

Rung Kaewdaeng 1968 *Tassanakhati khong to khru to kan prapprung ponor pen rong rian rat son sasana itsalam*［ポノの私立イスラム教学校改編についてのト・クルーの態度］, Thammasat University.

Samnak ngan khana kammakan kan su'ksa haeng chat 1977 *Khwam samoephak khong okat thang kan su'ksa rai ngan kan wikhro kan kracai khong okat kan khao su'ksa nai radap matthayom su'ksa nai tae la cangwat lae phumiphak*［機会の平等：県別地方別の中学校進学機会拡

大の分析に関する報告書］, Bangkok: Samnak ngan khana kammakan kan su'ksa haeng chat.

―――――― 1979 *Datchini tua chi nam lae phaen phap thang kan su'ksa* ［教育に関する指標と図解］, Bangkok: Samnak ngan khana kammakan kan su'ksa haeng chat.

―――――― 1981 *Sathiti kan su'ksa pi kan su'ksa 2523 radap udomsu'ksa (sangat thabwanmahawitthayalai)* ［1980年度における高等教育の統計］, Bangkok: Samnak ngan khana kammakan kan su'ksa haeng chat.

―――――― 1986 *Sathiti kan su'ksa pi kan su'ksa 2528 radap udomsu'ksa (sangat thabwanmahawitthayalai)* ［1985年度における高等教育の統計］, Bangkok: Samnak ngan khana kammakan kan su'ksa haeng chat.

―――――― 1992 *Sathiti kan su'ksa pi kan su'ksa 2534 radap udomsu'ksa (sangat thabwanmahawitthayalai)* ［1991年度における高等教育の統計］, Bangkok: Samnak ngan khana kammakan kan su'ksa haeng chat.

―――――― 1997 *Sathiti kan su'ksa pi kan su'ksa 2539 radap udomsu'ksa (sangat thabwanmahawitthayalai)* ［1996年度における高等教育の統計］, Bangkok: Samnak ngan khana kammakan kan su'ksa haeng chat.

―――――― 2000 *Phraracha banyat kan su'ksa haeng chat pho. so. 2542* ［1999年国家教育法］, Bangkok: Sky Book.

Samnak ngan palatkraswang su'ksathikan 1980 *Sathiti kan su'ksa chabab yo pi kan su'ksa 2523* ［1980年における教育統計要約版］, Bangkok: Kraswang Su'ksathikan.

―――――― 1981 *Sathiti kan su'ksa chabab yo pi kan su'ksa 2524* ［1981年における教育統計要約版］, Bangkok: Kraswang Su'ksathikan.

―――――― 1982 *Sathiti kan su'ksa chabab yo pi kan su'ksa 2525* ［1982年における教育統計要約版］, Bangkok: Kraswang Su'ksathikan.

―――――― 1983 *Sathiti kan su'ksa chabab yo pi kan su'ksa 2526* ［1983年における教育統計要約版］, Bangkok: Kraswang Su'ksathikan.

―――――― 1984 *Sathiti kan su'ksa chabab yo pi kan su'ksa 2527* ［1984年における教育統計要約版］, Bangkok: Kraswang Su'ksathikan.

―――――― 1985 *Sathiti kan su'ksa chabab yo pi kan su'ksa 2528* ［1985年における教育統計要約版］, Bangkok: Kraswang Su'ksathikan.

―――――― 1986 *Sathiti kan su'ksa chabab yo pi kan su'ksa 2529* ［1986年における教育統計要約版］, Bangkok: Kraswang Su'ksathikan.

―――――― 1987 *Sathiti kan su'ksa chabab yo pi kan su'ksa 2530*

　　　　　　　　［1987年における教育統計要約版］, Bangkok: Kraswang Su'ksathikan.
　　　　　──────── 1988 *Sathiti kan su'ksa chabab yo pi kan su'ksa 2531*
　　　　　［1988年における教育統計要約版］, Bangkok: Kraswang Su'ksathikan.
　　　　　──────── 1989 *Sathiti kan su'ksa chabab yo pi kan su'ksa 2532*
　　　　　［1989年における教育統計要約版］, Bangkok: Kraswang Su'ksathikan.
　　　　　──────── 1990 *Sathiti kan su'ksa chabab yo pi kan su'ksa 2533*
　　　　　［1990年における教育統計要約版］, Bangkok: Kraswang Su'ksathikan.
　　　　　──────── 1991 *Sathiti kan su'ksa chabab yo pi kan su'ksa 2534*
　　　　　［1991年における教育統計要約版］, Bangkok: Kraswang Su'ksathikan.
　　　　　──────── 1992 *Sathiti kan su'ksa chabab yo pi kan su'ksa 2535*
　　　　　［1992年における教育統計要約版］, Bangkok: Kraswang Su'ksathikan.
　　　　　──────── 1993 *Sathiti kan su'ksa chabab yo pi kan su'ksa 2536*
　　　　　［1993年における教育統計要約版］, Bangkok: Kraswang Su'ksathikan.
　　　　　──────── 1994 *Sathiti kan su'ksa chabab yo pi kan su'ksa 2537*
　　　　　［1994年における教育統計要約版］, Bangkok: Kraswang Su'ksathikan.
　　　　　──────── 1995 *Sathiti kan su'ksa chabab yo pi kan su'ksa 2538*
　　　　　［1995年における教育統計要約版］, Bangkok: Kraswang Su'ksathikan.

Sangat Uttharanon　1970　*Saphap sethakit sangkhom lae saphawa kiao kap tua dek bang prakan thi tham hai dek mai samat rian to nai chan prathom su'ksa ton plai nai khet kan su'ksa phak bangkap changwat chiangmai*［義務教育区内の小学校後期課程に進学できなくさせる経済的社会的個人的状況：チェンマイ県野路例］, M. A. Thesis, Bangkok: Witthayalai Wicha Kan Su'ksa.

Sathaphon Chuto　1978　*Okat kan khao su'ksa nai radap matthayom su'ksa ton plai camnaek tam praphaet rong rian sathanaphap suan tua lae phon kan rian khong nak rian nai phak klang*［中部タイ生徒の、学校種別・個人的状況・成績による高校進学機会］, M. A. Thesis, Bangkok: Srinakharinwirot University.

Soemsak Wisalaphon　1981　*Panha lae naewkhit khong phu borihan rong rian rat son sasana itsalam (pono') nai cangwat chaidaen phak tai*［南部国境県における私立イスラム教学校（ポノ）の経営者の直面する問題と考え方］, Songkhla: Sinakharinwirot University.

Sombun Bualuang　1991　*Khomun phunthan thua pai khong ha cangwat chai daen phak tai,*［南部国境五県の基本データ］, Social Development Research Institute, Songkhlanakharin University.

Somphong Manrawang 1970 *Kan su'ksa naeo nom khong kan lu'ak rian to sai saman lae sai achip khong nak rian chan matthayom su'ksa pi thi 3 cangwat sukhothai* [スコータイ県中学三年生の普通系/職業系の選択傾向についての研究], M. A. Thesis, Bangkok: Wittayalai wicha kan su'ksa.

Sukkaeo Khamson 1988 *Patcai thi song phon to kan mai su'ksa to radap matthayom su'ksa khong nakrian klum pao mai tam khrong kan khayai okat thang kan su'ksa ton ton nai khet chonnabot yak con cangwat briram* [ブリーラム県の貧困辺境地域における教育機会拡大の中学生をサンプルとした非進学に影響する要因], M. A. Thesis, Bangkok: Chukalongkorn Mahawitthayalai.

Sun phatthana kan su'ksa 1969 *Rai ngan wicai ru'ang kan cat kan su'ksa khong ponor nai cangwat chaidaen phak tai* [研究報告：南部国境県におけるポノの教育施策], Yala: Sun phatthana kan su'ksa, phak su'ksa 2.

Suraphong Sothanasathian 1979 *Kan su' san thang kan mu'ang lae kan lai wian khao san nai chumchon mussalim,* Bangkok: Rongphim Chulalongkorn Mahawitthayalai.

Thiamcan Chatukanyaprathip 1980 *Ong prakob thi samphan kap kan su'ksa to khong nak rian chan prathom pi thi hok nai khet kan su'ksa 7* [第七教育行政区の小学六年生の進学に関連する諸要因], M. A. Thesis, Bangkok: Chulalongkorn University.

Udom Phuprasoet 1978 *Okat kan khao su'ksa nai radap matthayom su'ksa tonton chamnaek tam praphet rong rian sathanaphap suan tua lae phon kan rian khon nak rian nai phak tawanokchiangnu'a* [学校種別・個人状況・成績別に見た、東北地方の学生の中学への進学機会], M. A. Thesis, Bangkok: Sinakarinwirot University.

Withun Liancamrun 1987 *Kan kaset baeb phasomphasan: okat sutthai khong kasettrakam thai* [複合農業：タイ農業の最後のチャンス], Bangkok: Samakhom theknoloyi thi mosom.

(ジャーウィ文・ルミ文)（主要なもののみ）

Abdul Rahman et al. 1968 *Sinaran Agama 2* [宗教の光2], Patani: Teman Pustaka Press.

Abdulaziz Anwar bin Haj Wan Ni 1960 *Pelajaran Al-Nahu Al-Arabi,* Patani: Maktabat wa Matba'at Muhammad Nahdi wa Awladuhu.

Abu Lukman 1979 *Kitab Sullamu Al-Saraf,* Kelantan: Matba'at al-Lahalit.

Ahmad bin Muhammad Zain 1895 *Faridat al-Fara'id fi Ilm al-Aqa'id,* Patani: Maktabat wa Matba'at Muhammad Nahdi wa Awladuhu.

Dawud bin Abdullah 1810 *Bughyat al-Tullab li-Murid Ma'rifat al-Ahkam bi-al-Sawab,* Patani: Maktabat wa Matba'at Muhammad Nahdi wa Awladuhu.

Dawud bin Abdullah 1816 *al-Durr al-Thamin,* Patani: Maktabat wa Matba'at Muhammad Nahdi wa Awladuhu.

Dawud bin Abdullah 1826a *Munyat al-Musalli*, Patani: Maktabat wa Matba'at Muhammad Nahdi wa Awladuhu.

Dawud bin Abdullah 1826b *Minhaj al-Abidin ila Jannat Rabb al-'Alamin*, Patani: Maktabat wa Matba'at Muhammad Nahdi wa Awladuhu.

Dewan Bahasa dan Pustaka 1989 *Kamus Dewan*［国定辞典］, Kuala Lumpur: Percetakan Dewan Bahasa dan Pustaka.

Ismail Abdul Rahman n. d. *Perintis Bacaan 1*［読み方1］, Patani: Saudara Press.

Ismail Yusuf 1976 *Bacaan Sembahyang*［祈りの唱句］, Patani: Saudara Press.

Ismail Dawud 1973 *Perintis Bacaan 2*［読み方2］, Patani: Maktabat wa Matba'at Muhammad Nahdi wa Awladuhu.

―――― 1965 *Sinaran Agama 1*［宗教の光1］, Patani: Saudara Press.

Mahmood Ahmad 1975 *Belajar Rumi 1*［ルミを学ぶ1］, Patani: Teman Pustaka Press.

Muhammad Ali Abdul Hamid 1991 *Kamus Jawi Ejaan Baru*［ジャーウィ語辞典］, Mahir Publications.

Muhammad bin Ismail Dawud 1885 *Mutla'a al-Badrayn*, Patani: Maktabat wa Matba'at Muhammad Nahdi wa Awladuhu.

Muhammad Rafi 1994 *Catusan Sejarah Ringkasan*［略史の記録］(パンフレット).

あとがき

　本書は、2007年に東京大学大学院人文社会研究科へ提出された博士論文「「進学」の比較社会学――三つのタイ農村における『地域文化』と『進学』――」の、学術図書としての出版である。この論文は、2002年に北樹出版から上梓した『「地域文化」と「学校」――三つのタイ農村における「進学」の比較社会学――』の内容に、抜本的な加筆修正を加えたものである。

　同論文提出後、国内国外の学会で繰り返し発表を行い、学術雑誌や紀要への寄稿を行った。そのなかで、同論文の提示する枠組みが一定の意義をもつと確信できたことが、後で述べる事情とともに、今回の本の産出力となっている。

　それらの報告の中では数多くの有益な示唆や批判、新しい着想を得ることができたし、同じ時期に同論文のテーマに関連する秀逸な業績もあらわれた。また、それぞれの村はさらに変容し、統計などのデータも古くなっている。そのためさらに全面的に書き直すことも検討したが、同論文の内容は、提出までの作業の中で緊密に編み上げられていることと、時点に限定されない主張が本旨であることをふまえ、誤植や重複削除や不適切表現の訂正など最小限の修正を本文に加えるにとどめ、世に問うこととした。

　ただし、いくつかの重要な修正について、本文ではなくこの「あとがき」のなかで行わせていただきたい。

　第一は、同論文提出後、中村高康氏の研究『大衆化とメリトクラシー――教育選抜をめぐる試験と推薦のパラドクス――』（東京大学出版会、2009年）が、関連が深くかつ重要な業績としてあらわれた。これは、先行する数々のメリトクラシー論、科挙以来の試験の略史、選抜についての精緻な量的パネル調査データ、高校生へのインタヴュー調査などの多様で豊富なデータを用いて、推薦入学やＡＯ入試を含む進学指導の全体を描きつつ「メリトクラシーの再帰性」という理論枠組みによって捉えようとするもので、射程の長い意欲的な取り組みである。これを、本書で論じてきたような「社会経済的不平

等論」や「文化的不平等論」の流れからみると、次のようになるだろう。「メリトクラシーの再帰性」論は、理論的には「文化的不平等論」の成果をふまえながら、(Anthony Giddens によりつつ) それとは距離をとろうとする論であって、その意味では本書の論と問題意識を共有する部分もあるといえる。ただ、「メリトクラシーの再帰性」論は、そこから「文化的不平等論」の葛藤理論的ないし批判理論な性格を意図的に除去し、社会を、再帰的 (reflexive) に近代化していくひとつのまとまりとして描くことを主眼とする。ということは、実際の人のレベルで考えると、試験について実施したり改革したり論じたりする層を、「再帰的」に社会をコントロールしていく主体として位置付けながら社会を描きなおそうとするプロジェクトとなっているといえる。それに対し、本書の論は、「文化的不平等論」の「国民国家」的性格を指摘しつつ、「地域文化」に葛藤や批判の界面を移そうとするものであり、プロジェクトの進む方向がまったく異なっている。そこでは、上記のような「再帰的に近代化していくひとつのまとまり」は実質的には「国民国家」を意味することになると解釈されるだろう。また、この研究が依拠しているデータの一部は、中村高康編『進路選択の過程と構造』(ミネルヴァ書房、2010年) でさらに詳細に紹介されている。このデータはある特定地域の5つの「進路多様校」の特定学年についての1年1学期、1年3学期、2年2学期、3年1学期、3年3学期のアンケート調査、加えて同学年から分析的に取り出した生徒へのインタヴューという計画的で体系的、かつ綿密な調査によっている。しかも、同編書は、「進路選択のローカリズム」など、興味深く、かつ本書と交錯する論点を提示している。しかし、序論第1節第3項で述べたように (いかに「時間がかかるし、仕事量も非常に大きい」とはいっても、そもそも) こうした「計画的で体系的、かつ綿密な調査」は、「学校」(その背後には「国民国家」も控えている) という枠組みが始めて可能にしてくれるものである。そこからいったん離れてみよう、というのが本書の意図なのである。中村の上記の諸研究が類例なく優れたものであることは論を俟たないが、本書との間にはこうした違いがある、ということは鮮明にさせていただきたい。

　第二は、結論部分で提示している「地域文化ネットワーク」説についてである。これは、提出論文の段階では、「Putnam らの『社会関係資本 social capital』論などを視野に入れつつ、理論的に洗練されたものにしていく必要もあるだろう」と述べていた。しかし、その後、国内国外の学会での発表を行うなかで明らかになってきたのは、むしろプロセス志向的方法論 (Process-oriented Methodology [Baur, Nina, and Stefanie Ernst. 2011. Towards a process-oriented methodology: modern social science research methods and Norbert Elias's figurational sociology. *Norbert Elias and Figurational Research: Processual Thinking in Sociology*. ed. Norman Gabriel & Stephen Mennell, 117-139. Oxford: Wiley-Blackwell.]) の流れで考えたほうが、有効なのではないかということである（中村編書も「過程」を重視した調査であるが、Baur と Ernst の「プロセス」とは、含意が大きく異なっている）。特に、本書がタイトルに掲げている「比較社会学」という文脈、あるいは関連分野である「歴史社会学」という文脈で考えた場合、そうなのである。このことについては、"Aspects of Process Theories and Process-Oriented Methodologies in Historical and Comparative Sociology: An Introduction", *Historical Social Research* 38. 2, 2013, pp. 161-171 および "Relating Socio-Cultural Network Concepts to Process-Oriented Methodology", *Historical Social Research* 38. 2, 2013, pp. 236-251 で論じている。

第三は、序論で行った、質的調査と量的調査の「混用」についての説明についての誤りである。本書で採用しているこの方法は、中村の上記著書および編書において紹介されている Abbas Tashakkori, Charles Teddie, John W. Creswell, Vicki L. Plano Clark, Johnson, R. Burke, Anthony J. Onwuegbuzie ほかの *Mixed Method Research* (MMR) において既にかなり議論され、整理され、体系化されつつあるものということができる。しかし、これらについては不勉強なことに論文執筆当時知識になかったので、これに言及していないのは誤りではない。誤りというのは、提出論文ではこれについて「グラウンデッド・セオリー・アプローチ」(Glaser, B. G., & A. L. Strauss 1967 *The Discovery of Grounded Theory: Strategies for Qualitative Research,* Chicago: Aldine Publishing Company) に言及するにとどめているということで、実際にはすでに学部生時代に読んでいた見田宗介『価値意識の理論』（弘文堂、1966年）における「数量的データ」と「『質的』なデータ」の「結合」（364–376頁）に言及すべきであったという点である。

第四に、2011年3月11日およびそれ以降に起こった東日本大震災および福島第一原発事故にかかわる修正である。甚大かつ凄惨な、しかし同時に人

間の潜勢力と強靭さをも示してくれた大災害は、「地域文化」という形で「学校」の「外」の視点を重視しようとする本研究にとって、問題の立て方それ自体を徹底的に組み換えさせ、研究成果の意義自体を変質させてしまう可能性をもっていた。しかし、それらに関するニュースや対応策、引き続いて起こったさまざまな出来事やそれらが持つ知的・思想的・社会的影響を注意深くみていると、むしろ本研究が指摘してきた「都会志向」/「地元志向」という「進学」の軸、その向こう側にある「地 Erde」、あるいはこれを基盤とする「ネットワーク」の根源的な重要性を示していると解釈できる場面に繰り返し遭遇してきたし、また今日も出会い続けているように思う。そのため、この意味からも、本文に余計な修正を加えることなく出版することが適切であると考えた。

　同論文の提出については、とりわけ審査委員の先生方への感謝の意を記さないではいられない。

　まず、主査をつとめていただいた佐藤健二先生は、前著の出版にも至らない草稿の段階から目をとおし、審査委員会の立ち上げや運営、数次にわたるコメント会の組織や提出後の事務など主査としての業務はもちろんのこと、内容的にも、書き直しの基本方針の筋道だった策定から、稚拙な表現の丁寧な修正までしていただいた。それらはどれも有益なものであり、論文に向き合い執筆を重ねていく際の自分の心構えが不十分であることを反復的に思い知らされることとなった。その中では、含蓄のあるコメントによって、書き直し作業の主軸を与えていただいた。ただ、コンドルセ、ルソーとの交錯というコメント、あるいは書き直しと同じ時期に出版された共編書『文化の社会学』（有斐閣、2007年）、著書『社会調査史のリテラシー――方法を読む社会学的想像力――』（新曜社、2011年）で明示・暗示された諸点については、その重みに慨嘆し、同論文の中で取り組もうとしたものの結局は叶わなかった。しかし、現在続けている研究と、その執筆は、常にそれらへの応答を含みながら遂行しているつもりである。

　次に、副査として加わっていただいた似田貝香門先生は、地域社会学の重厚な蓄積を背景に、調査の甘さや「地域」理解の浅薄さを思い知らせるような鞭撻を下さった。なかでも、「共同体概念をどう捉えるか」、「比較社会学の

顔のみえなさ」、「国民国家は批判可能なのか」、「コミュニティの保守化をどう考えるか」、「地域の中での専門家の役割」といったコメントは、書き直し作業の中で極力応答するように努力してはきたものの、まだ到底十分とはいえない。今後の研究を通して少しずつ取り組んでいきたい。

　やはり副査として加わっていただいた盛山和夫先生は、問いの立て方、論理展開の曖昧さ、主張の不明確さなど、論文としての核心部分について、辛辣な批判を下さり、それへの対応の刻苦も、書き直し作業の中での一貫した柱となっていた。同時にその中で、循環から抜け出すヒントも随所で下さり、書き直し前には未熟なままに胚胎していただけの論点を、表に出せるまでに成長させて下さった。ただ、その論点は、ある程度までは形になり、報告して好意的な評価をいただけるまでになったものの、まだ一般に受け容れられるまでに完成するにはいたっていない。その作業を今後も続けていきたいと考えている。

　また、副査として加わっていただいた中村雄祐先生は、人類学の最先端の議論をふまえながら、手厳しさと包容力を併せ持ち、書き直し作業の原動力となるようなコメントをいくつも下さった。中でも、「象徴概念の重要性と、一方でそれへの批判にどう対応するか」、「国連機関の描き方が単純で、地域に入り込んでいる職員もいることをどう考えるか」、「調査拒否者の影響をどのように評価するか」といった諸点は、アジア・アフリカ・ラテンアメリカ農村部の調査者として実感を深く共有できるものであり、『生きるための読み書き』（みすず書房、2009年）の考察とともに、本書の延長上で研究を進め発表していく際の基調低音としていまも常に響いている。

　最後に、同じく副査として加わっていただいた吉野耕作先生は、理論的な議論をするときに原典に立ち返り、言葉の意味まで吟味しながら論ずることの重要性を指摘してくださった。書き直しの作業の中で筆者はこのコメントに過剰に対応してしまったため、最終的には原文引用をせず訳文のみ引用することになった。しかし、その前の段階で、原典を繙き、前後の文脈、さらにはそれらの理論家たちの生涯を通しての主張と変遷、使われた用語の意味や来歴を調べつつ考えた経験は、そうした作業により広がる深遠な世界というものを久しぶりに想起させてくれた。それは、明らかに、ここ十年来の研

究に、長らく忘れていた次元を取り戻してくれることとなった。

　博士論文までの書き直しにあたっては、日本女子大学での担当科目比較社会論・地域社会論や内田隆三先生にご紹介いただいた東京大学前期課程科目比較社会論で取り上げた際の学生さんたちの硬軟両様のコメントが大いに参考になった。

　論文提出後、学部・大学院を通して薫陶を受けた見田宗介先生からは、視力を既に少し失われていたにもかかわらず、過分の激励を自筆で書いていただいた。天野郁夫先生からも、出版へのご要望をいただいた。

　2010年ISA世界社会学会議イェテボリ大会では、比較社会学部会(RC20)においてJean-Pascal Daloz氏から、2012年IISデリー大会では、Robert van Krieken氏とStephen Vertigans氏、それに佐々木正道氏から、この博士論文の一部ないしそれを展開したものの報告をする機会を与えていただいた。また2012年ISA社会学フォーラムブエノスアイレス大会では、本書の延長線上に位置するセッションとして、比較社会学部会(RC20)では「Qualitative Interviews in Comparative Sociology」、歴史社会学／比較社会学部会(WG02)では「Process-oriented Methodology and Theories in Historical and Comparative Sociology」を開いてLuciana T. de Souza Leão氏、Jae-Eon Yu氏、Eduardo Vizer氏、田中滋氏、仲田周子、斉藤真由子らに発表ないし参加をしてもらうことができた。2014年ISA世界社会学会議・横浜大会では、歴史社会学／比較社会学部会で「WG02 Roundtable session: Process-oriented Social Research in Historical and Comparative Society」を開き、Jiří Šubrt氏 Dhiraj Murthy氏、Buapun Promphakping氏、Thanapauge Chamantana氏、

H村2012年3月

N村2012年3月

Mohd Amar Aziz 氏、Noor Hadzlida Ayob 氏、Keong-Suk Park 氏、奥村隆氏、山根真理氏、鈴木規之氏、佐藤成基氏、平井太郎氏、元森絵里子氏、高橋順子氏、斉藤真由子、新井悠子らに、報告や司会あるいは参加をしていただくことができた。これらの集まりは、この論文がなければ決して生まれることがなかった。

　今日に至るまで毎年のように訪問させていただいている H 村、N 村の滞在先の家の人々にも、近くの村人たちにも、個人的、社会的、経済的、政治的さまざまな激変が訪れたし、また今まさに訪れてきている。それにもかかわらず、みんなは以前同様に親しく優しく（ときには厳しく）してくれ、筆者が以前同様あちこち訪問するのを応援したり批評したりしてくれている。A 村だけは、特に 2004 年のクルセ・モスク（それは A 村に行く途中いつも通過していた場所であり、そのそばにある「私立イスラム教学校」に通っていた時期もある）事件以降、無念なことに、南部国境県に入ることすら危険な状況になってしまっている。

　そうしたことごとのすべてが、今回の出版を後押ししてくれた。

　最後のひと押し、すなわち編集という大変な作業を引き受けていただいた小林達也氏とは、20 年以上前、大学院生時代にお手紙を頂いて以来のお付き合いであり、その後毎年のようにやりとりを積み重ね、今日を迎えられたことを心より嬉しく、ありがたく思う。前著を編集していただいた福田千晶氏もそうだったのであるが、筆者の研究の価値、のみならず流れまで深く理解してくれている編集者とともに仕事ができるということは、研究者として、これにまさる喜びはないと考えている。厚く、感謝申し上げたい。

　　　2015 年 2 月

　　　　　　　　　　　　　　　　　　　　　　　　　　著　　者

著者略歴

尾中　文哉（おなか　ふみや）
　1962年、京都市生まれ。
　東京大学教養学部卒業。
　東京大学大学院社会学研究科博士課程単位取得退学。
　東京大学大学院人文社会系研究科、博士（社会学）。
　東京大学助手、茨城大学専任講師、同助教授、日本女子大学助教授を経て、
　現在、日本女子大学教授、ISA WG02 (Historical and Comparative Sociology) 部会委員、ISA RC33 (Logic and Methodology in Sociology) 副部会長。

主要著書・論文
　（論文）「試験の比較社会学―儀礼としての試験」『思想』No.778、岩波書店、1989年、pp. 96-111。
　（著書）（安積純子・岡原正幸・立岩真也との共著）『生の技法――家と施設を出て暮らす障害者の社会学』藤原書店、1990年 ＝『生の技法――家と施設を出て暮らす障害者の社会学』（第3版）生活書院、2012年。
　（著書）『地域文化と学校―三つのタイ農村における「進学」の比較社会学』北樹出版、2002年。
　（論文）"Relating Socio-Cultural Network Concepts to Process-Oriented Methodology" *Historical Social Research* 38.2, 2013, pp. 236-251.

「進学」の比較社会学
―三つのタイ農村における「地域文化」との係わりで―

発　行　――2015年2月28日　第1刷発行
　　　　　――定価はカバーに表示
著　者　――尾中文哉
発行者　――小林達也
発行所　――ハーベスト社
　　　　　〒188-0013　東京都西東京市向台町2-11-5
　　　　　電話　042-467-6441
　　　　　振替　00170-6-68127
　　　　　http://www.harvest-sha.co.jp
印　刷　――㈱平河工業社
製　本　――㈱新里製本所

落丁・乱丁本はお取りかえいたします。
Printed in Japan
ISBN978-4-86339-060-7 C3036
© ONAKA Fumiya, 2015

本書の内容を無断で複写・複製・転訳載することは、著作者および出版者の権利を侵害することがございます。その場合には、あらかじめ小社に許諾を求めてください。
視覚障害などで活字のまま本書を活用できない人のために、非営利の場合にのみ「録音図書」「点字図書」「拡大複写」などの製作を認めます。その場合には、小社までご連絡ください。